情理法与中国人

(增订典藏版)

范忠信　郑　定　詹学农　著

山西出版传媒集团　山西人民出版社

图书在版编目（CIP）数据

情理法与中国人 / 范忠信, 郑定, 詹学农著. —太原：山西人民出版社, 2023.9
ISBN 978-7-203-12969-1

Ⅰ.①情… Ⅱ.①范… ②郑… ③詹… Ⅲ.①法制史—文化史—中国—古代 Ⅳ.①D929.2

中国国家版本馆CIP数据核字(2023)第150253号

情理法与中国人

著　　者：	范忠信　郑　定　詹学农
责任编辑：	郭向南
复　　审：	高　雷
终　　审：	武　静
装帧设计：	孙健予

出　版　者：	山西出版传媒集团·山西人民出版社
地　　址：	太原市建设南路21号
邮　　编：	030012
发行营销：	0351-4922220　4955996　4956039　4922127（传真）
天猫官网：	https://sxrmcbs.tmall.com　电话：0351-4922159
E - mail：	sxskcb@163.com　发行部
	sxskcb@126.com　总编室
网　　址：	www.sxskcb.com

经　销　者：	山西出版传媒集团·山西人民出版社
承　印　厂：	山西出版传媒集团·山西人民印刷有限责任公司

开　　本：	890mm×1240mm　1/32
印　　张：	10.125
字　　数：	230千字
版　　次：	2023年9月　第1版
印　　次：	2023年9月　第1次印刷
书　　号：	ISBN 978-7-203-12969-1
定　　价：	78.00元

如有印装质量问题请与本社联系调换

# 序

　　自人类社会步入阶级和国家的历史阶段以来，法律制度一直是不同历史类型、不同组织形态的国家政权控制整个社会、实现国家统治的基本工具；于中国亦然。中国立国已有数千年，作为古代中国文化的重要组成部分，古代中国法律制度亦伴随着古代中国政治、经济、文化的演进而不断发展，形成了自己的独特风格，铸就了辉煌的历史。特别是在秦汉以后，中国的法律制度不仅在法典编纂、立法技术等方面有了长足的进步，而且经过长达数百年的法律儒家化即儒家伦理道德观念与国家法律制度不断相互渗透和融合的历程之后，形成了中国古代法制融"天理、国法、人情"于一体的基本特征。我的学生范忠信、郑定、詹学农君合著的《情理法与中国人》一书，正是一部对这一基本特征进行初步阐述、分析的好书，是一部颇有创新、颇有学术价值的著作。

　　首先，该书注意把古代中国内在的法律思想理论与外在的法律制度规范有机地结合起来进行研究，深入地分析了古代中国人在法的性质、法的功能与作用、法律与道德的关系、罪与非罪的标准、刑罚轻重的适用以及民事、诉讼等方面的观念和制度。在论述时，注意以思想理论来阐述制度，又以制度规范来印证思想理论，避免了过去的法史著作把二者割裂开来的缺陷，从而能够比较完整地把握中国古代法的整体生命形

态和一些主要特征。

其次，该书注意把握中国法律传统的重点问题，进行深入的分析。全书分"法理""刑事""民事"三篇，重点论述了法与天理、法与人情、法与道德、孝道与犯罪、服制与刑罚以及仁政与司法、无讼、息讼等一系列最能体现传统中国法律制度特征的基本问题，揭示了中国法律传统的典型特征。全书深入浅出，详略得当，避免了平铺直叙、面面俱到、看不出特色的弊病。

再次，该书注意从历史上的一些典型案例出发进行分析和论证，在考察成文的静态法律制度的同时，也注意从司法实践的角度来分析阐述中国古代的法律观念和法律制度的实际运作。这也是很可贵的。

从总体上看，全书风格清新活泼，行文流畅，引证论述也颇为生动。既不失学术著作的严肃性，又饶有趣味，具有较强的可读性。可以说是一部别具一格的法律史著作。

本书的三位作者系英山同乡，曾同时就读于同一所大学，又都有志于法律史的研究工作；数年来潜心读书，累有心得，共同写成了这本书。在本书即将付梓之际，索序于我。我一口气通读完毕后，感觉不错，欣然为之作序。

曾宪义
辛未年冬十月于中国人民大学

 引言

（一）

　　华夏民族是世界上具有最悠久文明史的民族之一。华夏文明史上的许多创造，是整个人类文明史的奇迹。在一个人口居世界首位的国度里，仅以相对简约的律条规范着千百年间丰富复杂的社会生活；许多没有法律的威严外表而实际上无所不在地约束人们行为、起着法律般作用的东西，自人们的幼年起即开始不知不觉地输入人们的头脑中，成为人们"自发的"习惯，甚至成为人们性情的一部分；在一个没有国教的国度里，一种温和的、人文的学说使人们建立起系统而完善的信仰和价值观，使人们摆脱了极端功利和庸俗的心灵境界。虽然在历史过程中也有一些罪恶作为它们的副产品相伴而生，但谁也无法否认：这样一种社会生活模式或境界的设计，这样一种国家体制和社会管理的实践（哪怕是不完全的或走了样的实践），都是整个人类最宝贵的文化遗产之一。华夏法文化是全人类共同的财产，是华夏民族对世界文明史的重大贡献！本书之作，就是要初步梳理诠释我们华夏法文化的内核——古代中国人的法观念。我们欲以通俗的形式、平白或略带点诙谐的语言，介绍和评论历代先贤先哲们关于法律问题的基本思想观点，以期使人们认识古代

中国法律思想、学说、观念的丰富、深刻、复杂、独到和伟大，以期借此光大中华法文化的精华。对于古代贤哲们无可讳言的思想局限性，我们也会本着历史唯物主义态度，细心分析，试图找到造成古人这种局限性的原因。古人的教训，从某种意义上讲，也是宝贵文化遗产的一部分。

（二）

自我们的祖先走出浩瀚的森林结成一个个比较稳定的共同生活群体之时起，一定的行为规则就不知不觉地产生了。把单个的人组织成有规则的社会生活群体的，不外两种东西：一是血缘纽带，一是非血缘纽带（可将其称为"社会纽带"或"文化纽带"）。仅以血缘纽带作为依据的生活群，只是文明前人类的生活状态，那时尚谈不到真正的"社会"和"社会规范"。只有当血缘纽带在共同体中已模糊得无法辨认，或者人们观念上拟制的"血缘"已开始成为组成一个共同体的依据时，制度文明的最早作品——行为规则、惯例或习惯才开始产生。例如，谁去打猎，谁去采集，谁去放哨，谁去攻略，谁留下照管火种，进行掠夺或防御时听谁指挥等，必定很早就形成了大家遵行的习惯或规则；同时，群体之间在进行产品（猎获物及农畜产品）交换时采取什么样的等价形式和交换程序等，肯定也早就形成了一些习惯或规则。一事当前，大家都不假思索地知道该怎么做，不该怎么做。当有人违反了这些规则时，大家都不假思索地知道应在哪几种惩罚手段的范围内选择对该犯规者实际使用的惩罚。只要这种惩罚会给人带来一定程度的痛苦（包括精神痛苦）或物质财富的减损，只要这种惩罚有着明显的外在形态，我们就不妨把该犯规者所犯的那条禁忌规则看成法律——当然起初只能是习惯法。法律是人类社会生活的共同依据或纽带，是人类文明史的纽带。没有法律，根本不能组成文明人类的社群，甚至根本没有文明可言。法律是人类文明之光。只要有人类文明社会生活存在，就很难想象没有法律。

一有了法律，就必然有了关于法律这种社会现象的意识、观点、思想。比如说，什么是正当，什么是非法，哪些宣示可视为法律，哪些人的话可作为法律，哪些礼仪可以视为法律，人世间为什么要有法律，法律有哪些用途，法律应具有什么样的形式，法律应如何执行，法律应否改变以及如何改变，等等。自很早的时代起，人类社群中的许多成员都会自觉或不自觉地、直接或间接地想到这些问题，都会自然而然地流露出自己对这类问题的见解或主张（当然有时是用原始、朴素的方式流露）。这些流露，就是法观念。

不同的民族、地区、国家的人们，由于地理环境和历史文化的差别，必然产生内容各异的、各有特征的法观念。

中国古代法观念很早就形成了自己鲜明的特色。

中国地处东亚大陆，气候温暖湿润，自古以农业立国。商业贸易虽在局部、短期有过兴旺状态，但从未在全国范围内发达兴旺起来。内陆贸易虽有过短暂的繁荣，但海上贸易从未繁荣过。中国的近邻，似乎也没有靠商业贸易立国的国家，因而没有以商风影响中国。自远古以来，华夏大地上的居民们就如《庄子·秋水》中那个寓言里的视野局促不知外部世界之大的河伯：大海障于东、南，雪山屏于西，大漠戈壁绝于北。震旦古盆地天然地成为一个与其他地理单元隔绝的人文地理单元。这种隔绝的情形，直到近代史开始前，并不因为有少量的人历尽艰难越过了西部和南部的天然屏障而有较大改变。这种与外界隔绝的环境，生长出了一类独特的文化，这是一种大陆型的农业文化，是一种重视血缘伦理的宗法文化。可以说，谷物种植为主的这样一种谋生方式,个体小农耕作的劳动方式,一夫一妻男耕女织的小农家庭组织形式,(在统治阶级征敛以后)"自给自足"的产品分配形式,以及与这些谋生方式、劳动方式、分配方式相适应的意识形态和上层建筑:宗法观念,父权家长制、家国一体观念,"礼""义"观念,"仁""德"观念,"天人合一"和"天人感应"观念……这一切的有机结合,就是中国传统文化。作为中国传统文化一部分的中国法律文化,因而也有着亚细亚的、中国的鲜明特色。

(三)

一个独特人文地理单元中的全部文化(它的现象、表征及演进过程)可以看成三个方面因素的有机结合。这三个方面因素就是:族群赖以生存的生产方式或物质生活方式、族群的社会组织形式、族群的精神生活形态。

中国传统文化自古以来就在这三个方面显现出它独特的性格来。这种独特的性格也深深地体现在中国法文化特别是中国传统法观念之中。

1.从生产方式或物质生活方式上讲,中国占主导地位的经济形态很早以来就一直是以名义上土地国有(王有)制、实际上的土地私有制为基础的小农经济。个体小农(自耕农、佃农)是人口的主要成分,一家一户的小农耕作、男耕女织是主要的生产方式,不依赖商业的自给自足就是主要的物质生活方式。这些特点,决定了古代中国大地上很难生长出那种以解决商品生产交换中的纷争作为最初主要目标的"私法""市民法"或"海商法";除了纳税服役之外,也很难生长出与民事合同有关的民事权利义务观念。整个法律制度几乎全部是为小农土地私有制和自给自足的生产生活方式专门设计的，无处不体现着小农的、宗法的痕迹。从商周的"井田制"到南北朝隋唐的"均田制"，直到洪秀全的"天朝田亩制度"，传统中国法观念一直建立在小农生产方式（男耕女织、自给自足）"天经地义"的观念基础上。这就是为什么历代稍微明智一点的君主和政治稍安定一点的时代都要特别重视打击"土地兼并""占田过限"。历史上的"田律""田制""仓律""户婚律"，是小农生产和生活方式的典型体现。与这些生产生活方式相适应的法观念，便不可能是强调民事权利义务之类的契约观念，而只能是个体家庭农业生产生活过程中必不可少的尊卑长幼、贵贱亲疏观念的变相体现："正名""定分""爱有差等"等。至于"刑无等级"之类的观念，虽偶然提出，但很难成为主流。

2.从社会组织形式来讲，古代中国的自上而下遍及每一个角落的宗法制组织形式，也深深地决定着中国传统法观念的特色。旧时中国的社会，从上下关系（纵向）来划分，可以分为国家、宗族、家庭、个人四个层次；从平行关系来划分，有以行政管理的需要结成的社会组织（政治的组织），有以血缘的或拟制血缘的纽带结成的社会组织（血缘的组织），有以宗教的关系结成的社会组织（宗教组织），有以文化的、教育的关系结成的社会组织（文教组织），还有以其他特定目的或纽带结成的社会组织（如江湖帮会、工商行会）。无论是纵向的组织还是横向的组织，其实都是以家庭为蓝本的，都是家庭这种组织形式的原则在别的领域的适用。

从上下（纵向）层次来看，个人这个层次并不具有独立的意义，个人是家庭乃至宗族的零件或附件，一般不具备独立的政治或民事主体资格。宗族乃是更高一个层次的（更松散的、扩大的）家庭。因此，真正的社会组织（或结构）层次不过是两层——国家、家庭。再究下去，我们看到，国家也是按家庭的原则即宗法制原则建立起来的，国家不过是家庭的放大，家庭①又像是国家的缩影。"君父""子民""臣子""父母官""县太爷"等观念，构成了中国传统法观念的基础。"为子为臣，唯忠唯孝""君亲无将，将而必诛""移孝作忠""尊尊亲亲"等观念，就是古代中国有"天宪""国宪"意义的根本法观念。法律就是以全力维护这样的"家国一体"模式为己任的。

从横向的社会组织种类来讲，政治性组织贯穿血缘宗法原则自不待言，"父母官"与"子民百姓"的关系正是家庭中父兄与子弟关系的变相体现；将领与士卒的关系也是这种关系的演变形式，"父子兵"就是军队中理想的关系模式。血缘的组织（从氏族到宗族）更不必说。即便是文化教育的组织和宗教的组织，甚至江湖帮会和工商行会，也都贯穿着家庭的宗法制的原则。例如，《唐律·名例》明确规定加害"现受业师"之罪恶等同于子孙加害父祖之罪，同入"十恶"不赦之列；又规定弟子侵犯其师，其罪与侵犯伯叔父母同（比侵害常人加重刑罚）；而师加害弟子，则与伯叔父母加害侄辈一样可以减轻罪刑。古时所谓"师祖"、"师父"（"一日为师，终身为父"）、"徒子徒孙"、"弟子"等概念的内涵，正是要求以家庭中的尊卑原则去组织文化教育的关系，正是要使文化教育这类社会组织宗法化。又如《唐律》规定，道观佛寺中也有"三纲"，观寺中卑幼侵犯"三纲"，就视同家庭中子孙侵犯父祖一样加重罪刑，而"三纲"（寺主、观主等）加害徒儿徒弟，视同父祖加害子孙一样减轻罪刑。至于江湖帮会，其"堂主""龙头""大哥"与其他成员的关系，有时比家庭中父子关系中的"尊卑有别"程度还要深，其帮会中的帮规维护这种"纲常"关系，比国法维护家庭宗法关系还严厉，头目对徒众的控制权、生杀权，有时远甚于家庭。可以说，江湖

---

① 这里所说的"家庭"指《唐律》所称的"户"，意即有血缘关系而又"同居"（即在一户之内生活，同锅吃饭，有共同经济收支核算）的共同体。

帮会也不过是按家庭的原则组建的，也充分体现了宗法制原则。

因为国家之内的一切层次、一切类型的社会组织都不过是直接或间接的、原态或变相的宗法组织，于是宗法伦理就成为古代中国法观念的基石、核心。宗法伦理的原则甚至直接成为认定有罪与否、罪刑轻重的最高标准。这就是历代的"经义决狱"或"春秋决狱""引礼入律""礼法合一"等的由来。家庭在绝大多数场合被视为民事法律关系的主体，个人只是在少数场合才可作为民事主体。宗族（有时是家庭）成为公法（主要是刑事法）上最常见的责任单位；"荣则荫及宗族"，"刑则株连宗族"，"一损俱损，一荣俱荣"，其情形很像今日可作为刑事犯罪主体的法人（以及可以集体获得荣誉和利益的法人）。个人只是作为家庭、宗族的代表或成员去具体承受一定的责罚。古时有的朝代的法律允许子孙替代父祖去受刑（如东汉时"母子兄弟相代死，听赦所代者"①），或允许两个家族为杀人之类的大罪而私下达成和解协议（但子孙在父祖被杀时无权与人"私和"而必须告官，这是一个例外）。这实际上都赋予了家庭、宗族以法律上的主体资格，而不是把这种资格授予独立的个人。在宗法制的社会组织形态下，要维护这种组织的稳定（也就是维护社会的安定），首要之务就是严惩"不肖（孝）子孙"，严惩"乱臣贼子"，严惩"犯上作乱"，严惩一切敢于向宗法的尊卑贵贱秩序挑战的言论和行为，这就是古代中国刑事法特别发达的原因。法律被视为家长的手杖，是家长权威的体现。"刑罚不可弛于国，犹鞭扑不可废于家"，古代中国人的法观念主要就是"家法"观念，就是伦理法观念。"王法""国法"不过是最大的"家法"或公共的"家法"而已。

3.从中国特有的精神生活形态而言，敬天法祖重人伦的教义很早就

---

① 《后汉书·陈忠传》。又见于《晋书·刑法志》。

支配了整个民族。中国虽无国教,但自夏朝"尚孝"的原始宗教,到商朝"敬鬼"(敬奉逝世祖先的灵魂)的原始宗教,到西周时期"以德配天""敬天保民""礼治"的政教一体的观念和实践,到孔子的以"仁-礼"为核心的儒家学说,到董仲舒的以"天人合一"为核心的儒学正统说教,直到宋以后以"存理灭欲"为核心的程朱理学(新儒学)。这一切接近无神论的、人伦人文的学说教义,在中国历史上实际上可能起到了宗教的全部作用。至少在普通大众心目中与宗教无异,只不过少了些具体教规戒律和膜拜仪式而已。儒学,今日人们有时称之为儒教(古代中国人更直接称之为"儒教"),是很恰如其分的。儒教简直可以称为"家庭崇拜教""祖先崇拜教"或"尚家宗教",其主要内容就是宗法制家庭原则的升华、总结。它主要是为宗法制家庭——古代中国一般家庭形式服务的,即使不直接着眼家庭问题的那些教义,也不过是这一目标的引申。儒教虽然讲的是浅显的"饮食男女""人伦日用""洒扫应对"之事,但它的根本目的是要建立和维护"父慈子孝、君礼臣忠、夫义妇听、兄友弟恭、长惠幼顺"①的宗法制社会组织秩序。儒教的教义及实践,对中国传统法观念影响至深至巨。儒家学说,所谓"礼""理""义""正名"等,不断渗透到法律之中,甚至在司法活动中被直接引用作为"法上之法""法外之法"。在自汉开始至唐代完成的法律儒家化进程之前,儒教观念中的许多内容就已直接成为古代中国许多人日常生活中信奉或遵从的法律,亦即成了国人心目中"自发的法律"。人们通常不是依据朝廷的法律去评断一个人言行非法与否和罪恶轻重,而是习惯于依据自幼耳濡目染的儒教教义来评断这些。违反教义就是最无可争辩的"非法"。"礼(理)所不容,国法不容","礼

---

① 《礼记·礼运》。

之所去，刑之所取"，"法不外乎人情"，是人们共同的观念。

（四）

自很早以前，中国人的法观念就是一个复合的、多元的观念体系。一说到法，中国人很自然地把它看成"法上之法"（"天理""礼"）、"法中之法"（律条、律例）、"法外之法"（伦常之情、人之常情）的总和，严格意义上的法（制定法）在古代中国人心目中只占相当次要的地位。人们通常认为制定法是不得已的产物，是将"礼义""天理"文字化、条文化而又未臻完善的产物，是为维护伦常秩序而设立的一条消极的、最低的、最后的防线。中国人心目中理想的法律是"天理""国法""人情"三位一体。这种三位一体观念，是古代中国占支配地位的法观念。对我们华夏古国如此有独特风格的法观念的研究，是我们多年共同兴趣所在。唯因功力严重不足、资料搜集困难、时间太不充裕之故，我们的这一研究尚极为粗浅，至多只算抛出了一块引玉之砖。我们祈望就教于方家。

目录

法理篇

第一章　天理、国法、人情三位一体：法的概念 / 003

　　从"灋"说起 / 003

　　法即赏罚 / 005

　　国法与王法 / 009

　　法与天理 / 011

　　"法不外乎人情" / 016

　　情理法兼顾 / 021

　　"情理"与"人情" / 024

第二章　家长的手杖：法的作用 / 025

　　定分止争 / 026

　　规矩、绳墨、权衡 / 030

　　驱人向善 / 033

救乱起衰 / 036

　　统一大脑，均平才智 / 039

　　管人与管事的差异 / 043

第三章　牧师与刽子手："德"与"刑" / 047

　　"教化派"与"刑威派"：共同的"准则法" / 049

　　"技术法"的差别 / 051

　　差别的原因 / 053

第四章　"非礼，是无法也"："礼"与"法" / 057

　　"礼"和"法"：各有两重含义 / 059

　　"礼"就是法律 / 060

　　"礼"未必是致刑之"法" / 063

第五章　良心与后果的权量：法律与道德 / 067

　　从赵娥小姐说起 / 067

　　礼法关系问题的产生 / 069

　　立法应符合道德 / 070

　　法律应合何种道德 / 072

　　司法：屈法律以全道德 / 076

　　司法：宁屈道德不枉法律 / 081

第六章　"有治人无治法"：贤人与法律 / 084

　　"君子者，法之原也" / 084

　　远水难解近渴 / 087

　　法的绝对价值比贤人低 / 090

刑事篇

第七章 孝道与刑法（上）：悖法行孝，君子无刑 / 097

纵容犯罪的大孝子 / 097

从徐元庆到施剑翘：抗法复仇 / 099

孝子不可刑，君子不可辱 / 101

畏法不复仇，君子所不齿 / 106

复仇的限制与禁止 / 107

子为父隐，也是孝行 / 110

第八章 孝道与刑法（下）：不孝之罪，刑之无赦 / 116

"不孝"为元恶 / 116

与仇人私和 / 119

"干名犯义" / 122

"供养有阙" / 123

"别籍异财" / 125

"委亲之官" / 126

"诈称父祖死亡" / 129

"冒哀求仕" / 130

"匿不举哀" / 131

"居丧嫁娶作乐，释服从吉" / 132

在父祖被囚时嫁娶 / 135

犯父祖名讳 / 136

违反教令 / 137

第九章 服制与刑罚：准五服制罪 / 142

亲属关系中的"差序格局" / 142

依服制定罪量刑 / 147

亲属相杀伤 / 150

亲属相殴相骂 / 153

亲属相奸 / 155

亲属相盗 / 156

第十章 "仁政"与司法："仁者之刑" / 158

"志善者免" / 158

存留养亲与承祀 / 161

矜老恤幼 / 165

秋冬行刑 / 166

民事篇

第十一章 "无讼"：一个永恒的梦 / 171

双面陶像的启示 / 171

无争讼便是天堂世界 / 173

几千年的中国梦 / 178

第十二章 "贱讼"：因噎废食的评价 / 184

有讼的原因 / 184

古人眼中的"讼" / 187

讼与"面子""族望" / 191

恶讼的有趣逻辑 / 193

讼与政绩 / 197

《戒讼说》 / 200

第十三章 "息讼"：以不变应万变 / 202
　　德教感化以绝讼源 / 202
　　多方调解以消讼意 / 208
　　惩罚讼徒以儆效尤 / 213
　　"各打五十大板"之理 / 216
　　以不变应万变 / 218

第十四章 "辩讼"："名分之前无是非" / 220
　　纷繁"名"与"分" / 221
　　权利、义务生于名分 / 224
　　"名分之前无是非" / 231

第十五章 "决讼"（上）：伦理关系重于财产关系 / 235
　　古人亦有所有权观念 / 236
　　伦理关系重于财产关系 / 238
　　"通财合食" / 242
　　"违禁取利" / 245
　　酌情偿债 / 247

第十六章 "决讼"（下）：情、理、法兼顾 / 252
　　法律多元，伦常一贯 / 252
　　依"礼"决讼 / 257
　　依"人情"决讼 / 258
　　依"理"决讼 / 260
　　王法、家法及其他 / 261

原版后记 / 263

附录

《情理法与中国人》：蹒跚学步法史路 / 267

2010年版修订说明 / 278

中国传统法律文化的现代性价值及其传承 / 282

 一、何为传统法律文化的现代性 / 282

 二、中国传统法律文化的现代性价值 / 287

 三、传统法律智慧价值传承体系建设的要害所在 / 297

 结语 / 300

法 理 篇

第一章　天理、国法、人情三位一体：法的概念

第二章　家长的手杖：法的作用

第三章　牧师与刽子手："德"与"刑"

第四章　"非礼，是无法也"："礼"与"法"

第五章　良心与后果的权量：法律与道德

第六章　"有治人无治法"：贤人与法律

第一章

天理、国法、人情三位一体：法的概念

从"灋"说起

"灋"，就是我国古时的"法"字。从这个字的构成，我们可以看出早期中国人对法的最初认识，看出早期中国人心中的法的概念。

"灋"字由三个部分组成。首先是"氵"（水），据东汉学者许慎的解释，这是象征法"平之如水，（故）从水"，亦即象征法的公平性质。其次是"廌"（音志，zhì），是传说中的神兽，有说像羊，有说像牛，不一而足。汉人许慎说像"山牛"，独角，"古者决讼，令触不直"，是法官用来判断是非曲直、惩罚罪犯的一种活的工具。再次是"去"，表示驱除之动作，许慎说："'廌'，所以触不直者去之，（故）从去。"

法是什么？"灋"字本身就是上古的人们对法下的定义或归纳的概念。在先民们看来，法要么就是像"廌"的犀利独角一样的刑具，要么就是"触而去之"那样的制裁方式或程序。去古未远的东汉人许慎尚能猜出古人之原意，所以他说："法，刑也。"[①]

然而许慎也没有完全猜对。在对"氵"（水）的解释上，他显然把

[①] 以上引文均见《说文解字·廌部》，中华书局1983年影印本，第202页。

廌，亦即獬豸、独角兽，性忠直，能"触不直者去之"。传说上古法官皋陶曾借以审断疑难案件。

他所处时代的思想或思维水平强加给了上古的先民。"氵"（水）象征公平、公道、正义，显然是人们的抽象思维水平达到相当高的程度的结果，这在上古造字时期的先民那里显然不可能。大家看看，除这个有争议的"灋"字以外，我们至今还没有找到第二个带"氵"而这个"氵"又象征"公平"的古字。所以，几年前去世的当代著名法学家蔡枢衡先生积20余年研究后得出结论说，"平之如水"四字，乃"后世浅人所妄增"。他认为，在这个字的意义构成里，"水"的含义不是**象征性**的，而纯粹是**功能性**的。它指把犯罪者置于水上，随流漂去，即今之所谓驱逐。①

我们很赞同蔡枢衡先生的这种解释，因为这就跟廌"触不直者去之"那种"刑罚"意义统一了起来。

弄清了这一点，我们上面的结论就不会引起多少争议了。要不然，就会有人反问：古人不是也讲法"平之如水"吗，怎么能说在他们心目中法仅仅是刑具或刑罚呢？

---

①参见蔡枢衡：《中国刑法史》，广西人民出版社1983年版，第170页。这可以再举几例加以说明：如"江""河""洗""浇"等字中的"氵"（水），就是取水的形态或功能上的含义，表明这些事物、行为跟水这种事物联系在一起；而"汇""溢""泛""洁"等字中的"氵"（水），显然只有形象含义，因其形态上像水或与水性质有关。

简言之，从"灋"字的意义构成可以看出，中国上古的先民们是从**功能**或**用途**上去理解法、认识法，给法下定义或定概念的。他们起初并未把法当作一种抽象的是非善恶判断原则或标准，并未把法当成一种形而上的东西。在他们看来，法这个东西只是形而下的。也就是说，法是"器"而不是"道"。[①]这种早期的法观或法概念（定义），深深地影响了自那时至近现代的整个中国思想史。

若仅从"灋"这么一个字的意义构成就推出这么大的结论，显然也有将后人的思想强加给古人之嫌。但是，本书以下各章节的阐述将以实实在在的材料来证明这一结论。以下的论述将使我们看到，即便是在抽象的正义论的含义进入了法的概念或定义中之后的中古、近古和近代，中国人心目中的法仍然**主要**是形而下之"器"，政治正义论的"道"含义在法概念中从未占过主要地位。这大概是中国人的法观念的主要特色之一。

法即赏罚

法，应有三重含义。从抽象性质方面讲，它是一定社会中的是非善恶的判断标准或原则的表现形式之一；从客观形态方面讲，它是一定的规范、规则，是有强制性的规则；从作用或功能方面讲，它是鼓励、许可、承认、禁止、惩罚等及其所使用的工具或手段。在古代中国人心目中，法主要是后者。古代中国的人们**往往主要**局限在这第三种意义上给法下定义。

[①]即使把"氵"理解为"平之如水"这一意义，有学者也认为这仍然没有超出一般程序上的意义，并不使早期的法定义具有了政治正义论的性质。参见梁治平：《法辨》，载《中国社会科学》1986年第4期。

赏罚就是法，法主要是刑罚（赏是次要的）；刑罚的目的主要是对付"小人"，对付民众，对付不堪教化的人。古人曾反反复复地表明他们的这一见解。

先秦时期，以"法"闻名的法家孜孜不倦地推行的"法"，就是赏罚，或干脆只是刑罚。《韩非子》说："法者，宪令著于官府，赏罚必于民心"①，"明主之所以导制其臣者，二柄而已矣。二柄者，刑德也。杀戮之谓刑，庆赏之谓德"②。所谓"二柄"，犹今言"两手"，一手是奖励，一手是惩罚。这两手合起来，就是"法"。《慎子》说："憯而不可不行者，法也"，"我喜可抑，我忿可窒，我法不可离也；骨肉可刑，亲戚可灭，至法不可厥也"。③《管子》也说："杀戮禁诛谓之法。"④这简直等于说，法只是刑，赏也不在其中了。

同一时期，对法颇不怀好感的儒家，他们心目中的"法"也只是刑。孔子认为，法家所谓"法治"，就是"导之以政，齐之以刑"，只会使"民免而无耻"⑤。就是说，用法家的"法"这种高压手段或恐怖手段来治民，百姓虽然不敢犯罪，但心里并不以犯罪为耻。孟子认为，"上无道揆，下无法守……君子犯义，小人犯刑，国之所存者幸也"⑥。即是说，在上位的人如没有崇高的指导思想或者违犯崇高的原则，庶民百姓如无法可守或有法不守，国家就可能灭亡。在这里，他把"下无法守""小人犯刑"并举，不过是为了修辞的需要，其实是一个意思，"犯刑"就是"不守法"，即"犯法"。可见儒家所反感的"法"只是刑。

这一时期，最憎恶法律的是道家，其实他们心目中的法也是刑。

---

① 《韩非子·定法》。
② 《韩非子·二柄》。
③ 《慎子·逸文》。
④ 《管子·心术上》。
⑤ 《论语·为政》。
⑥ 《孟子·离娄上》。

《庄子》说："粗而不可不陈者……法也。"[1]这与前引《慎子·逸文》"惨而不可不行者，法也"简直是一个意思，因为只有"刑"才称得上"粗"和"惨"。他们以此为"法"的本质特征。颇有些道家精神因而被划入"道家类"的《文子》《鹖冠子》两书更是明白无误地把法定义为刑和赏。《文子》说："君者用六律。……六律者，生之与杀也，赏之与罚也，与之与夺也。"[2]《鹖冠子》说："生杀，法也。"[3]"律"就是"法"（《尔雅·释诂》："律，法也，常也。"），其内容就是生杀予夺，就是赏罚。看来这种见解是先秦乃至秦汉时期最一般的、最流行的。

秦汉以后，这种观念一直薪火相传，绵续不绝。在某些人那里，发挥得更加淋漓尽致。如西汉前期反对桑弘羊推行所谓"法治"的"贤良文学"们认为："法者，刑罚也，所以禁强暴也"[4]，"法能刑人而不能使人廉，能杀人而不能使人仁"[5]。在他们心目中，法就是杀人刑人的工具。在别的方面与"贤良文学"针锋相对的桑弘羊也认为："法者**所以督奸**也"，"法设而奸禁。……是以古者作五刑，刻肌肤而民不逾矩"[6]；"故水者，火之备也，法者，止奸之禁也"[7]。看来在把法仅当成刑这一点上他们是很一致的。晋人傅玄说："立善防恶谓之礼，禁非立是谓之法。法者，所以正不法也。明书禁令曰法，诛杀威罚曰刑。"[8]其实，他这里的"法""刑"是当作同义词来用的，这是为了修辞的需

---

[1]《庄子·在宥》。
[2]《文子·下德》。
[3]《鹖冠子·天则》。
[4]《盐铁论·诏圣》。
[5]《盐铁论·申韩》。
[6]《盐铁论·刑德》。
[7]《盐铁论·申韩》。
[8]《傅子·刑法》。

要，叫同义互文。其所指都是刑罚规范或手段。①南宋人杨万里竟认为："法不用则为法，法用之则为刑；民不犯则为法，民犯之则为刑。"②这与晋人傅玄的话如出一辙，是对傅玄观点的最好注释。明人方孝孺也说："治天下有法，庆赏刑诛之谓也。"③明代大思想家丘浚讲得更干脆："法者罚之体，罚者法之用，其实一而已矣。"④

正是从这种意义上讲，法才被历代人们视为"不祥之器"，被视为"治病之膏石""针药"，被视为"盛世所不废，亦盛世所不尚"的万不得已才用的东西（详后）。假如法的概念中包含了民法、商法、行政法、诉讼法之类的不以施加刑罚为特征的法，岂会有这种观念出现。正因如此，古代中国人一听说"法律"二字就如履薄冰，如临深渊，如临悬斧。直到清代，正统的观念仍然是"讲法律以**警愚顽**"⑤。能警愚顽的，当然只能是"刑"。1905年至1907年间，在著名法学家沈家本奉命主持的那场具有划时代意义的法制变革中，反对派的主张仍然是："化民之道，礼教为先；礼教所不能化者，则施刑罚以济其穷，此法律所由设也。"⑥在他们看来，设法律也就是设刑罚。民国时期，人们在论述法律的必要性时讲得最多的理由仍是"刑罚不可弛于国，犹鞭扑不可废于家"⑦。人们常将法律称作"尚方宝剑"⑧，实际上就体现了**法即刑**的观念。此外，过分强调法是对付"非我族类"的工具，也与古时"德以柔

---

① 这种同义互文的修辞在《慎子·逸文》"杀戮之谓刑，庆赏之谓法"一语中也可以看出来。其实，这句话的正确翻译应是"杀戮和庆赏叫作刑或法"。
② （宋）杨万里：《诚斋集·刑法论》。
③ （明）方孝孺：《逊志斋集·深虑论五》。
④ （明）丘浚：《大学衍义补》卷一百。
⑤ 《清圣祖实录·圣谕广训》。
⑥ 《清末筹备立宪档案史料》，中华书局1979年版，下册，第856页。
⑦ 例子太多，不一而足。我们看到很多县志、家谱的序言中都有这句话。
⑧ "尚方宝剑"是皇宫制造作坊"尚方监"专为皇帝制造的佩剑。皇帝有时将它授给到地方办案的钦差大臣，以示授予他处理该案的全权，甚至是先斩后奏之权。其实，它就是"刑"的象征，即最高法律权威的象征。

中国，刑以威四夷"①的观念相似，实际上正是**法即刑**观念的体现。

这种观念甚至延续至今。在一次法学讨论会上，有学者痛感旧的法律观念仍然占据着人们的大脑，呼吁废除。在他所列举的五种旧法制观念中，就有四项跟"法即刑"的观念有关，即："一谈到运用法律手段，就仅仅注意到运用对付犯罪的刑罚手段"，"一谈到运用法律手段，就只知道运用制裁手段，而不知法律手段中亦有行政管理手段"，"仅把公检法部门看作执法机关而不把其他政府部门看作执法机关"，"一谈加强法制建设就仅仅想到加强公检法系统的法制建设"等。②在海峡的那一边，同样受着中国传统观念影响的人们，至今也不时地自觉地透露着这种"法即刑"的观念。如有台湾学者云："伦理是人兽的分野，其效用上优于法制。伦理是从本性上启发人的自觉，法制是代表着国家公权力的行使，而带有强制性的。某人已丧失人格，缺乏自觉精神，当然要整饬风纪，对于违法者施以适当的制裁，这是事后的纠正。"③这里隐隐约约地显出的正是《白虎通义》"礼为有知制，刑为无知设，出乎礼入乎刑"的观念。当然，对这种"法即刑"的观念感受最深的应该是本人。记得小时候因淘气挨母亲的棍棒时，她常说的一句话是："给你一点王法！"那就是法！？

国法与王法

"家有家规，国有国法"，这是经常听到的一句俗语。这句话里正蕴藏着一个十分有中国古代特色的观念：国法有如家规、家法，是

---

① 《左传·僖公二十五年》。
② 《理论信息报》（北京），1986年4月21日，第四版。
③ 傅允：《功利主义与道德伦理》，载台北《商会月刊》第195号，1987年3月。

"家长"（皇帝）用来管教"不肖子孙"（不轨臣民）的。很明显，家法不是家长与子弟妇妾奴仆协商制定的，而是家长一人的杰作。故家法即"家长之法"；同样，国法不是国君与臣民协商的产物，而是"圣心""圣制""圣裁"的产物，故国法就是"王法"。记得少年时，长辈们老是训斥我们，说我们"一点王法也没有""无法无天"；揍我们的屁股时，也是说给我们一点"王法"；说到某人犯罪被处罚时，他们常表述为"某人犯了王法"；说到自己的处世哲学时，常说"不犯王法、不亏心"。在他们看来，国法即王法。

这种观念同样有着悠久的渊源。

早在《尚书》时代，就有"文王作罚"之说，说是对那些"不孝不友"的坏人要用周文王所作的刑法（或罚）去惩治，"刑兹无赦"[1]，绝不放过。稍后，法家的代表作《管子》主张"法政独制于君而不从臣出"[2]。他们的理想是："有生法者，有守法者，有法于法者。夫生法者，君也；守法者，臣也；法于法者，民也。"[3]孔子也主张："礼乐征伐自天子出。"[4]所谓礼乐征伐，包括法律制度和决策权，因为古时礼法不分、兵刑不分。儒家的另一代表作《礼记·中庸》更明白无误地宣称："非天子不议礼，不制度，不考文。""制"是动词，"制度"就是立法。商鞅和荀子的观点更有代表性。商鞅主张："智者作法而愚者制焉，贤者更礼而不肖者拘焉。"[5]荀子认为："古者圣人以人之性恶，以为偏险而不正，悖乱而不治，故为之立君上之势以临之，明礼义以化之，起法正（政）以治之，重刑罚以禁之，使天下皆出于治，合

---

[1]《尚书·康诰》。
[2]《管子·明法解》。
[3]《管子·任法》。
[4]《论语·季氏》。
[5]《商君书·更法》。

于善也。"①这是在论证帝王独掌立法权的合理性。因为谁也不敢否认君主是当时的最圣、最智、最贤者。这是"王法"观念的另一种表现。东汉人王符说:"君立法而下不行者,乱国也;臣作政而君不制者,亡国也。"②唐人李乾祐曾对唐太宗说:"法令者,陛下制之于上,率土遵之于下,与天下共之,非陛下所独有也。"③这也明显地肯定了法出自"王",法即王法。所谓"与天下共之",是指与天下共同遵行、使用;法立之后,立法者本人也不要随意违反、废弃。直到清代,正统的观念仍然是"圣人制礼作教、立法设刑"④。黄宗羲在200余年前倡导的"天下之法"的观念,仍不过是杯水车薪,对正统观念并未造成威胁。1905至1909年前后反对沈家本主持的法制变革的"礼教派"官僚仍毫不犹豫地以法为"王法":"天道不能有春而无秋,**王法**不能有生而无杀。"⑤甚至在今天,在高度开放、商业发达的深圳特区,仍有相当比例的人缺乏立法参与意识,认为立法只是"上头"的事,自己只是被动地接受法律的管束。可见"王法"观念在中国根深蒂固。

法与天理

"天理难容!国法难容!"我们在谴责恶行或犯罪时常常这么说。在人们心目中,犯罪首先是"伤天害理",是"无法无天",而不仅仅是"蔑视法律"和"践踏法律"。法体现着天理,它来自天理或天道,

---

① 《荀子·性恶》。
② 《潜夫论·衰制》。
③ 《贞观政要·公平》。又见《通典·刑法典》。
④ 《大清律例·序》。
⑤ 《江苏巡抚陈启泰奏订新刑律与礼教不合之处应酌加修订折》,载《清末筹备立宪档案史料》,中华书局1979年版,下册,第859页。

这种观念也是非常中国式的①。这种观念，最早见于《尚书》和《诗经》。

《尚书·皋陶谟》说："天叙有典，敕我五典五惇哉；……天命有德，五章五服哉；天讨有罪，五刑五用哉！"这是说，人间的法律制度出自天命、天意。《诗经》说："天生烝民，有物有则；民之秉彝，好是懿德"②，"不识不知，顺帝之则"③。《易传》也表达了这一观念："是以（圣人）明于天之道，而察于民之故。……制而用之谓之法。"④后来，这种观念不断加强，也愈加抽象。从前那种有人格、有意志、能发号施令或能直接把人类适用的法律藏于囊中等待着颁发给人类中的圣智者"天"，日渐演化为一种抽象的哲学上的价值，一种崇高而神圣的原则、公道——"理"或"天理"。法不过是人们接受过来的那一部分"天理"，或是"天理"的一种体现。法之于个人，正如天理（即抽象的"天"）对于整个人世间、整个人类社会。所谓"无法无天"，其隐语正是"无法无天理"，意即蔑视法律、蔑视天理，蔑视"天威"或天理之威（蔑视法律也就是蔑视天理），即对天下最神圣、最权威的道理不敬畏，也就是所谓"冒天下之大不韪"，"藐视天纲"。董仲舒认为，"王者承天意以从事"，"法天而立道"。⑤班固认为，法是"圣人通天地之心""则天象地"而制定出来的，"圣人因天秩而作五礼，因天讨而作五刑"。⑥这虽然还带有一些以法为人格神（天）之旨意的性质，但已明显地表现出在向抽象的哲学化的"最高原则"意义上的

---

①这是误解。其实这是世界各民族共同的一般法观念，只不过对"天理"的表述不同而已。当时因认识局限，我们误以为仅仅中国才具有这样的法观念。——修订注
②《诗经·大雅·烝民》。
③《诗经·大雅·皇矣》。
④《易传·系辞上传》。
⑤《汉书·董仲舒传》。
⑥《汉书·刑法志序》。

"天"（理）转化的迹象。到了朱熹，他更明确地宣称："法者，天下之理"①，"礼者，天理之节文，人事之仪则"②。古人说"礼"，就是指章法，当然包含法律。对朱熹来说，天地归根到底只是一个"理"，宇宙即"理"，法是整个"理"的体现形式之一，这叫"理一分殊"。法是"理"，礼也是"理"，只是表现形式不同，所以他又说："礼字、法字实理字，日月寒暑往来屈伸之常理，事物当然之理。"③明人薛瑄也说："法者，因天理，顺人情，而为之防范禁制。"④清代小说家蒲松龄也认为："讼狱乃居官之首务。培阴骘（积阴德）、灭**天理**，皆在于此，不可不慎也。"⑤这即是认为，法律实现了，便是积了阴德；枉法徇私，便是灭了"天理"。法就是天理的体现。1908年，反对沈家本主持的法制变革的两位"礼教派"官僚（江苏巡抚陈启泰、江西巡抚冯汝骙）都曾以旧律"悉准诸**天理**人情"⑥，而新律不合情理、礼教为理由，抨击新律。在他们看来，"重纲常"的中国旧法制就体现了"天理"。

前文说过，早期的中国人在给法下定义时，曾把抽象的原则、标准或公认的道理的观念部分地融入了法的定义或概念之中。许慎把"法"字的"氵"理解为"平之如水"的意义便显示出这种趋势，到朱熹讲"法者，天下之理"便可以视为这一过程的完成。但我们也看到，与整个中国封建社会相始终，法的公道、公理、原则、意义在中国人的法定义或法概念中并未占重要地位。占重要地位或**主导地位**的，仍是法的第三重含义，即手段、工具、方式或程序的含义。前文"法即赏罚"一节说明了这一点，无须重复。即便是主张"法即理"的朱熹，在更多的场

---

① 《晦庵先生朱文公文集·卷第六十九》。
② 《晦庵先生朱文公文集·卷第六十》。
③ 《晦庵先生朱文公文集·卷第四十八》。
④ （明）薛瑄：《要语》，（清）陈宏谋：《从政遗规》录。
⑤ 《聊斋志异·冤狱》。
⑥ 《清末筹备立宪档案史料》，中华书局1979年版，下册，第859、867页。

合仍然认为：好的法律（"先王之法"）就是"先王之义刑义杀"[①]，"所以虽或伤民之肌肤，残民之躯命，然刑一人而天下之人耸然不敢肆意于为恶"[②]。对他来说，法仍是庆赏刑威之具。

法即天理的观念，有些近似于西方的自然法观念[③]。因为它们都认为宇宙间存在着一种不以人的意志为转移的客观真理、正义或公道，它是法的源泉、法的准据，是法上之法。所不同的是，中国人很少把"天法""天则"或"天理"与人为的法律（人定法）分开来讲。西方人孜孜不倦地撇开现行法律制度去探索、发掘、描述"自然法"的内容，以便用它来批评人定法；古代中国人则很少单独去论"天理""天法""天则"的内容。他们多半是就现有的法律制度来阐述"天理"的内容，多半是说"天理"（或"自然法则"）的内容尽在现行法度礼制之中，借以论证现行以宗法等级制下的剥削和压迫为主要内容的法律制度的合理性、神圣性（当然，也有一些对现行法的批判，如墨子主张用"天志"这个最高"法仪"来检验"王公大人之所为刑政"[④]）。

法就是"天理"（中国人心目中的"自然法"），但这个"天理"当然必须是有实实在在的内容的，不能是空空荡荡的。"天理"的核心内容是什么？在中国人看来，就是伦理纲常。据说，春秋时郑国执政子产曾说："夫礼，天之经也，地之义也，民之行也，天地之经而民实则之。"[⑤]在他看来，"天经地义"的内容就是"礼"，就是"君臣上下""夫妇内外""父子兄弟"等伦常关系中各人的"本分""义

[①]《晦庵先生朱文公文集·戊申延和奏札一》。
[②]《晦庵先生朱文公文集·尧典象刑说》。
[③] 在此书完稿不久，我曾写过《"自然法"与"法自然"》一文，载《外国法学研究》1989年第1期。后收入《中西法文化的暗合与差异》（中国政法大学出版社2001年版）。在文中我说古代中国人心目中"法自然"只是"法伦理"。不认为"法自然"与西方"自然法"理念有内在一致。其实，那样说是有偏颇的。应认为二者有内在的一致之处。——修订注
[④]《墨子·天志上》。
[⑤]《左传·昭公二十五年》。

务"。汉人董仲舒说："王道之三纲，可求于天"，"君臣父子夫妇之义，皆取诸阴阳之道。"①"阴阳之道"，对古代中国人来说，就是"天理"，就是"自然法则"，就是由此逻辑而推演出来的一切"道理"。其具体含义就是"三纲"，即君为臣的主宰，臣绝对服从君；父为子的主宰，子绝对服从父；夫为妻的主宰，妻绝对服从夫。朱熹讲得更清楚："盖三纲五常，天理民彝之大节而治道之本根也"②，"礼者，天理之节文，人事之仪则"③，"天理只是仁义礼智之总名，仁义礼智便是天理之件数"④。"仁义礼智"是"三纲"对人们言行的具体要求或规范。可见"三纲五常"就是中国的"自然法"⑤的核心内容。这与西方人反复论证自然法的核心内容是"正当的生活""不损害他人""归还各人所应得"（此为古罗马法学家关于"自然法"内容的三格言）等明显不同。西方人所谓"正当生活"并不是指"三纲"式的绝对服从，而是"应当敬神""不得杀人""不得偷盗""不可奸淫""不作伪证""生活应有节制"等。17世纪以后，自然法更被论证为"人生而平等""人民主权""人民自由""人民有反抗暴君的自然权利"及"社会契约"等内容。两种文化的不同特色亦由此可见。

---

① 《春秋繁露·基义》。
② 《晦庵先生朱文公文集·卷第十四》。
③ 《晦庵先生朱文公文集·卷第六十》。
④ 《晦庵先生朱文公文集·卷第四十》。
⑤ 古代中国人心目中的"天理"或抽象意义的"礼"，有中国式"自然法"的意义。

"法不外乎人情"

"法不外乎人情",这是古代中国人的一般共识。意思是,法律必须体现人情,法与人情并无矛盾之处,或不应有矛盾之处。人们还常说"人情大于王法",意思是说,万一法律与人情有冲突,则先照顾人情、满足人情的要求。自很早的时候起,这种观念就不知不觉地产生了。法家先驱管子所主张的"令顺民心",就是指立法要合乎**人之常情**:"人主之所以令行禁止者,必令于民之所好,而禁于民之所恶"①,"政之所兴,在顺民心;政之所废,在逆民心。民恶忧劳,我佚乐之;民恶贫贱,我富贵之;民恶危坠,我存安之;民恶绝灭,我生育之。……令顺民心"②。另一法家人物慎到也认为:"法,非从天下,非从地出。发于人间,合乎人心而已。"③这简直就像说法就是世俗人情,跟高尚的"天理""天则""自然法则"简直没有什么关系了。相传春秋时另一大哲学家尹文子也说:"天道因则大,化则细。因也者,因人之情也。人莫不自为也,化而使之为我,则莫(不)可得而用也。"④这实际上就是说:"天道"就存于"人情"之中,此外再无什么"天理""天道"独存;立法应该顺应自私自利这种人之常情,利用人们的"自为心"为统治者服务。这样就实现了天理、国法、人情"三位一体"。有些道家倾向的文子据说也这样主张:"故先王之制法,因人之性而为之节文"⑤,"因民之所喜以劝善,因民之所恶以禁奸"⑥。就

---

① 《管子·形势解》。
② 《管子·牧民》。
③ 《慎子·逸文》,转引自(唐)马总:《意林》。此语又见于《文子·上义》和《淮南子·主术训》。
④ 《尹文子·因循》,此语又见于《慎子·因循》。
⑤ 《文子·自然》。
⑥ 《文子·上义》。

连那位被斥为刻薄寡恩、杀人如麻的商鞅，也认为"圣人之为国也，观俗立法则治"①，"法不察民情而立之，则不成"②。他所说的"俗"或"民情"，就是一般人的道德水准，一般人所欲所能。"故夫智者而后能知之，不可以为法，民不尽智；贤者而后能行之，不可以为法，民不尽贤。"③即是说，立法不强众人之所难（当然也不能低于众人之所易的水平），才算是合乎人情。如果以少数智者、贤者才能做到的作为立法的水准，去强求众人，就是"不合人情"。汉人荀悦把那种对众人规定了太高太苛的行为要求的立法，称为"必犯之法"："设必违之教，不量民力之未能，是招民于恶也，故谓之伤化；设必犯之法，不度民情之不堪，是陷民于罪也，故谓之害民。"④这样说来，所谓"法合人情"即是"法合众人之情"或"法合平庸者之情"而不是"法合贤人之情"。对于这种"众人之情"，汉人晁错承管仲之绪作了进一步的说明。他在一次奏疏中说：

> 臣闻三王臣主俱贤，故合谋相辅计安天下，莫不本于人情。人情莫不欲寿，三王生而不伤也；人情莫不欲富，三王厚而不困也；人情莫不欲安，三王扶而不危也；人情莫不欲逸，三王节其力而不尽也。其为法也，合于人情而后行之。……情之所恶，不以强人；情之所欲，不以禁民。⑤

北宋人张丰也说：

---

① 《商君书·算地》。
② 《商君书·壹言》。
③ 《商君书·定分》。
④ 《申鉴·时事》。
⑤ 《汉书·晁错传》。

> 常至于沮（阻）而不行者何也？是其立法非人之情故也。何谓非人之情？夫天下之所共恶者而时轻之，天下之所共恕者而时重之，不当恕而强为之仁，不必恶而过为之罚。凡此者，天下之情所不安者也。①

将天下人共同厌恶的事规定为轻罪轻罚，对天下人都能容忍或都不特别反感的事规定为重罪重罚，这当然是违反人情的。

"众人之情"的内容就是想长寿、想有钱财、想安全逸乐，还有爱护自己的亲友等。好的立法就是尊重人们的这种愿望和要求，使其合理（合乎伦理纲常）地得到实现，并且不损害别人实现同样要求的权利。这几乎是古代政治家思想家们的一致见解。但是，这些见解，历史上并不一定付诸实践了。如儒家倾向的立法，时常本着"人人皆可以为尧舜"②的理想，习惯于对众人规定苛刻的规则，以图达到"制礼乐（包括法）……将以教民平（抑制个人寻常）好恶而返人道之正（即伦理纲常）"③的目的；而法家倾向的立法，又时常本着"使大邪不生，细过不失"④的理想，对很轻微的过错都规定了严苛的罚，企图达到使"小过不生，大罪不至"⑤的目的——小的过失都因重刑惩罚的威胁而不敢犯，人们当然就更不敢犯较大的罪了。因为儒法两家的共同影响，所以古时的立法常常不合人情。⑥唯一可以称作"合乎人情"且历久不废的立法的例子，是"亲属容隐"的法律制度。允许亲属间互相包庇、隐匿犯罪行为，明显对保卫国家的法律秩序是不利的，但却是"人情所共欲"

---

① 《张右史文集·悯刑论下》。
② 《孟子·告子下》。
③ 《礼记·乐记》。
④ 《商君书·开塞》。
⑤ 《韩非子·内储说上》。
⑥ 这一判断，包括下文说"唯一可以……"，都是当时我激进反封建情绪的产物，今天看来有严重的问题。——修订注

的，是人之常情——谁乐见自己的亲属身陷囹圄呢？所以封建国家从不敢公开废除此一原则（商鞅相秦时除外），只能是在一定程度上顾全法律秩序（如规定对谋反、谋大逆、谋叛等严重的危害皇帝和朝廷的"国事罪"不得相隐）之后，允许亲属相隐制度的长期存在。直到今天，西方许多国家仍规定不得强迫被告之亲属出庭作证，也有这种尊重人道亲情的意思在里面。他们认为，无条件地爱护自己的亲属也是一项"人权"，因为这是人同此心、心同此理的事。①

在沈家本主持的清末法制变革中，很多保守派即"礼教派"的官僚强烈地反对新法，"人情"就是其借口之一。他们认为立法应合乎"人情""人心"或"人性"，认为只有旧律合乎"人情"，而新律正好悖逆"人情"。他们在此时此景下所说的"人情"，便有了很明显的时代特征，与前面所述大不一样了。前面所举的那些关于法应合乎"人情"的言论，多少是从人之常情即人的本性的角度出发的，体现出一定的人文精神；但在20世纪初叶旧法制彻底破产、西方法制开始进入中国之际，在封建的尊尊、亲亲、贵贵、长长的旧法制存亡绝续之秋，以维护封建伦常纲纪为己任的"礼教派"，就不得不论证：封建纲常伦理就是最一般的人情、人性；沈家本等"法理派"所起草的略带西方"人权""平等"味道的新法律草案是"悖逆人伦""不合人情（人性）"。

如当时的大理院正卿张仁黼就说："夫礼昭大信，法顺人情，此心此理，原可放之四海而准；先王法制，本足涵盖寰宇。……一国之民必各有其特性，立法之人未有拂人之性者也。……故一国之法律，必合一国之民情风俗。……中国文教素甲全球，数千年来礼陶乐淑，人人皆知尊君亲上，人伦道德之观念，最为发达，是乃我之国粹，中国法系即

---

① 关于"亲属容隐"，我后来写了多篇文章，均收入我的《中西法文化的暗合与差异》（中国政法大学出版社2001年版）一书。——修订注

以此。特闻立法者，必以保全国粹为重，而后参以各国之法，补其不足。"①因此，他阻挠修律中较大幅度的变革。

又如浙江巡抚增韫说："惟改革之初，必须适合风俗人心，方足以垂永久而资遵守。……中国风俗，如干犯伦常，败坏名教，既为人心所同恶，即为国法所不容。今草案伤害尊亲致成残废，贷其死罪，将使伦常纲纪，翻然废弃。"②他攻击新律多处"妨害礼教民情"，"此外与中国风俗人心、宽严轻重，互有出入之处，以及语涉疑似者甚多"③。

京师大学堂总监刘廷琛说："法律馆所修新刑律，其不合吾国礼俗者，不胜枚举。而最悖谬者，莫如子孙违犯教令及无夫奸不加罪数条。"他认为这些新规定"不合人心天理之公"，"显违父子之名分，溃男女之大防"，是"离经畔（叛）道"。因此，他声称："礼教可废则新律可行，礼教不可废则新律必不可尽行。"④他在这里所说的"礼俗""人心""民情"，都是"人情"的同义语。他们要论证纲常礼教存在的合理性，当然就得论证它们是合乎人性或人情的。

在旧中国，对于"法不外乎人情"或"法合人情"的命题，人们是很难提出异议的。但什么是"人情"，则因人因时而异。上一个世纪的"人情"跟本世纪的"人情"大不一样，法律革新家所理解的"人情"跟法律保守主义者所理解的"人情"也大不一样。对"人情"的不断更新的解释，正推动着法的变革和进步。

"法不外乎人情"这个命题的用意不仅在于对立法或对法内容本身加以要求，而且在于干预司法。就司法活动而言，在司法审理中，这个命题就是要求法官做到法律与"人情"两相兼顾或"法情两全"；而

---

① 《清末筹备立宪档案史料》，中华书局1979年版，下册，第834页。
② 《清末筹备立宪档案史料》，中华书局1979年版，下册，第856—857页。
③ 《清末筹备立宪档案史料》，中华书局1979年版，下册，第856—857页。
④ 《清末筹备立宪档案史料》，中华书局1979年版，下册，第888页。

当法与情有矛盾不能两全时，则应舍法取情，此即所谓"人情大于王法"。所谓"人情所恶，国法难容"，也是说"人情"在判断是非上比国法更有权威性；知道了"人情"也即知道了"国法"。知晓"人情"比知道国法更重要，因为国法的是非毁誉赏罚是以"人情"的好恶为标准的。村夫村妇都很易于判断邻里的行为犯不犯法。当他（她）指责某人为"犯法"时，你若问他（她）："某人犯了哪一条法？"他（她）断然不知。但他（她）知道某人的行为"伤天害理""不合情理"，这就是"犯法"。还有所谓"法不责众"，实际上就是认为"众人之情"有某种程度的法律效力。既然众人对这件事都不怎么反对，都能容忍，说明此事"合乎人情"，至少不太悖逆人情，因而就不能算真正意义上的"犯法"，就不应施以处罚。当一件民事案件的审理判决使公众满意时，人们由衷地感到欣慰——"法律与情理是相通的"。在很多人看来，法的执行只不过是情理的实现。如有人执着于法律的书面规定，则常常被人斥为"不通情理"。

情理法兼顾

在传统的中国人心目中，天理、国法、人情三者不仅相通，甚至可以理解为是"三位一体"的。这三个概念的核心是"国法"（或"王法"），唯有它是实实在在的可以看见可以直接领受的东西。其他二者，并无实在形态。所谓"天理"或"理"并无确定的内容。"劳心者"或压迫者可以借"天理"之名来论证现行法的神圣性、权威性，欺骗"劳力者"；"劳力者"的代言人有时也可以借"天理"之名批判现行法律制度，论证其不合"天理"。所谓"人情"或"情"，也无确定

"天理国法人情"匾额，河南内乡县衙。古时官员审判案件，特别标榜"情理法兼顾"。

的内容。前面说过，不同地方、不同时代、不同人群所理解的"人情"大不一样。"劳心者"可以借口他们的立法"合乎人情"而欺骗人民接受他们的法律，借以消除人们对法律的隔阂、排斥和恐惧心理，使人民对法律感到亲近（如对百姓宣传说：这条法律是合乎"人之常情"也就是合乎你们的自然要求的，是为保护你们的利益而产生的，还有什么可怕的呢？）；同样，"劳力者"及其代言人也可以反过来借口现行法"不合人情""不通情理"而批判、抵制之。

因此，我们可以大致这样理解：国法是一个"孤岛"，"天理"和"人情"是两个桥梁。如以"天"为"彼岸"，"人"为此岸，则"天理"架通了彼岸，"人情"架通了此岸；国法居中连接两桥。于是乎，"天人合一"也就在法制上实现了，也即实现了"天理"、国法、"人情"的"三位一体"。这，就是古代中国的法理学的核心命题。

"情理法兼顾"或"合情合理合法",这两个常用语正表达着一个十足的古代中国式的观念:情、理、法三者合起来,通盘考虑,消除互相冲突处,才是理想的、**真正的法律**,才是我们判断人们的行为是非善恶、应否负法律责任的**最根本依据**。单是三者中的任何一者,是不可以作为完整意义上的法的。此即**三位一体**。

另一方面,"情理法兼顾"或"合情合理合法"这两个常用语的词序,很值得注意和分析。

情、理、法三概念的前后顺序也断非偶然,而是反映着人们对其轻重关系的一定认识。即是说,在中国人看来,"合情"是最重要的,"合理"次之,"合法"更次。此即所谓"人情大于王法"(但有时人们说"人情大于王法"也可能是在谴责法官徇情枉法,这是值得说明的)。信仰情、理、法兼顾或"三位一体"的中国人,对国外那种"法律至上"的传统是十分难以接受的。据台湾地区《工商时报》的一篇专栏文章描述,台湾地区的中国人初到美国后,把美国视为一个"无情、无理、只有法"的国家——

> 因为中国人自古就不鼓励诉讼,一般人均以一生未进法院为荣。而现在台湾也不注意法制宣传教育。任何问题发生后,人们首先想到的是如何摆平关系,而不是研究法律知识。他们习惯靠关系办事,凡事都按情、理、法的顺序处理。……因此,这些自台湾赴美经商的"淘金者"初抵美国后,没有可运用的关系,美国在他们的眼中便成了一个无情、无理、只有法的国家了。[①]

[①] 台湾《工商时报》1985年12月9日,第十九版。

"情理"与"人情"

最后，必须补充说明，在传统中国人的语言中，"情理"与"人情"两词在某些场合有特定的含义。有的时候，"情理"并不一定是指"人情和天理"，而是指"摆得上桌面来讲的日常道理"，是人情所堪、不必躲躲闪闪的理由；而"人情"则是指摆不上桌面的私情。例如，有位父亲"大义灭亲"地杀死了自己作恶多端的儿子，执法机关对其依法拘捕，肯定会有很多人公开埋怨执法人员"不讲情理"。又如，某人涉嫌犯了走私罪，而他的朋友在海关或司法机关负责侦查工作，若大公无私，没有"照顾关系"，肯定会受到这位犯罪嫌疑人及其亲友的"不通人情"一类的私下诅咒。虽然从理论上讲，法律应尽量符合"情理"，应尽量做到情、理、法三者合一，或应尽量把情理变成堂而皇之的法律，历史上的人们也尽量追求这些。但是，事实上做不到。除了已经融入法律的部分"情理"外，还有大量的"情理"存于法外，由于它们比法律更有根本性、原始性，故常被人们引用来抵制某些法律规定。因此，"兼顾情理"、追求"合情合理"，成为历史上对法制的统一危害最大的一个因素。至于"照顾人情""照顾关系"则更严重地威胁着法律的执行，使国家常陷于法纪弛废的危机。因为所谓"照顾人情"（私情）往往是无原则的，往往只有程序的意义。就是说，不一定是用"人情"的某个原则去取代法律规范来处理某案件，使案件处理有新的准则、依据；而仅仅是废弃法律规范，对有亲近关系的人给予宽宥或区别对待，以示不同，以示亲密，进而使法律成为一纸具文。

第二章
家长的手杖：法的作用

"家有家规，国有国法"，"刑罚不可弛于国，犹鞭扑不可废于家"。这些谚语典型地体现着古代中国人对于法的作用的一般看法：法，就是"万岁爷"这位全国总家长的手杖、鞭子；官员是"万岁爷"在各地的代表，他们奉命直接执杖执鞭打不肖子孙的屁股。这"手杖""鞭子"固然是一种暴力，但却是一种"善意的暴力"，此即所谓"打是疼、骂是爱"，就如父祖打子孙的屁股是为了使子孙"改恶从善"一样。所谓法律虽然是一个给人带来"肌肤之痛"的东西，然而不能没有它。因为如果没有法律这根"手杖"，对那些"不听话"（不堪教化）的"不肖子孙"就无可奈何了。晋人葛洪"灸刺惨痛而不可止者，以痊病也；刑法凶丑而不可罢者，以救弊也"[①]一语，是这种观念的最好表白。

这当然不是古人关于法的作用的观念的全部。但是，他们无论从多少个方面或角度去讲法的重要性和作用，总离不开这一根本认识。

[①]《抱朴子·外篇·用刑》。

鸠杖，家长权威的象征。汉代皇帝常向七十岁以上老者赐以鸠头柄的手杖，以示尊礼，故鸠杖又称王杖。老者可以持此杖笞击不孝子孙和违法的基层官吏。

定分止争

野地里有只兔子在跑，成百上千的人都去追猎，都想抓到手；集市上到处挂着兔子，却连盗贼都不敢随便去拿。这是什么原因呢？因为野地里的兔子"名分"未定，也就是法律上的所有权没有确定，而后者却是早已有"主"的了。法律，就是用来确定"名分"制止争夺的，这就叫"定分止争"。

这是古时中国人关于法的作用或法的必要性的最常见的一种比喻，见于《管子》《商君书》《慎子》，还见于《尹文子》和《淮南子》。儒家经典虽没有直接举这个逐兔的例子，但他们用他们独有的说法表达了同样的意思。他们的说法是"正名"。"正名"也就是"定分"，也是为了"止争"。

"分"是什么？分者，份也。就是说，"分"就是在**瓜分**社会上的权利和利益的过程中具体分给每个社会成员的那量额不同的**一份**。因而"分"也就成了古时人们在社会上的政治、经济地位的标志。依特定的"名"而必有与此名相应之"分"，此即"正名"；依"分"而定相应之"名"以示区别,而不使其混乱成争,此即"定分止争"。两种说法,一个意思,就是使各阶级、个人在那封建等级秩序中"名"和"实"(分)一致。法律,正是要消除"名"和"分"之间的不一致而达到一致。

"正名"也好,"定分"也好,不外是想使社会中的一切政治、经济利益都变成"集市上的兔子",使它们都有"主"。这与今天的所有权观念有某些相似,但不尽相同。

孔子认为,为政的首要任务就是"正名",因为"名不正则言不顺,言不顺则事不成,事不成则礼乐不兴,礼乐不兴则刑罚不中"①。就是说,"名"不正,一切事情都做不成。"正名"的具体内容是什么呢?就是"君君、臣臣、父父、子子"②,就是地位、身份不同的人各自做他们所应做的,得他们所应得的,不得胡来,不得觊觎他人的东西(包括政治权利),特别是不能僭制犯上去追求上一等级的人才应该有的东西。

我们应特别注意:孔子把"正名"与"刑罚"联系在一起。孔子实际上是想说,"名"正了,"刑罚"才能得当("中")。因为如果不把每个人所应得的政治权利和经济利益规定清楚(把界限划明确,指明各人的本分),你怎能知道谁是谁非?你如何决定是否施以刑罚?因此,孔子的话表明:他认为法律是用来"正名"的,"法"就是用自己特有的手段(刑罚)来制止、打击那些"名不正""犯上作乱"行为(如诸侯僭用天子的礼仪、舞蹈抖威风,诸侯、大夫、家臣把持国政,夺天子的权,对全国以号施令③,等等)的一套规则和手段。

---

① 《论语·子路》。
② 《论语·颜渊》。
③ 参见《论语》之《八佾》《季氏》两篇。

第二章 家长的手杖:法的作用

荀子认为，人类社会形成之初，人们相互争夺财物，甚至互相残杀。这是什么原因呢？就是因为"无度量分界"，也就是没有一个公共的、有强制力的规则去规定人们该做什么、该得什么，就是"名分"不定。后来呢？"先王恶其乱也，故制礼义以**分**之"①。就是说，圣明的"先王"实在看不下去了，于是挺身而出，为百姓制定了礼义法度，确定了"度量分界"。这个"度量分界"也就是孔子所说的"名"。他认为，"礼"（荀子言礼实含"法"，此为学界所公认）有两大功能或作用，一是"养"，二是"别"。"养"就是"满足""供给"，当然是有差别地、分量不等地供给；"别"就是"区分"，也就是"正名"，就是使所有的人显示出尊卑、贵贱、亲疏的等级差别来。这个"别"，或者可以说，就是"故制礼义以**分**之"的"分"，是有等级待遇不同的"分"（正因为有差等，所以才叫"别"，不然就"无别"了）。

荀子说的这个"分"（fēn，动词），我想就是"名分""定分"或"明分"中的"分"（fèn，名词）这个词义的真正来源。有差等地**分**配政治权利和经济利益以及相应的义务，分配到各个人"名"下由各人去取得和履行的，就叫"分"（fèn）。所以，"名"和"分"二字是如此紧密地联系在一起："名"就是各人的地位、身份的不同名称；"分"就是依据这种名称（**身份**）所应得到的不同权利和应履行的不同义务。

关于这一点，相传是春秋时的思想家尸佼所作的《尸子》一书讲得更为清楚。它说："天地生万物，圣人裁之。裁物以**制分**，便事以立官。……明王之治民也……言寡而令行，**正名也**。……**赏罚随名**，民莫不敬。"②"制分"就是用礼法制度来规定各人的"名分"。各个人明白了自己的"名分"并且依"名分"而行，就"天下大治"了，就会"言

---

① 《荀子·礼论》。
② 《尸子·分》。

寡而令行"。这就是法的最大作用。

商鞅认为:"名分不定而欲天下之治也,是犹(欲)无饥而去食也,欲无寒而去衣也。"接着,他举了前述那个"一兔走,百人逐之"的例子,然后他强调:"故圣人必为法令,置官也,置吏也,为天下师,**所以定名分也**。"①创立法律制度就是为了"定名分",为了防止"百人逐一兔"的局面出现。

确定了"名分"之后为什么就能制止争夺?这是因为法律有它特有的手段——大刑伺候。谁不守"名分",就"绳之以法、断之以刑"②,人们当然就规矩、老实了。对此,《尹文子》说得很清楚。在作了"百人逐兔"的比喻之后说:"法行于世,则贫贱者**不敢**怨富贵,富贵者**不敢**凌贫贱;愚弱者**不敢**冀智勇,智勇者**不敢**鄙愚弱。"③四个"不敢"最传神。谁也不敢不安分,法的作用就实现了,目的就达到了。

"正名""定名分""定分止争"这些观念是典型的封建观念。④中国近现代史上,消除这些观念,经历了一个艰难的历程。在清末沈家本领导的法制改革中,在保守派的强大压力下,不得不在新刑律草案中对某些封建"名分"予以承认和保护。后来,法部尚书廷杰竟在新刑律草案后附加《暂行章程》五条,更是公开地继续保护封建的伦常名分,如对加害皇室罪以及内乱外患罪加重处刑,对于无夫相奸仍然处刑,对于尊亲属的加害不得适用正当防卫,等等。这等于说,皇帝的亲属身份不同常人,"名分"与常人不一样,有更高的权利;同样,尊亲属的"名

---

① 《商君书·定分》。
② 《盐铁论·大论》。
③ 《尹文子·大道上》。
④ 这一判断,包括下文这一整段文字中的判断,严格地说,都是值得商榷的。"正名""定分",从一般意义上理解,是古今中外法制的共同目标。各国各时代的法制都要注重正名定分,只不过各自理解、认同并加以规定的"名"和"分"与中国大有不同而已。——修订注

分"也高于卑幼，有更高的权利。在1930至1933年间，中央苏区的法律也曾一度有过劳动模范、战斗英雄犯罪减免刑罚的规定[①]，这实际上也是承认这些人与一般平民不一样，有更高的"名分"。这一规定，后来在毛泽东等同志的批评下予以废止。

规矩、绳墨、权衡

古人常说，法就像"规矩""绳墨""权衡""尺寸"一样。意思是，法律给了人们一个客观的、稳定的标准或依据，供人们用以判断人和事的是非善恶。这是古人关于法的作用的又一种说法。

"规矩"即"规"和"矩"。前者是用来画圆或检验东西圆不圆的，后者是用来画方或确定东西方不方的。二者即直角尺和圆规，这是木匠的必备工具。"绳墨"就是木匠的墨斗线，是用来确定木料直不直并使弯曲变直的；"权衡"则是秤锤和秤杆，是用来确定重量的。这些都是人设的客观标准。古人认为，法就类似于这种客观的标准、依据，它既可以作为每个人（守法者）自己生活行为的准据（依此"规矩"，我自己就知道我该怎么做、不该怎么做），又可以作为执法者（君主和官吏）执行"公务"时的准据，作为他们衡量自己管辖对象的行为是与非的客观标准。有了这种客观标准，人们就不应也不必凭自己的主观认识、情感好恶去判断是非了，人们之间也不敢互相欺诈了，因为公共的标准高

[①]《中华苏维埃共和国惩治反革命条例》（1934年4月8日中华苏维埃共和国中央执行委员会公布）第三十四条规定："工农分子犯罪而不是领导的或重要的犯罪行为者，得依照本条例各该条文的规定，比较地主资产阶级分子有同等犯罪行为者，酌量减轻其处罚。"第三十五条规定："凡对苏维埃有功绩的人，其犯罪行为得按照本条例各该条文的规定减轻处罚。"引自韩延龙、常兆儒编：《中国新民主主义革命时期根据地法制文献选编》（第三卷），中国社会科学出版社1981年版。

悬在那里，谁都可以凭据它去进行核准、检验。

《管子》一书最早使用这种比喻："以法治国，举措而已矣。有法度之制者，不可巧以诈伪；……有权衡之称者，不可欺以轻重；……有寻丈之数者，不可差以长短。"[1]商鞅说："释权衡而断轻重，废尺寸而意长短，虽察，商贾不用，为其不必也。故法者，国之权衡也。"[2]韩非也说："释法术而任心治，尧不能正一国；去规矩而妄意度，奚仲不能成一轮；废尺寸而差短长，王尔不能半中。"[3]这都是说，法的作用在于给人们提供一个客观的标准。没有这样一个标准，再聪明的人也做不到事事办理公正、无偏颇；这就像尧那样的英明圣王、奚仲先生和王尔先生那样的传奇式良匠，如果离开了法术、规矩、尺寸这些客观标准，便也将一事无成一样。法有"规矩""权衡""绳墨""尺寸"一样的作用，那么这个作用是如何体现出来或如何实现的呢？

法家人物慎到有一段话作了很好的解释："法之功莫大使私不行。……法者，所以齐天下之动，至公大定（正）之制也。故智者不得越法而肆谋，辩者不得越法而肆议，士不得背法而有名，臣不得背法而有功。"[4]这就是说，将每个人的一切行为都纳入法的轨道、纳入法规定的范围；法外的行为，哪怕是所谓"仁行""善行"，都不应被称赞，甚至应受到谴责。这样，天下就统一在法这一个标准之下了，正像方圆、轻重、长短统一于那些度量衡的标准一样。这也就是商鞅所说的"吏明知民知法令也，故吏不敢以非法遇民……民又不敢犯法。如此，天下之吏民虽有贤良辩慧，不能开一言以枉法。……智者不得过，愚者

---

[1]《管子·明法解》。
[2]《商君书·修权》。
[3]《韩非子·用人》。
[4]《慎子·逸文》，转引自（唐）马总：《意林》。

不得不及"①。官吏不敢假借法律的名义或任意歪曲法律去欺负老百姓，老百姓也不敢"犯法以干官"（即借口不知法律规定而随意去骚扰官府）。可见法家所说的规矩、权衡不仅对老百姓适用，也对官吏适用。

很巧，法家用来比喻法律的"规矩""尺寸""权衡"等，也经常被儒家用来比喻"礼"。如《礼记·礼论》《荀子·礼论》都说有了"礼"就像有了规矩、权衡一样。可见儒家心目中的"礼"也包含"法"，其作用是一致的。

最后，必须说明，把法比喻为那些度量衡器具或标准，虽有作为官吏执法审判时判断是非的客观标准和作为百姓日常生活的准则两重意义，但作为官吏的标尺、官吏审理案件时的依据这一意义是最主要的。就是说，必须有这样一些公开的、客观的标准来**管住**那些官吏，免得他们草菅人命、胡作非为、鱼肉百姓、假公济私。

还有一点很有趣，值得一提，这就是"规矩"一词词义的变化。本来，在先秦时期或更早时候，"规矩"一词，像"权衡""绳墨""尺寸"一样，是一个没有任何感情倾向的词，是中性的。但不知从什么时候起，它竟成了有明显感情或倾向的词，失去了其中性的意义。比如，说"某人一点规矩也没有"，"请你规矩点"，"家有家规"，"国家没个规矩怎么行"等。这里的"规矩"一词，其骨子里的含义都是"限制""禁制""约束"等。从只有客观准则意义的无感情或价值倾向性的"规矩"到明显有感情倾向的"限制""约束"，这种变化也是有着鲜明的中国风格的。这一变化，是古代中国人对于法的作用之认识的缩影。本来，法就应该是那种无感情向度的客观准则，像度量衡器具一样，但不知从何时开始，法竟仅仅成了"限制""禁制""约束"的同义

---

①《商君书·定分》。

情理法与中国人

语，成了马嚼子、笼头和鞭子（即所谓辔策、衔勒）的同义语了。于是，对古代中国人来说，法就只是暴力，顶多是有感情的暴力，是善的暴力，就如家长的手杖一样——"打是疼，骂是爱"，"不打不骂就是害"。

驱人向善

人们骑马，既要有缰绳，操纵其向一定的方向前进，也要有鞭子，抽它的屁股，使它不敢后退。君王治国也是一样：这缰绳就是德礼教化，这鞭子就是法律或刑罚。这是古人关于法的作用或必要性的又一种说法。这也是十足的中国式的传统观念。传统的中国人习惯于把全部社会规范分为两大类：礼和法。前者是指导性的规范，是引导人们为种种善行，引导人们向尧、舜、禹、伯夷、叔齐那样的圣贤看齐：一事当前，该怎么做，"礼"都向人们指清楚了；后者是禁止和惩罚的规范，规定人们如果不按"礼"的要求去做，就"大刑伺候"。这就叫"礼为有知制，刑为无知设"[①]，出乎礼入乎刑，或"礼之所去，刑之所取，失礼则入刑，相为表里者也"[②]。所谓"有知"，就是懂得封建伦理道德并遵守的人；"无知"，就是不懂伦理道德或不遵守的人。古人一般都认为，刑（或法）不可独存，它必须是为了实现礼而存在的，它只能是礼的工具。这就叫"德礼为政教之本，刑罚为政教之用"[③]。

最早使用这个"御马之喻"的大概是《大戴礼记》。它把"礼度"称作"德法"，然后说："德法者，御民之衔也；史者，辔也；刑者，筴也；天子御者，内史太史左右手也。古者以法为衔勒，以官为辔，以刑

[①]《白虎通义·五刑》。
[②]《后汉书·陈宠传》。
[③]《唐律疏议·名例·序》。

为筴[1]，以人为手，故御天下数百年而不懈堕。"这里的比喻虽然有些混乱，但有一点很清楚，"礼"（"德法"）与"刑"（"刑法"）是天子这个"御者"（驾车人）治理天下必不可少的两手，后者是为前者服务的。所以它又说："刑法者，所以威不行德法者也。"[2]

据《孔子家语》载，孔子也是这样看待法的作用的。据说，孔子说过："圣人之治化也，必刑政相参焉。太上以德教民，而以礼齐之；其次以政导民，而以刑禁之。……化之弗变、导之弗从，伤义以败俗，于是用刑矣。"[3]这就是说，"刑"或"法"是万不得已时才使用的一手，其作用在于辅助德礼教化，其目的是使德礼教化有强有力的后盾，使人们不得不接受。因此，《孔子家语》也重复了这个"御马之喻"："以德为法。夫德法者，御民之具……以德法为衔勒，以刑罚为策（鞭子）。"[4]

这种观念，并非"仁慈"的儒家所独有。即便"刻薄寡恩"的法家，同样是把"法"（或刑）作为辅助国家达到一个较高的道德境界的工具来看待的。据《管子》记载，法家先驱管仲曾说："明智礼，足以教之……然后申之以宪令，劝之以庆赏，振之以刑罚，故百姓皆说（悦）为善。"[5]这实际上也是要"刑以辅德""逼人向善"。被人说成是杀人不眨眼的法家人物商鞅，也曾屡屡重申自己推行"法治"的目的是"偃武事，行文教，以申其德"[6]，是要"德明教行"[7]。

法（或刑）为什么能起到辅助德教、驱人向善的作用？很明显，

---

[1] 清人王聘珍注：筴，马棰也。筴，音策。
[2] 《大戴礼记·盛德》。
[3] 《孔子家语·刑政》。
[4] 《孔子家语·执辔》。
[5] 《管子·权修》。
[6] 《商君书·赏刑》。
[7] 《商君书·壹言》。

是因为它是一种威胁，就如战场上的督战队——谁不向前冲而向后退，就开枪打死谁。班固对此理言之甚明，他说："爱待敬（敬者儆也，警也，意即威胁）而不败，德须威而久立。故制礼以**崇敬**，作刑以**明威**也。"①所谓"崇敬""明威"，就是把一种立即可以招致的威胁或危险经常公开地悬示在人们眼前，使人们不得不为避祸而去"爱"，而立"德"。晋人葛洪说得更明白："爱待敬而不败，故制礼以崇之；德须威而久立，故作刑以肃之。……刑罚以惩恶而为善者劝。如有所劝，礼亦存矣；故无刑则礼不独施。"②这就是说，如果没有刑罚做后盾，德礼教化根本行不通。也就是说，老百姓一般是因为"畏刑"才去遵守礼教的。

这里我们应特别注意这个古人几乎一致使用的"御马之譬"，这个比喻中隐含着下列观念：（1）法只是王者的工具或手段，如马鞭子或衔勒。（2）民（百姓）就是"马"，是被奴役的活工具，是为"御者"的利益、为"左右手"（公卿大夫官贵）的利益而劳作的人。"天子"是"正驾驶"，官贵就是"驾驶员的手"。（3）"礼"（"德法"）也好，"法"（"刑法"）也好，都是给百姓的限制、约束，是外在的羁绊或威胁，正如缰绳、衔勒、鞭子一样，并不是从"马"（百姓）的内心产生的东西。这个比喻无形地自我揭穿了古时法就是"天理""人情"的那些骗人的说法。

---

① 《汉书·刑法志·序》。
② 《抱朴子·外篇·用刑》。

救乱起衰

刑乃"不祥之器"①，这是明人丘浚总结的古代中国法观念，也是古时很常见的一种说法。古时的人们认为，法律或刑罚是为了挽救社会的衰亡而产生并存在的，在兴盛太平的社会是不必要的；只有乱世、衰世才需要法律，才用得上这东西。有了刑法，就表明这个社会不怎么美妙，表示临近乱世。所以，从这个意义上讲，刑乃"不祥之器"，它是不吉利的东西。理想的、美妙的社会是"无讼""无刑"的社会。法律是用来挽衰乱的。这是传统的中国人关于法的作用的又一种见解（当然与前列看法多少有一些重叠，但侧重点不一样）。

公元前536年，中国历史上一件不大不小的特别事件发生了——郑国的执政子产"铸刑书"。"铸刑书"就是把成文法律刻在国家的铜鼎上使众目共睹。这是迄今可以考证的最早公布成文法的活动（在此以前，据《周礼》记载有"悬法于象魏"②等公布法律的活动，但无法考证）。这件事引起了很强烈的反响，特别是引起了保守贵族的反对。反对者中最著名的是晋国的大夫叔向。他写信给子产，强烈地抨击子产的"铸刑书"行为，理由是："夏有乱政，而作禹刑；商有乱政，而作汤刑；周有乱政，而作九刑。三辟之兴，皆叔世也"，"国将亡，必多制"。就是说，刑或法都是产生于衰败的末世的东西，是很不吉祥的东西。子产收到信后怎么回答呢？他回信说："若吾子之言，侨不才，不能及子孙，吾以救世也。"③意思是说：正如您所说的，我公孙侨没有什么才能，不能顾及子孙后世的事，只顾得上（铸刑书以）救

---

① （明）丘浚：《大学衍义补·慎刑宪》。
② 《周礼·秋官·大司寇》。
③ 《左传·昭公六年》，以上引文均出于此。

今日之乱世。

围绕"铸刑书"这件事，前后一斥一答，虽然在别的许多地方针锋相对，但在一点上竟出奇一致，这就是：他们都认为法律不是理想的东西，是万不得已的下策，是不祥之器。叔向说"三辟（辟，即法、刑）之兴，皆叔世也"，"国将亡，必多制"，自是明言；子产说"吾以救世也"何尝不是这个意思呢？因为"侨不才"，才去"铸刑书"以救乱世。言外之意，如果"侨有才"，并且打算考虑子孙后世的长久幸福，那么就根本不必要"刑书"这东西了。一句话，法是救世之具，是不得已而用之。

子产代表着法家的倾向。法家认为，要挽救当时的衰败之世，别的策略都无济于事了，只有用刑或法这种强硬的一手。虽是下策，但也是当时唯一的可行之策。叔向代表的是儒家的倾向，他们向往"议事以制，不为刑辟"的盛世，主张"闲之以义，纠之以政，行之以礼，守之以信，奉之以仁"①的治国策略，反对重视刑罚的一手。在礼和法、德和刑的问题上针锋相对、寸步不让的儒法两大思想倾向或势力，在这里竟有了一致的意见，这当然不是偶然的。

继承了子产的基本思想的法家巨子韩非发挥了这一理论。他声明，他也是从救乱世的目的出发才主张严法重刑的"法治"的："明君正明法，陈严刑，**将以救群生之乱，去天下之祸**。使强不凌弱、众不暴寡……而无死亡系虏之患。"②言外之意，如果没有"乱""祸"，没有"强凌弱、众暴寡"，那就不必"正明法、陈严刑"了。汉人王充充分体会了韩非子的这个意思，他说："韩子任刑独以治世，是则治身之人任伤害也。韩子岂不知任德之为善哉？以为世衰事变，民心靡薄，故作

---

① 《左传·昭公六年》。
② 《韩非子·奸劫弑臣》。

法术专意于刑也。"①这是对法家政治主张的最好解释之一。所以,汉初史学家司马谈(司马迁之父)对法家学说"可以行一时之计而不可长用"②的评价是很恰当的,法家追求的就是这个一时之计,就是解决眼前问题,就是救眼下之"乱",起今日之"衰",来不及考虑子孙后世的事。

这种"法为救世之具"的观念,到后来发展得更明显、更彻底。人们都认为,理想的世界是"威厉而不试,刑措而不用"③,是"赏无所施,法无所加"④。所以,法律这东西在人们心目中的形象一直不怎么好。东汉人崔寔说:"夫刑罚者,治乱之药石;德教者,兴平之梁(粱)肉。"⑤药石是万不得已时用来救命的,而梁(粱)肉则是日常营养品。孰优孰劣,一目了然。晋人葛洪说,任用"法"或"刑"来治国,正像对"病笃、痛甚、身困、命危"的人"不得不攻之以针石,治之以毒烈"一样,所以"刑法凶丑而不可罢者,以救弊也"⑥。他把"刑"或"法"比喻为"针石""毒烈",大概就是手术刀、砒霜、拔火罐一类的东西。即便是一个健康的人,老是看到药石、针刀一类的东西,也会感到有些不吉利。汉人郑昌说:"立法明刑者,非以为治,救衰乱之起也。"⑦明太祖朱元璋说:"仁义者,养民之膏粱也;刑罚者,惩恶之药石也。舍仁义而专用刑罚,是以药石养人,岂得谓善治乎?"⑧明人顾炎武说:"法制禁令,王者之所不废,而非所以为治也。"⑨这是把这一观念推向了极点,认为法律不是真正的致治工具,制

---

① 《论衡·非韩》。
② 《史记·太史公自序·论六家要旨》。
③ 《荀子·议兵》引《尚书·大传》。
④ 《盐铁论·诏圣》。
⑤ (汉)崔寔:《政论》。转引自《后汉书·崔寔传》。
⑥ 《抱朴子·外篇·用刑》。
⑦ 《汉书·刑法志》。
⑧ 《明史·刑法志》。
⑨ (明)顾炎武:《日知录·法制》。

定法律原本就不是想以此达到一种理想的治理状态。清人纪昀更明确地声称："刑为盛世所不废，而亦盛世所不尚。"①事实上，不但盛世不尚，就是在衰颓之世，也很少有人崇尚法律。宋人苏东坡说他"读书万卷不读律"②，可见对法律何等鄙弃！③明人丘浚刑乃"不祥之器"一句话可以作为这一节所述古人观点的总概括。刑乃"不祥之器"的观念正是把法仅当成刑的必然结果。古人看到的法，若是今人所讲的这种意义上的法，即含有债、合同、所有权、租赁权、公民权、委托、代表、继承、监护、亲权等内容的法，则何"不祥"之有？若是只有"刑"，那当然就是不祥的、凶丑的了。

统一大脑，均平才智

古人认为，法律的作用除了前述那些以外，还有两种，即：统一人们的思想，甚至进而统一人们的大脑活动本身；均平国民的才智，限制少数人冒尖，以维持社会相安无事。关于前一种作用，讲得最多、最明确的是墨子。墨子的专用术语是"尚同"。他认为，法律就是为了"尚同"而产生、存在的。他说，在人类社会初期，也就是没有"刑政"之时，社会一片混乱，人们相互争斗、残害，有如禽兽一般。为什么会产生这种混乱呢？这是因为人们的价值标准、思想不统一。"一人一义"，"十人十义"，各人有各人的是非标准，各人凭着自己的

---

①《四库全书简明目录·卷八》。
②陈迩冬选编：《苏东坡词选》，人民文学出版社1981年版，第85页。
③这种判断，今天看来也是有问题的。苏东坡《戏子由》诗的原话是："读书万卷不读律，致君尧舜知无术。"原意是调侃子由虽饱读经史，却不研读当代的律法（特别指新法的条文），所以想要实现"致君尧舜"为国服务的理想，却无能为力。而我当时的理解显然有误！——修订注

标准去攻击他人的是非标准，于是相互争论，后来发展为相互怨恨，最后发展为相互残害。这时，天帝实在看不下去了，乃"选天下之贤可者立以为天子"。"天子"上台后所做的第一件事就应该是"发政于天下百姓"，也就是造出人类第一个法律，公布于天下。这个法律的内容应该是："闻善而（或）不善，皆以告其上。上之所是，必皆是之；上之所非，必皆非之"，"上立此以为赏罚"。墨子以是否积极向上司打"小报告"和是否积极地与上司保持一致作为是非和应否赏罚的标准。所以，他认为："古者圣王为五刑，请（诚）以治其民。譬若丝缕之有纪，网罟之有纲，所连收天下之百姓不尚同其上者。"①这就是墨子对法的作用的看法。他认为法的最大作用就是"尚同"。这个"尚同"，我们不敢贸然翻译成"统一思想"，因为"统一思想"尚有这样的含义：先有许多个别的不同思想，然后通过命令或协议统一到一种思想上（分歧还可能各自保留）；但墨子的"尚同"断无此意。所以，只好把它翻译成"统一大脑"，也就是统一大脑活动本身。墨子所主张的，实际上是要全国所有人的大脑跟着天子的指令运转；法，就代表着天子的指令。既然大脑的活动都统一了，那么大脑活动的结果——思想，当然也就一致了。

关于法应有"统一大脑"这种作用的见解或主张，当然不是墨子所独有。早在《尚书》的时代，就有人持此种主张。据《尚书·大禹谟》载，禹讨伐苗人时，曾"奉辞发罪"，即公布了苗人的六大罪状：昏迷不恭，侮慢自贤，反败道德，君子在野，小人在位，民弃不保。这六条中，前三条都或多或少地带有"态度恶劣犯"和"思想反动犯"的性质。另据《尚书·伊训》载，当时社会风气败坏，形成了"三风

---

① 《墨子·尚同》上、中。

十愆"，即三大歪风、十大罪过。其中，有所谓"乱风"："敢有侮圣言，逆忠直，远耆德，比顽童，时谓乱风。"这"乱风"所包含的四大罪过，都可以说是"思想犯""态度犯"——对圣人的教导不恭敬，不听忠直之人的劝告，疏远德高望重的老人，像顽童一样捣蛋不理政务，都被视为犯罪。国家为此"制官刑，儆于有位"，专门立法威慑那些有官职的人。若是他们违犯了此"官刑"，就严加惩罚："臣下不匡，其刑墨。"这就是《尚书》关于法应有"统一大脑"作用的主张。

韩非子也持这种观点。他认为，法律的"禁止"作用不能只是禁止人们的行动："太上禁其心，其次禁其言，其次禁其事。"[1]在他看来，法律的最大作用，归根到底是禁止人们与朝廷不一致的思维活动；至于惩强暴、救乱世、定分止争、作规矩绳墨等，那就是表层的，不是根本的或深层的作用。只有达到"禁其心"，法律的作用才算真正实现了。

据《荀子·宥坐》《孔子家语·始诛》记载，仁慈的孔子摄鲁国相（代理宰相）七日而诛"思想反动犯"少正卯。此事虽不可考，但是，据说孔子宣布的少正卯该杀的五条罪状，却是历代正统儒学代表人物都赞同的。孔子说：天下有五种最严重的罪恶，而偷盗之类却排不上号。这五种罪恶是"心逆而险""行僻而坚""言伪而辩""记丑而博""顺非而泽"。"此五者有一于人，则不免君子之诛，而少正卯皆兼有之"。[2]因此，少正卯该杀。这五条罪状，可以说都是思想性的而不是行为性的。特别是第一条，"心逆而险"。"心逆而险"就该杀，这比韩非子的"禁心"还厉害。这表明，儒家正统人物（可能自孔子始）也主张法律应有"统一大脑"的作用。被誉为"汉代孔子"的董仲舒的主张，更可以证明这一点，更说明儒家正统思想视法律为统一国人大

---

[1]《韩非子·说疑》。
[2]《孔子家语·始诛》。

脑的工具。董氏说:"春秋大一统者,天地之常经,古今之通谊(义)也。今师异道,人异论,百家殊方,指意不同,是以上亡(无)以持一统;法制数变,下不知所守。臣愚以为诸不在六艺之科孔子之术者,皆绝其道,勿使并进。邪辟(僻)之说灭息,然后统纪可一而**法度可明,民知所从矣**。"①在他看来,法度与异端思想势不两立、不共戴天,必须用法度的严厉手段消灭异端思想。

在这方面最干脆、最彻底的是韩非的老师荀子。荀子的心肠似乎最硬:"元恶不待教而诛""才行反时者死无赦!""才行反时者"就是有"奸言、奸说、奸事、奸能"②的人,这些人是"奸人之雄",于是"圣王起,所以先诛也"③。

关于后一种作用,即法的"均平才智"作用,古人言论中直接讲的不多。

最明显地表达这种观点的,要算假托战国哲学家尹文所作的《尹文子》一书。该书《大道上》篇说:"所贵圣人之治,不贵其独治,贵其能与众共治。……今世之人,行欲独贤,事欲独能,辩欲出群,勇欲绝众。独行之贤,不足以成化;独能之事,不足以周务;出群之辩,不可为户说;绝众之勇,不可与征阵。凡此四者,乱之所由生也。是以圣人任道以通其险,**立法以理其差,使贤愚不相弃,能鄙不相遗。能鄙不相遗则能鄙齐功,贤愚不相弃则贤愚等虑**。此至治之术。名定则物不竞,分明则私不行。"

大概不用任何翻译、解释,读者对这段话里的意思已经领会无遗了。"立法以理其差",也就是通过法律铲平贤愚、能鄙的差别。目

---

① 《汉书·董仲舒传》。
② 《荀子·王制》。
③ 《荀子·非相》。

的是要达到"贤愚等虑""能鄙齐功"的效果，就是要使聪明人和笨人考虑一样的问题（不许聪明人倚仗其聪明才智胡思乱想而危害王朝"安定"），使有才能的人和平庸无能的人做着一样的事（不许能人倚仗其才干做事太多而影响大伙儿的情绪）。"独行之贤""独能之事""出群之辩""绝众之勇"……一句话，就是才能、智力两方面"冒尖儿"，竟被认为是"乱之所由生"，被认为是动乱的祸根。这种见解的确令人惊讶！于是，法律竟被赋予了"均平才智"、铲平差异的功能或作用！

管人与管事的差异

　　古代中国人从上述六个方面或角度去理解或说明法的作用，其思虑不可谓不周全。但是，他们独独没有从另一个重要的角度看待法律的作用，这就是法对社会生活过程的科学组织和科学管理作用。这不能不令人注意。也就是说，古代中国人论述法的作用，过分注重法对它的实施对象（即人）的作用，而忽略了法对社会生活的过程、秩序的作用。我们把前者称为"管人"作用，后者称为"管事"（理事）作用。我们看到，古人讲的作用，定分止争也好，规矩绳墨也好，逼人向善也好，惩暴救乱也好，"统一大脑"或"均平才智"也好，总之一句话，都是为了控制客体或对象，其侧重点在于"管人"，而不在于使社会生活科学化、有序化，不在于积极地调节社会生活过程和环节中出现的矛盾冲突，疏通阻滞。①讲到法的作用，马上想到的是使人不得为非，使人们服

---

①这种判断，今天看来也是有误解的。前述中国古人关于法律的作用的六大观点，其实都可以说与古人心目中的社会生活的科学组织和管理追求有关，管人亦是为了理顺社会生活过程的秩序。不过，怎样才能叫作"科学的组织和管理"，怎样才能叫作"科学有序"的秩序，不同国家、不同民族、不同时代、不同人群，看法是不可能一样的。——修订注

第二章　家长的手杖：法的作用

服帖帖、安分守己，使人们都不在乎甚至主动放弃自己的合法利益（重义轻利），窒抑欲望，以图达到人人都"克己奉公"的理想状态。俗语说"是非只为多开口，烦恼皆因强出头"，又说"退后一步自然宽"，正是劝人们在矛盾出现时，都退后一步，都不出头、不冒尖。这样一来，哪里还会发生争夺、斗讼呢？这就是所谓的"无刑"盛世。而要达到这一目的，就非用法的固有手段刑罚不可。只有常常利斧高悬，才能使所有的人都慑于刑罚的淫威而提心吊胆、夹紧尾巴。法的作用就在于经常性地向人们展示这种威胁，使人们老老实实。法是"管人"的见效最快的手段，所以《尚书》说"折民惟刑"，商鞅说"民本，法也。故善治者塞民以法"①。

古代西方人是怎么看待法的作用的呢？早在公元前5世纪，古希腊的智者普罗泰戈拉就把法看作"政治的技术"，认为法是"治理城市的原则"。②柏拉图认为："在各种政府形式中，只有一种政府形式是最妥当的，它是真正的政府：这种政府的统治者懂得科学，而不是不懂科学。"③因此，在他看来，"法治"也好，"人治"也好，"哲学王"之治也好，关键都在于何者最能体现科学、智慧或理性。亚里士多德也认为，"法律是最优良的统治者"，"由法律遂行其统治，这就有如说，唯独神祇和理智可以行使统治"。④这都是在强调法的冷峻的、客观的、排除情感的科学作用——科学组织和管理社会生活过程的作用。

中世纪神学大师托马斯·阿奎那说得更明确："法律不外是对于种种有关公共幸福的事项的合理安排，由任何负有管理社会之责的人予以

---

① 《商君书·画策》。
② 北京大学哲学系外国哲学史教研室编译：《古希腊罗马哲学》，商务印书馆1982年版，第137—138页。
③ 张宏生主编：《西方法律思想史》，北京大学出版社1983年版，第35页。
④ [古希腊]亚里士多德：《政治学》，吴寿彭译，商务印书馆1983年版，第169、171页。

公布","法律是……以共同福利为目的的理性的命令。"[1]从这里我们可以看出,古代西方人对法的作用的认识,与古代中国人相比,其侧重点明显不同。西方人比较强调社会生活过程的理顺、调节本身,而不是把重心放在控制、压抑社会生活过程的参与者上。

举个例子来说吧,"管人"与"管事"的差异,有些像不同风格的交通管理情形。在交通拥挤的季节或时刻,苦于交通事故太多,堵车太厉害,甲交通管理部门干脆下一道指令给各单位:某某时间,非特殊情况(经特别批准),哪些类型的车辆不得上街,或不得经行某某路段。这一下可大大地减少参与运行的车次,降低流量,也可以使事故减少。乙交通管理部门则不然,他们尽量安排路面的合理秩序,如谁走快道、谁走慢道、车速是多少等,还力争扩宽马路,或采用机动车道与自行车道双用制(即在汽车流量大时可把自行车道划一半过来作机动车道;在自行车流量大时又把机动车道划一半过去作自行车道,规定在每天几点至几点做这样有规律的轮换)。一个注重约束参与者,一个注重改进运行过程,使程序合理化,风格大不一样。

这当然不是笔者的凭空想象。实际的例子也不难找到。公元前6世纪,中国的第一位在野法学家、"律师"邓析先生的故事就是一个例子。邓析先生对他所在的郑国的法律进行了种种非难和挑战:他先是尽可能地挑当时立法的毛病,钻了很多空子,帮人打赢了许多官司,以至于老百姓都争相去找他帮忙打官司,他也因此收了些辩护费。后来,他实在觉得当局的立法漏洞百出,水平太低,干脆自己动手起草了一部法律草案——《竹刑》。这些做法,对郑国当时法制的讽刺和非难实在是太严厉、太不留情面了。四五百年以后,在罗马帝国,也出现了这么一

---

[1] [意]托马斯·阿奎那:《阿奎那政治著作选》,马清槐译,商务印书馆1982年版,第106页。

大批邓析式的人物：拉别沃、卡皮托、普拉库拉、萨比尼、盖尤斯、乌尔班、伯比尼安、塞尔苏斯等。这些人大多也是在野人士，他们与邓析一样，靠向人们提供法律咨询，帮人写书契、诉状并收取酬金过日子。他们也常常有意地钻当时法律的空子，非难当时法律的不足，并常提出许多修改补充意见，并撰写法学书籍，阐明现行法的缺陷及理想法律的内容轮廓。

邓析和罗马法学家所做的事非常相似。但是，他们的下场却极为不同。邓析的所作所为，触怒了当时郑国的执政驷歂，也不为古代中国的文化环境所容忍，"于是（驷歂）杀邓析而戮之，民心乃服，是非乃定，法律乃行"[1]。这可是釜底抽薪的做法。"驷歂杀邓析，而用其竹刑"[2]，这足以说明邓析所挑出的当时法律的毛病是事实，不是无中生有。因为如果不是《竹刑》比郑国原有法律（前任执政子产所铸"刑书"）更科学，何至于要弃后者而用前者，何况是采用一个"罪犯"的"作品"！相比之下，罗马法学家们则幸运得多。起初，法学家们对诉讼当事人提供的关于法律的解释意见，虽不发生法律效力，但也没有受到限制；后来，皇帝干脆颁布"引证法"，授予若干法学家"公开解答法律的特权"，还责令裁判官务须尊重法学家的意见；最后，法学家的解释干脆成了法律的渊源之一。正因为吸收了法学家的批评意见，罗马法及罗马法学才有了长足的进步，成为人类文明史上的一大奇迹。

---

[1]《吕氏春秋·离谓》。
[2]《左传·定公九年》。

第三章
牧师与刽子手："德"与"刑"

鲁昭公二十年（前522），郑国国相子产病重将死。临终前，他对继任者子大叔说："我死后，你肯定要当相国。我对你提点忠告。只有道德崇高的执政者才能用宽仁、慈爱或道德教化去使老百姓服从，一般的执政者可做不到这一点，所以只能退而求其次，用猛烈、严酷的刑罚去使百姓屈服。比如，火这东西危险、猛烈，老百姓一见就怕，故很少有人被火烧死；水这东西看上去懦弱，一点也不可怕，老百姓对它常漫不经心，常喜欢跳进里面去玩，故有很多人被水淹死。所以用宽仁的一手是很难的。"他的意思是，执政者的统治手段应该像火而不应像水。宽仁慈爱的一手当然好，但应看看可不可行，要看时机。不得已时还是应当用猛烈的一手。他死后，子大叔继任。这位新相国原本很仁慈，"不忍猛而宽"，对犯罪的百姓不忍心施以严刑峻法。于是，郑国本来就有的"盗寇之祸"在这种宽容政策的纵容下，更加厉害。其中有一伙人，寇聚于萑苻湖畔，打劫过往行人，给国家造成了严重的威胁。子大叔悔悟了，说："我要是早些听了子产的忠告，采取严厉打击的措施，就不致有今日之祸了。"于是，他把在监的犯人武装起来，去攻打萑苻的"盗寇"，"尽杀之"，一个也不留，然后秩序好多了，盗寇也收敛了许多。孔子听说了这件事后，对子大叔大加称赞，他说："干得好啊！

戏曲中的"包公三铡"——龙头铡、虎头铡、狗头铡,主要用以显示执法的公正无私及刑罚的威慑力。

政治手段如果太宽仁,久而久之老百姓就会怠慢、放纵,不守规矩,这时就应该用猛烈的一手去加以纠正。但猛烈的手段用的时间长了或用滥了,老百姓又会受到不应有的残害,或是使老百姓变得暴戾残忍,就会逼他们上山为寇,这时就应该改用宽仁的一手。宽仁辅助猛烈,猛烈辅助宽仁,这样才能达到和平安定的理想政治状态。"[1]

这个故事说的是什么呢?就是德与刑的关系;用子产和孔子的话说,就是"宽"和"猛"的关系。这是中国古代政治史、思想史上的一个极其重要的问题。"德",就是用道德教化的方式去"说服"人民、"感化"人民,即用"仁慈"的一手去欺骗人民,这就是所谓"宽",又叫"文";"刑",就是用刑罚威慑的方式去镇服人民,使其恐惧、害怕而不敢为非,这就是所谓"猛",又叫"武"。所以,历史上所谓"德主刑辅""德刑并用""宽猛相济""文武并用"等,绝不是讲法

---

[1]《左传·昭公二十年》。

律与道德（两种规范）的关系问题的，而是在讲德礼教化与刑罚威慑这两种统治手段或策略的轻重主次问题的。列宁曾说，剥削阶级的国家有两种职能：一是牧师的职能，一是刽子手的职能。[①]所谓"德刑关系"或"礼法关系"问题，实际上就是国家在不同的时期或场合应该主要扮演什么角色、摆出一副什么面孔的问题——是当牧师，还是当刽子手？

"教化派"与"刑威派"：共同的"准则法"

在德刑关系的争论中，法家及其后继者的言论常给人造成这样一个错觉：似乎他们不要道德，要毁弃道德。同样，儒家及其后继者的言论也常使人误以为只有儒家承认和维护道德，并绝对摒弃法律。其实不然。

在中国历史上，德刑关系或礼法关系之争一直持续不断。这种争论，看起来针锋相对、水火难容，其实并没有什么根本的利害冲突。我们把重视教化的一派称作"教化派"（自周公至先秦儒家直至近代的重教化论者），把重刑威的一派称作"刑威派"（自先秦法家至清末近代所谓"新法家"）。我们发现，这互相为敌的两派在基本原则、指导思想、政治理想或目标等实质性问题上竟基本相同；所不同的，只是各自主张采用的实现这些理想、原则的策略、方法而已。正因为如此，才有了所谓德刑关系（或礼法关系）之争论。

"教化派"的政治理想是"道德流行于世"，是使道德充满世界，达到一个"无刑""无讼"的治平之世。

他们所要实现的"道德"，具体说来，不外下列这些内容："为

---

① 《第二国际的破产》，载《列宁选集》第二卷，人民出版社1972年第二版，第478页。

仁之本"的"孝弟（悌）"[1]；"君使臣以礼，臣事君以忠"[2]；"君君臣臣父父子子"[3]；"教以人伦：父子有亲、君臣有义、夫妇有别、长幼有序、朋友有信"[4]；"父慈子孝，兄良弟弟（悌），夫义妇听，长惠幼顺，君仁臣忠"等"十义"[5]。实际上，也就是被董仲舒以后归纳为"三纲五常"（君为臣纲、父为子纲、夫为妻纲，仁、义、礼、智、信）的那一套根本准则。如果用法国现代法学家狄骥的"准则法"与"技术法"的两分法来观察，上述这些"道德的项目"，这些"纲""常""经""义"，就是传统中国法律体系或法律文化中的"准则法"[6]（亦即中国法律的根本原则、准则或最核心的规范）。

对于这些"准则法"或"道德的项目"，那些通常被视为"刻薄寡恩""反道败德"的"刑威派"也并不反对。

法家先驱管仲及其门徒虽曾主张"治国使众莫如法，禁淫止暴莫如刑"[7]，但也把"礼""义""廉""耻"作为"国之四维"（维系国家存在的四大支柱或纽带），认为"不恭祖则孝悌不备，四维不张国乃灭亡"[8]。极端重刑主义者商鞅及其门徒虽曾认为"礼乐""诗书""修善""孝悌""仁义""诚信""贞廉""羞战"为"国之虱"[9]。但他们又赞成"为人臣忠，为人子孝，少长有礼，男女有别"[10]的道德秩序，并声称他们"行重法"的最后目的是"偃武事，**行文教**……以申其

---

[1]《论语·学而》。
[2]《论语·八佾》。
[3]《论语·颜渊》。
[4]《孟子·滕文公上》。
[5]《礼记·礼运》。
[6] 参见王伯琦：《近代法律思潮与中国固有文化》，台湾"司法行政部"1958年版，第25页。
[7]《管子·明法解》。
[8]《管子·牧民》。
[9]《商君书·靳令》。
[10]《商君书·画策》。

德"①，是"德明教行"②。"刑威派"的集大成者韩非及其门徒虽曾主张"不务德而务法"③，但他也赞成"臣事君，子事父，妻事夫，三者顺则天下治，三者逆则天下乱"的"天下之常道"④。"独任法治""摒弃道德"的秦王嬴政（后称秦始皇）前后的官方政治教科书也照样主张："为人君则鬼（读为'怀'。和柔也，意即'慈'或'礼'），为人臣则忠，为人父则慈，为人子则孝……君鬼臣忠，父慈子孝，政之本也。"⑤

这些证据足以证明，"教化派"与"刑威派"在"准则法"（即基本的道德原则、政治理想、道德目标）方面是一致的。

"技术法"的差别

在"技术法"方面，亦即在实现上述"准则法"的程序、手段和策略、技术方面，两派的主张却形同冰炭，水火难容。

"教化派"的主张是以"导之以德、齐之以礼"为尚，是"为政以德"，是"先教后诛"，是"大德小刑""重德轻刑""德主刑辅"或"先德教后刑罚"，是"德礼为政教之本，刑罚为政教之用"，是"德本刑末"（均见前引）。就是说，他们主张国家首先要当好"牧师"，其次才当"刽子手"。

"刑威派"的主张是"不务德而务法"⑥，是"任法而治"⑦，是

---

① 《商君书·赏刑》。
② 《商君书·壹言》。
③ 《韩非子·显学》。
④ 《韩非子·忠孝》。
⑤ 《云梦秦简·为吏之道》。
⑥ 《韩非子·显学》。
⑦ 《商君书·慎法》。

"明必死之路者，严刑罚也；开必得之门者，信庆赏也"①，是"不贵义而贵法""刑不善而不赏善"②"刑多而赏少""求过不求善，藉刑以去刑"③；是"众其守而重其罪，使民以法禁而不以廉止"，是"不养恩爱之心，而增威严之势"④。西汉以后，"刑威派"虽披上了儒学的外衣，但仍掩饰不住那腾腾杀气。如东汉人王符说："法令赏罚者，诚治乱之枢机也，不可不严行也。……罚不重则恶不惩。故欲变其风俗者，其行赏罚也，必使足惊心破胆！"⑤晋人葛洪说："役（之以）欢笑者，不及叱咤之速；用诱悦者，未若刑戮之齐。……故仁者，为政之脂粉也；刑者，御世之辔策。脂粉非体中之至急，而辔策须臾不可离也。……当怒不怒，奸臣为虎；当杀不杀，大贼乃发。……多仁则法不立，威寡则下侵上。"⑥

为了实现同样的道德理想或政治目的（"准则法"），"教化派"与"刑威派"各自主张使用的手段、方法、策略或经由的途径（"技术法"）竟是如此不同，这不能不令人惊讶！既然"同归"，为何"殊途"若此，势不两立？

在古代中国政治史上，"教化派"确实扮演着"牧师"角色，"刑威派"扮演着"刽子手"角色，互相补充的二者的确显得不共戴天。

---

① 《管子·牧民》。
② 《商君书·画策》。
③ 《商君书·开塞》。
④ 《韩非子·六反》。
⑤ 《潜夫论·三式》。
⑥ 《抱朴子·外篇·用刑》。

差别的原因

这一差别的原因可以从几个方面去看。一方面，是两派对"人性"的认识不同；另一方面，是两派对刑罚威慑的作用的认识不同；再一方面，是两派对当时各自所处的社会形势的认识不同。

首先，对于人的本性的认识不同。

"刑威派"一般持"性恶论"，认为老百姓就是那种"吃硬不吃软"的"贱货"。如管仲及其门徒说："以爱民（的方式）用民，则民之不用明矣。"[1]韩非及其追随者说："民固骄于爱而听于威"[2]，"仁义爱惠不足用"[3]，"民固服于势，寡能怀于义"[4]。他们认为，"仁义道德"说教、小惠小恩不足以感化老百姓。"仁者能仁于人，而不能使人仁；义者能爱于人，而不能使人爱。"[5]只有严刑重罚才能叫他们老老实实。老百姓为什么吃硬不吃软、不堪教化呢？这是因为他们太愚顽、太冥顽不灵。他们根本听不懂道德说教那种"微妙之言"："夫微妙意志之言，上知之所难也。夫不待法令绳墨而无不正者，千万之一也。故圣人以千万治天下。"[6]成千上万的人当中才有一个人（即所谓"贤者""智者"）能听懂道德教化的大道理；其他的人都听不懂，只懂得刑罚之威造成的皮肉之苦可怕。国家当然不能为迁就那一两个人而去重用德教的方法，应该用对成千上万的人都起作用的刑威方法来治国。

相形之下，"教化派"对人性的估计乐观得多。孔子认为"导之以

---

[1]《管子·法法》。
[2]《韩非子·六反》。
[3]《韩非子·奸劫弑臣》。
[4]《韩非子·五蠹》。
[5]《商君书·画策》。
[6]《商君书·定分》。

德、齐之以礼"能使百姓"有耻且格",能够使老百姓道德升华,知耻而不犯罪。①孟子认为"人皆有不忍人之心","人人皆可以为尧舜",人皆有"良知良能",皆有仁义礼智"四端";②朱熹认为人人心中有"天理"("此心浑然天理全具"③)。所以,他们认为,对这种有情感、有理智的生灵,当然不能用对待无感情无理智的牲口的办法去管理。所以他们特别重视"教化",特别重视使人们"心悦诚服"地接受道德的原则、教导。

其次,对刑罚作用的认识不同(相应,对德教作用的认识也不同)。

"刑威派"迷信刑罚的作用,认为只有"刑"才能达到立竿见影的效果。《管子》认为:"夫至用民者(最好的役使老百姓的方式),杀之危之,劳之苦之,饥之渴之。"④商鞅认为:"重刑连(株连)其罪,则民不敢试,故无刑也。……故禁奸止过,莫若重刑。"⑤韩非认为,"严刑""重罚"是"民之所畏",可以马上"使国安而暴乱不起",又说"仁义爱惠不足用,而严刑重罚可以治国也"。⑥他们迷信"重一奸之罪而止境内之邪"⑦的效果,认为只有"断斩以威之",才能使老百姓"莫不奋击"⑧(莫不奋勇向前冲锋而不敢后退)。他们简直认为刑罚万能,根本没有考虑到严刑重罚还会带来许多不良的副作用。他们甚至认为,刑威不仅能解决当务之急,治目前之急病,还可以泽及久远,造福将

---

① 《论语·为政》。
② 《孟子·尽心上》。
③ 《晦庵先生朱文公文集·卷第四十三》。
④ 《管子·法法》。
⑤ 《商君书·赏刑》。
⑥ 《韩非子·奸劫弑臣》。
⑦ 《韩非子·六反》。
⑧ 《抱朴子·外篇·用刑》。

来："法之为道，前苦而长利；仁之为道，偷乐而后穷。"[1]他们贬低德教的作用，对它的作用不屑一顾，这与他们对刑罚的迷信是相伴随的。

"教化派"的看法恰好相反。他们曾认为刑罚在非常时期能起到"救乱止衰"的作用，认为在社会秩序特别混乱之时也可能不得不以重刑来达到"猛以济宽"[2]的效果，但他们毕竟比"刑威派"更加深谋远虑，他们看到刑威"可以行一时之计而不可长用"[3]，看到了刑威的严重缺陷和副作用，同时看到了德教的深远意义、长久作用。如汉人贾谊说："凡人之智，能见已然，不能见将然。夫礼者，禁于将然之前，而法禁于已然之后。是故法之所用易见，而礼之所为生难知也。若夫庆赏以劝善，刑罚以惩恶……岂顾不用哉？然而曰礼云礼者，贵绝恶于未萌，而起教于微眇，使民日迁善远罪而不自知也。……（故）以礼义治之者，积礼义；以刑罚治之者，积刑罚。**刑罚积而民怨背**，礼义积而民和亲。故世主欲民之善者同，而所以使民善者异。或导之以德教，或驱之以法令。导之以德教者，德教洽而民气乐；驱之以法令者，**法令极而民风衰**。"[4]我们不能不承认，这里的"教化派"的见解的确比"刑威派"高明得多，且更有大政治家之风。"刑威派"的见识的确不及"教化派"。这里的"民怨背""民风衰"就是刑威的副作用，这也就是《老子》所说的"法令滋彰，盗贼多有""民不畏威，则大威至"，也就是《尹文子·大道上》所说的"刑者，所以威不服，亦所以生陵暴"的效果，亦即秦朝末年"一夫振臂，天下土崩"那种情形。

再次，两派对各自所处的社会背景的估计不同。

"刑威派"常常把他们立论所依据或针对的历史时代视为不可救

---

[1]《韩非子·六反》。
[2]《左传·昭公二十年》，孔子语。
[3]《史记·太史公自序》。
[4]《汉书·贾谊传》。

药的乱世，认为唯有刑威才可以勉强使其维持一阵子。如子产说自己重视刑法是"吾以救（乱）世也"；商鞅说"古之民朴以厚，今之民巧以伪"①；韩非评价他所处的时期是"今世巧而民淫"，认为"效汤武之时而行神农之事"②（即实施教化）以图救乱根本不管用。晋人葛洪说："至醇（淳）既浇于三代，大朴又散于秦汉；道衰于畴昔，俗薄乎当今，而欲结绳以整奸欺，不言以化狡伪……盘旋以逐走盗，揖让以救灾火……未见其可也。"③

"教化派"虽然也比较悲观，也常把当时的世界看成"乱世""衰世"，但他们并不认为世道已衰败到了必须主要依靠严刑峻法而把道德教化暂时搁置不用方可挽救的地步。如孔子虽然认为当时"礼崩乐坏""天下之无道也久矣"④，孟子认为当时"世道衰微"⑤，但他们仍然主张要"为政以德"，"导之以德，齐之以礼"⑥，仍然认为"善政不如善教之得民"⑦"不以仁政不能平治天下"⑧。

---

① 《商君书·开塞》。
② 《韩非子·五蠹》。
③ 《抱朴子·外篇·用刑》。
④ 《论语·八佾》。另，《论语》之《公冶长》《季氏》《子罕》篇均有孔子认为当时世道为"乱世"之评语。
⑤ 《孟子·滕文公上》。
⑥ 《论语·为政》。
⑦ 《孟子·尽心上》。
⑧ 《孟子·离娄上》。

第四章

"非礼，是无法也"："礼"与"法"

"礼"到底是什么？这个问题实际上有两方面含义。一是问"礼"在古代中国事实上起了什么作用，二是问它在古人心目中被当成什么。从前探讨"礼"与"法"的关系，讨论"礼"是不是法律的人们，常常只偏重于某一个方面，忘了将两方面结合起来看。本章既要探讨"礼"在古人心目中是否被当成了法律，也想探讨"礼"在古代中国政治中实际起着什么作用。总之，我们是想探讨"礼"的特有法律属性。

古人常从"德礼教化"的意义（即程序、手段、方式、策略的意

山东邹县孟府礼门及"礼门义路"牌匾。儒家主张"为国以礼"，即以礼义治国齐民。

义）上使用"礼"一词，如说"为国以礼"。这时的"礼"，实为前章所说的"德教"。它主要不是指规范本身，而是这种规范的运用活动。但古人也常从"规范"或"仪章"这种意义上使用"礼"一词。这种意义上的"礼"到底是什么呢？这种意义上的"礼"和"法"之间是什么关系呢？

"礼"是社会规范，这毫无疑问。但它是什么性质的规范？是法律，是道德，还是宗教戒律，或是习俗？

目前学术界一般持总和说，即认为"礼"是道德规范、法律规范、宗教规范、风俗习惯等的总和。这种论点有个别地方易引起误解，有加以补充完善的必要。

"总和"是各部分相加的结果。总和说的背后无疑隐藏着这样一种观点："礼"之中，有的是道德规范，有的是法律规范，有的是宗教规范，有的是风俗习惯……也就是说，持此说者认为"礼"是可以分拣为上述几堆（类）的。

这是一种误解。"礼"到底是什么？关键是要看古人到底把它当做什么，看它在古时实际起到了什么样的规范作用。

可以说，"礼"是一个混沌的整体，它一身多任：习惯、道德、法律、宗教。其中并没有一条条纯粹的法律规范或道德规范，它无法分拣。这种不同性质的社会规范浑然一体无法区分的情形，是各民族早期历史的通例。

我们还是来看看古人的思想言论吧。从下列言论里，我们将看到，在古人心目中，"礼"是"一身多任"的。古人认为"礼"曾起着习惯、禁忌、法律、道德、宗教的多重作用（但这里我们只注意法律和道德的作用）。

"礼"和"法"：各有两重含义

在古人的言论里，"礼"有抽象、具体两重含义，"法"也有这样两重含义。子产说"夫礼，天之经也，地之义也，民之行也，天地之经而民实则之"[①]；《礼记·乐记》说"礼者，理之不可易者也"，"礼者，天地之序也"；荀子说"礼者，法之大分（本），类之纲纪也"[②]；朱熹说"礼者，天理之节文"[③]。这都是从抽象或普遍意义上去讲"礼"。这时的"礼"，不是任何一条具体礼仪规范，而是抽象的原则、原理、准则，是作为各种规范、制度、礼仪、设施之理的"礼"，也就是"理"。

另一种意义的"礼"，是具体的"礼"。如《管子》说"礼者，因人之情、缘义之理而为之节文者也"[④]。《礼记》说"分争辩讼，非礼不决；君臣上下父子兄弟，非礼不定；宦学事师，非礼不亲；班朝治军，莅官行法，非礼威严不行；祷祠祭祀，供给鬼神，非礼不诚不庄"[⑤]，"三王异世，不相袭礼"[⑥]，"夫礼之初，始于饮食"[⑦]。这些当然指的是"丧祭之礼""婚姻之礼""乡饮酒之礼"等具体的礼仪、规范，直接规定了对人们言谈举止的具体要求。所以荀子又说："礼者，人主之所以为群臣寸尺寻丈检式也。"[⑧]

在古人的思想言论里，"法"同样有抽象、具体两重含义。《管

[①]《左传·昭公二十五年》。
[②]《荀子·不苟》。
[③]《论语章句·颜渊》。
[④]《管子·心术上》。
[⑤]《礼记·曲礼上》。
[⑥]《礼记·乐记》。
[⑦]《礼记·礼运》。
[⑧]《荀子·儒效》。

子》说"法者,天下之至道也"[①],"法者,天下之程式也,万事之仪表也"[②],"法者,天下之仪也"[③];宋人李觏说"礼乐刑政,天下之大法也"[④];朱熹说"法者,天下之理"[⑤]等,这无疑说的是抽象的或普遍意义上的法,是法上之法,即法的准则,有些接近抽象的"礼"。然而"杀戮禁诛谓之法"[⑥],"尺寸也,绳墨也,规矩也,衡石也……谓之法"[⑦],"治国使众莫如法,禁淫止暴莫如刑"[⑧],"制定于平昔者谓之法,施用于临时者谓之罚"[⑨]等,则无疑讲的是具体的法,是规定了人们言行举止具体要求的"法",有些接近具体的"礼"。

"礼"就是法律

规范意义上的"礼"和"法"之间到底是什么关系(这里说的不是手段或策略意义上的"礼"与"法"、"德"与"刑"的关系)?古人是从两个方面去看的。

一方面,在古人心目中,抽象意义上的"礼"就是具体意义上的法的灵魂。抽象意义上的"礼"不外乎上一节所讲的那些"准则法"或"道德的项目",即"三纲五常"之类。古人认为,它们就是法律规范的根本原则或灵魂。如《管子》说"宪律制度必法道"[⑩],这里的道,亦

[①]《管子·任法》。
[②]《管子·明法解》。
[③]《管子·禁藏》。
[④](宋)李觏:《直讲李先生文集·礼论一》。
[⑤]《晦庵先生朱文公文集·学校贡举私议》。
[⑥]《管子·心术上》。
[⑦]《管子·七法》。
[⑧]《管子·明法解》。
[⑨](宋)杨万里:《诚斋集·刑法论》。明人丘浚的《大学衍义补》中也有此语。
[⑩]《管子·法法》。

即"礼"或"理"。《管子》又说"法出于礼,礼出于治"[1],"仁义礼乐者皆出于法"[2],认为法中包含"仁义礼乐"之大义,法律施行即"仁义礼乐"之实现。荀子说"礼者,法之大分(本),类之纲纪也"[3],朱熹说"三纲五常,天理民彝之大节而治道之根本也。故圣人以治之为之教,以明之为之刑"[4]。这些话,说的都是以抽象意义上的"礼"为具体的法律的灵魂的意思。

另一方面,在古人心目中,具体意义上的"礼"简直同时就是具体意义上的法。儒家经典《礼记》就是把"礼""法"二者看作同义词的,说明在其作者的心目中,"礼"就是法。如说"政不正则君位危,君位危则大臣倍(背)小臣窃;刑肃而俗敝,则法无常,法无常而礼无列","礼行于五祀而正法则焉","诸侯以礼相与,大夫以法相序,士以信为考"[5]。这里都很明显地把"法"当作"礼"的替换词,以二者为同义。"法"坏了("法无常"),也就是"礼"坏了("礼无列");"礼"得到贯彻了,也就是"法""正"了;使诸侯们"相与"(相交往)的"礼"和使大夫们"相序"(排座次)的"法",不能不说是性质完全相同的行为规范、模式。这种同义词交迭使用,在古汉语里是一种极常见的修辞,即"互文同义"或"互文见义",是为了避免行文单调并更好地阐明语义。《礼记》还说:"夫礼,先王以承天之道以治人之情。故**失之者死**,得之者生。"[6]很明显,这就是后世所说的"礼去刑取""出礼入刑"的意思。就是说,不守礼的人将有"大刑

---

[1]《管子·枢言》。
[2]《管子·任法》。
[3]《荀子·劝学》。这里的"类"就是所谓"有法者以法行,无法者以类举"(《荀子·王制》)的"类",实际上指的是在直接适用法律条文以外的比附类推及其结果。
[4]《朱子大全·戊申延和奏札一》。
[5]《礼记·礼运》。
[6]《礼记·礼运》。

伺候"。既然如此，怎么不能肯定古人实际上把"礼"当成法了呢？不仅如此，《礼记》还举出了两条很具体的"礼"的规范，并说，犯了这两条"礼"就是犯法："故天子适诸侯，必舍其祖庙。而不以**礼**籍入，是谓天子**坏法乱纪**"①；"古之礼，慈母无服，今也君为之服，是**逆古礼而乱国法**也"②。这两条很具体的"礼"，在古人心目中也就是具体的法律规范：一是说天子到诸侯国巡游，必须下榻在诸侯的祖庙以示参祭之意。但如不遵守有关礼仪而进入，这就是天子"坏法乱纪"了。二是说君主对"慈母"（父亲的妾，不是自己的生母但抚育过自己）之逝世不服重丧，如有人为之服重丧，就是"逆古礼而乱国法"。在当时的人们看来，这些"古礼"就是"国法"。此外，《礼记》还用大家惯用来比喻法的那些事物来比喻礼："礼之于正国也，犹衡之于轻重也，绳墨之于曲直也，规矩之于方圆也。故衡诚悬，不可欺以轻重；绳墨诚陈，不可欺以曲直；规矩诚设，不可欺以方圆。"③看来，《礼记》的作者们心目中的"礼"，有着与法相同的形象和作用。

荀子也说："好**法**而行，士也。……人无法则怅怅然。……礼者所以正身，师者所以正礼。……故**非礼**，是**无法**也；非师，是无礼也。"④这里，他就是把"礼"当成法，且颇有《韩非子》"以法为教"（以法为道德教条）、"以吏为师"⑤的味道。可以推测，他这段话直接启发了他的学生韩非提出"以法为教、以吏为师"的主张。宋人李觏说得更清楚："礼者，圣人之法制也。……有仁义智信（注意：无"礼"

---

① 《礼记·礼运》。
② 《礼记·曾子问》。
③ 《礼记·经解》。此外，《荀子》之《礼论》《王霸》二篇中也把"礼"比作"衡石""绳墨""规矩"等。
④ 《荀子·修身》。
⑤ 《韩非子·显学》。

字！），然后有法制。法制者，礼乐刑政也。"[1]直到清代，还有人认为："三千三百，无体之**刑**；三刺八辟，无体之**礼**。"[2] "三千三百"指《周礼》所谓"礼仪三百，威仪三千"，都是"礼"；"三刺八辟"指《周礼·秋官·小司寇》所载"以三刺断庶民狱讼之中，一曰讯（询）群臣，二曰讯群吏，三曰讯万民"与"八辟丽邦之法"（对皇亲国戚官僚贵族等八种人通过特殊审判程序使其减免刑罚）的刑事审判制度，指的都是法。这段话的意思是："礼"不过是不露骨的法，法是另一种形态的"礼"。

"礼"未必是致刑之"法"

当然，说古人心目中的"礼"就是具体意义上的法，是有一些条件的。第一，他们心目中的"礼"绝不是前面所述"法即赏罚"那种极其狭隘意义上的"法"，不能说他们把"礼"和"刑"画了等号。第二，说他们心目中的"礼"就是法，指的是那种自发的**观念**上的法，而不是自觉的**概念**上的法。就是说，古人认为"礼"是强制性的行为规范，违反了即应予处罚；至于这种强制力是来自国家还是家庭，无关紧要，因为古人从来认为家国一体，家庭内的强制力即国家强制力的体现。古人心目中的"礼"，既然具有这样的性质，当然就是法了，因为这些正是法的性质。第三，说古人心目中的"礼"就是法，并不排除在"礼"这种形式下的"法"（或这个法系）之外还有别的"法"。第四，古人心目中真正的"法"是"礼"与"刑"二者结合（且以"礼"为

---

[1]（宋）李觏：《直讲李先生文集·礼论（四、五）》。
[2]（清）蒋彤：《刑礼论》，《国朝文汇》丁集卷三。

主,"刑"不过是为保障"礼"而存在的);这个"刑",并不是"制裁"的等义词,而仅指肉刑、死刑、徒刑,而不包括民事法律制裁、行政法律制裁手段(如降薪、革职、赔偿等)。所以,说"礼"即今日所讲的法的规范三要素中的"假定""处理"(或指导)二要素尚可,但若说"刑"完全等于三要素中的"制裁"要素则断断不可。《礼记·乐记》说:"礼以导其志,政以一其行,刑以防其奸。""导其志",就是"假定""指导"(处理),"防其奸"就是"制裁"。故这里的"礼"实际就是法,即便没有"刑"紧紧伴随,我们仍可以这么说。因为直到今天,我们不是还有很多法规只有指导性规范而无罚则伴随吗?只要违反之就可能导致国家惩罚或制裁(不只是刑罚制裁),那规范便是法。

荀子说:"治之经,礼与刑,君子以修百姓宁。"[1]什么是"经"?《左传·昭公十五年》注云:"经,法也。"因此,荀子实际上是以"礼"与"刑"合而视为"法"的。

类似的说法不胜枚举。如《韩诗外传》说"为下无礼,则不免乎刑"[2];《后汉书·陈宠传》说"礼之所去,刑之所取,失礼则入刑,相为表里者也";《通典·刑志》说"去礼之人,刑以加之";《隋书·刑法志序》说"礼义以为纲纪……明刑以为助";《唐律释文序》说"夫礼者民之防,刑者礼之表";《宋书·刑法志序》说"惟礼以防之,有弗及,则刑以辅之"……全都是这个意思。这里都是把"礼"当成法,而刑仅仅被当成推行这种法的手段、工具、方式而已,并不看成法律规范本身有机的一部分、一要素。从这里我们可以猜到古人把法或刑工具化、手段化的意图了。因为他们从未抽象出一个法的"制裁要

---

[1] 《荀子·成相》。
[2] 《韩诗外传》卷四。

素"的概念来。

至于有些学者常常以违犯某些"礼"并不受刑事制裁（即"出礼"并未"入刑"）为理由说某些"礼"只能算是道德规范，我们认为这也是值得商榷的。其实这些学者，像古人一样，正好也犯了"以刑为法"或"法刑不分"的错误，因为他们也把法仅仅局限为刑事法规。

关于这一误解，我们可以提出三点理由来加以澄清。

第一，在古时种种性质的社会规范浑然一体的情况下，也有（刑事手段以外的）其他法律制裁手段，如行政法律制裁、民事法律制裁，具体有革职、降爵、夺邑、罚款、赔偿、返还原物等。只要是依当时国家的统一规定强制地实施这些惩罚措施，怎能不叫作"法律制裁"呢？

第二，在古人心目中，一切规范都有**法的意义**，这也是各民族早期法观念的共同特点之一。他们并没有把任何一条规范仅仅视为只有社会舆论做后盾而没有国家强制力做后盾（这一点他们简直不敢想象）的规范。这就是所谓"情理难容者，国法难容"。他们的认识水平还没有提高到可以区分法律和道德的程度。

第三，违犯了一条规范，该不该惩罚是一回事，是不是真的给予惩罚了则又是一回事。如有人违犯了一条法律，但未受惩罚，我们当然不能倒果为因地说他所违犯的那一条本来就不是法。对"礼"也应作如是观。如有时一条"礼"被违犯，而犯者又正是"问周鼎"的诸侯或"执国命"的大夫、陪臣，司法部门拿他没办法；有时虽违反了某条"礼"，但情节较轻，国家为示宽宏，未予制裁，犹如今日之免于刑事处分，也不给行政、民事制裁一样；有时国家认可或鼓励由家长、族长代行处份。在这些情形下，我们都不能反过来说被违犯的规则不应视为法，此理甚明。更何况，据《左传》等史籍记载，常常可见违犯同一条"礼"有时罚有时不罚，有人罚有人不罚，此地罚易地则不罚，我们总不能说此条"礼"有时是法有时不是法吧?[①]所以,今日有些学者根据是否给予了刑罚来认定被违犯的"礼"是不是法,这实在是值得推敲的。

总之,"礼"就是古时的"法",是古人心目中的法,也是"律"之外事实上存在和起作用的法。有"礼"无"法"时是如此,"法"从"礼"中分离出来时也是如此,"礼""法"重新合一后仍是如此。不过,这种"法",是另外一个系统,是无法用西方传来的"法"概念简单比拟的。"礼"在内容及其运用上都具有极大的随意性、灵活性、模糊性,这或许正是古时法律不完善、法律与道德不分的表现。

[①] 参见栗劲、王占通:《奴隶制社会的礼与法》,载《中国社会科学》1985年第4期。

第五章
良心与后果的权量：法律与道德

从赵娥小姐说起

东汉灵帝光和二年（179），有位本来弱不禁风的姑娘，完成了一件轰动全国的壮举，就是亲手掐死了一位须眉大汉，为父亲报了仇。她就是传统剧目中赞颂不绝的烈女赵娥小姐。

赵娥，东汉烈女，以手刃父仇并慷慨投案而著名。

赵娥幼时，父亲赵安（不知何故）被一个叫李寿的人杀害。赵小姐有三个兄弟，曾立志为父复仇，但不幸因瘟疫一齐亡故了。于是，复仇重任就落在赵娥这位弱女子身上了。赵小姐不顾乡邻的劝阻，发誓手刃仇人。终于有一天，她路遇李寿，她挥刀先砍李寿的马，使李坠马落地，然后又向李寿砍去。因用力太猛，砍在一棵树上，刀被折成两截。于是，她弃刀一跃骑到李寿的身上，死死掐住李的脖子，使其窒息而死。最后，她割下李寿的头颅，投案自首。

当时的法律禁止复仇，凡复仇而杀人者，要处死刑。赵娥投案自首，如依法律，不难处置，但却十分有趣地引起了一场不小的司法风波。受理此案的官员，十分敬佩赵娥的"孝行"和勇气，竟在法庭上频频示意要赵娥逃走了事；自己也摘下乌纱帽、交出印信，准备逃走，因为他知道自己枉法放纵杀人犯，罪责难免。对于这位"好心"法官的这种处理方式，赵娥竟大为不满，她说："匹妇虽微，犹知宪制，杀人之罪，法所不纵；今既犯之，义无可逃；乞就刑戮，陨（殒）身朝市，肃明王法。"就是要求法官依法处断，不必法外原情。法官无奈，乃命人强行将赵娥车载回家。①法官的这种做法，受到了当时社会舆论的一致称赞。

堂堂法官，因同情复仇，竟不顾国家法律，甘愿弃官不做并逃亡，也要放纵罪犯；区区文弱女子，因发誓报仇，竟不顾国家法律，私自持刀杀人。这是因为他们为一个共同的东西所驱使，这就是道德，特别是"孝亲"的道德。赵娥姑娘以"父之仇弗与共戴天"的道德为信念，杀死了父亲的仇人。虽然事后主动投案，请求制裁，但事前她已经藐视了法律，固执地认为遵守道德比遵守法律更重要；那位法官则认为如果对赵娥依法惩处，就有伤"孝"的道德，所以不惜弃官不做，也要违反法

①《三国志·魏志·卷十八》。

律。在他们内心的天平上，道德明显重于法律。他们的这种选择，代表了古代中国人关于法律与道德的关系的一般见解和心态。[1]

礼法关系问题的产生

有人说，"德主刑辅""先礼后刑"等就是古人关于法律与道德的关系的见解，这话不全对。前两章说过，"德"和"礼"，在古人的用语里，并不常表示通常意义上的道德规范。他们用来表示道德规范的，更多的是"天理""人情""情理""道""人心"等语。如果把德刑关系、礼刑关系之类的言论看成古人关于法律与道德关系的全部见解，那未免贬低了古人，未免把他们的头脑看得太简单了。事实上，古人曾从立法、司法、守法各个方面对法律与道德的关系问题进行过深刻的思考。

所谓法律与道德的关系，指的是法律与道德这两种**规范**之间的关系，而不是作为**手段**或**策略**的道德教化手段与法律惩罚手段之间的关系。这两种规范在其**产生**过程中如何相互影响？在其**使用**过程中又如何相互影响？特别是，当二者冲突时应如何取舍？这就是法律和道德的关系问题所应回答的。

在很早的时候，道德就是法律，法律就是道德。或者干脆说，那时根本无所谓法律或道德。所有规范、仪式浑然一体，叫作"礼"。在那种背景下，当然不会产生法律与道德的关系问题。如《尚书·康诰》记载：当时应该"速由（用）文王作罚，刑兹无赦"的"元恶大憝"不过

---

[1] 这一判断是值得商榷的。对复仇的态度，是一个很复杂的深层伦理问题，不仅仅是法律和道德孰轻孰重的态度问题。——修订注

是"不孝不友",即儿子对父亲不孝顺使父亲伤心,弟弟对兄长不恭敬等。而大禹伐有苗时,宣布苗人的罪行不过是"昏迷不恭、侮慢自贤、反道败德、君子在野、小人在位"[1]等。还有《尚书·伊训》中记载的那个"三风十愆",如"侮圣言,逆忠直,远耆德,比顽童"等,那不过是当时的"不正之风",也都要"制官刑,儆于有位"(即定为犯罪、确定刑罚用来威慑有官职的人)。这些都说明,当时违犯道德(姑且称道德吧!)就是犯罪,法律与道德浑然无间、没有分界。在这时,一般不会想到还有什么法律与道德关系问题的。只有当法律与道德分离的事实出现后,人们才开始在这一事实的压迫下思索法律与道德的关系问题,以期使从道德礼俗中分离出来的法律与它的母体不过分矛盾并获得某种协调。

我国古代法律与道德的分离可以说是春秋时期开始的,因为"法""律"的概念都产生于此时,而以前只有"礼"与"刑"。同时,自此时开始,有了关于法律与道德应如何协调的言论。自此以后,就法律与道德在其各自产生过程中的相互影响问题,以及它们在应用过程中的相互影响问题,人们发表了许许多多的见解。

立法应符合道德

法律与道德在其产生过程中的相互影响,在法理学的范畴里,主要应该关注的是道德对立法的影响,其次才是立法对道德的影响。

法律应该符合道德,这是古人的一般认识。但法律到底应该符合什么样的道德,这就有争议了。

---

[1]《尚书·大禹谟》。

《管子》主张"宪律制度必法道"[①]，主张"法出于礼"[②]。这是我们所见到的最早将从前浑然一体的"礼"规范理解为"道"（或"礼"）与"法"（"宪律制度"）二者，特别是最早将"礼"与"法"（而不是"礼"与"刑"）并提的记载。它的意思是，法律应该符合道德，以道德为最高准则。商鞅说："圣人有必信之性，又有使天下不得不信之法。所谓义者：为人臣忠、为人子孝、少长有礼、男女有别……此乃有法之常也。"[③]这就是说，法律就是以"忠""孝""别"这些"义"（即道德）为内容并用以保障这些"义"实现的规范。墨子主张"法天"，实际上就是要把他所主张的那些道德原则（他诳称为"天之意"或"天志"）塞入人定法之中："故子墨子之有天之意也……将以度天下之王公大人为刑政也。……观其刑政，顺天之意，谓之善刑政；反天之意，谓之不善刑政。"[④]也就是说，符合道德原则的就是好法律，否则便是恶法。对他来说，"天之志"或道德原则的实质内涵就是"兼相爱、交相利"："天欲人之相爱相利，不欲人之相恶相贼也"[⑤]。法律必须符合这些根本的道德。孟子说"上无道揆也，下无法守也，朝不信道，工不信度，君子犯义，小人犯刑，国之所存者幸也"[⑥]，意思是："道"或"义"是"法""度"的根本准则，在上之人一定要把握好。明人方孝孺说得更清楚："古之圣人既行仁义之政矣，以为未足以尽天下之变，于是推仁义而寓之于法，使吾之法行而仁义亦阴行其中。"[⑦]"仁义"就是道德。他的意思是要把"仁义"变成法的具

[①]《管子·法法》。
[②]《管子·枢言》。
[③]《商君书·画策》。
[④]《墨子·天志中》。
[⑤]《墨子·天志上》。
[⑥]《孟子·离娄上》。
[⑦]（明）方孝孺：《逊志斋集·深虑论六》。

体内容，使法律成为实现"仁义"的工具。此外，第一章"法不外乎人情""法与天理"等节所引种种言论，实际上也是讲法律应该合乎道德的。

法律应合何种道德

法律应该合乎什么样的道德？古人的意见很不一致，经常有争论。这里既有新旧道德之争，也有高低不同层次的道德之争。

新旧道德之争，以血缘主义道德与国家主义道德的冲突为代表。在先秦时期，前者的代表，是儒家及夏商周以来的传统思想；后者的代表，是当时以反传统的面目出现的法家等。

以孔子、孟子及其继承者为代表的一派，主张法律必须符合他们所崇尚的血缘主义道德，这从他们对复仇问题、容隐问题等的态度上反映出来。据《礼记·檀弓》载，孔子就赞成复仇，主张把为父兄报仇的道德行为变成法律上许可的合法行为。又据《韩非子·五蠹》载，鲁国有位士兵，三次从战场上开小差逃跑，其理由是如果自己战死了老父就无人赡养了。对这位士兵，"仲尼以为孝，举而上之"，这说明孔子希望使"孝亲大于忠君"这一道德被法律认可。类似的例子还有《论语·子路》记载的孔子"子为父隐、父为子隐，直在其中"的主张，也说明孔子希望把家庭关系大于国家秩序的道德变为法律上许可的东西。至于孟子所设的那个"舜窃父而逃"[①]的故事，更说明他赞成家重于国、孝大于忠、血缘关系大于国家关系的道德，并希望这些道德变为国家的法律制度。

---

① 《孟子·尽心上》。

以商鞅、韩非等人为代表的另一派，则主张法律应符合国家主义的新道德。他们对前一派的法律应容忍复仇和"亲亲相隐"等主张十分反感；他们认为法律必须符合国家利益至上的道德，而不是迁就血缘关系至上的道德；他们主张忠君大于孝亲，并主张将这些新道德直接变成法律的内容。他们甚至主张，通过法律来使这一套新道德深入人心。韩非子曾把新旧道德的具体冲突情形概括为"六反"：有六种应该受到法律制裁暨新道德谴责的行为（畏死逃战、学道立方、游居厚养、言辞诡辩、任侠好斗、藏匿逃犯）却受到当时社会舆论（即旧道德）的赞誉；相反有六种应该受到法律的奖赏暨新道德赞誉的行为（尽忠国家、服从命令、努力耕作、老实本分、胆小怕事、检举罪犯）①却不断受到社会舆论的嘲笑、挖苦。他认为，这是多么奇怪的逆反现象：对国家有害的受舆论赞誉，对国家有利的反而受舆论的嘲弄！他特别反对孔孟所主张的"子为父隐、父为子隐"或"亲属相为隐"，认为这样会使"奸不上闻"，即危害国家的人和事，朝廷无从知道。他还特别反对孔孟所主张的"孝大于忠"（忠孝不可两全时则"弃忠全孝"）的旧道德，认为奖赏"弃忠全孝"的行为会使国家安全受到威胁。②他把当时的旧道德（血缘主义道德）与新法律暨新道德（国家主义道德）的矛盾称为"毁誉、赏罚之所加相与悖缪"③。他主张用新的法律来统一思想、统一言论，消除这一矛盾，并通过新法律建立起一套国家主义新道德来。这就叫"以法为教"（以法律为道德标准去教化人民），使法律与道德在新形势下吻合或统一。

商鞅更明确地主张："至治，夫妻交友不能相为弃恶盖非，而不害

---

① 参见《韩非子·六反》。
② 参见《韩非子·五蠹》。
③ 同上。

第五章　良心与后果的权量：法律与道德

于亲，民人不能相为隐。"①他主张立法应消除"亲亲相隐"的旧道德的影响，鼓励人们为国家利益而蔑弃伦理亲情地"告奸"，甚至包括主动向国家告发自己的亲属。所谓"不害于亲"，即告奸行为不应为亲属关系所妨害。他认为，这种否定部分旧道德的新法律若"天下行之"，则"至德复立"②，亦即有助于重建一套真正的道德（他心目中的"至德"就是国家至上的道德）。他的这一主张，韩非子总结为："圣人为法国者，必逆于世而顺于道德。"③也就是好的法律必须逆于世俗的旧道德，合乎新的国家主义的真正道德。

正是从这一国家主义的立场出发（或从新道德的立场出发），法家先驱慎到才提出了"法虽不善，犹愈于无法，所以一人心也"④的著名论点。他的意思是：法律即使不符合传统道德，不能尽如人意，但有这一样一套法律总比没有法律要好，因为它毕竟可以用来统一司法官员的审理判决标准，能够"去私塞怨"⑤。有这样一个不太美妙的客观的标准，仍然比没有它而由官员"任心裁轻重"要好得多，因为这毕竟保证了国家司法的统一，维护了国家的正常秩序，避免了"天下怨愤"的局面。因此，这个用旧道德去评价是"不善"的法律，用国家主义的新道德来看，无疑却是"善"的。如果连一个"不善"的法律也没有，官吏会"无法无天"地去欺负百姓，百姓也会"无法无天"地造反，这一点慎到、商鞅、韩非等人都十分明白。

高低不同层次的道德之争，在古时也十分突出。

在前面第一章我们曾说过，无论是儒家还是法家（以及他们的后世

---

① 《商君书·禁使》。
② 《商君书·开塞》。
③ 《韩非子·奸劫弑臣》。
④ 《慎子·威德》。
⑤ 《慎子·威德》。又见《慎子·君人》。

追随者），都常常不自觉地犯着一个错误，即主张把很高层次的道德都变为法律，在立法上对人们提出了十分苛刻的要求。儒家正统思想本着"人皆可以为尧舜"①的认识，主张"制礼乐（包括法）……将以教民平好恶而返人道之正"②。亦即主张立法使民众放弃个人平常的自然好恶（如好逸恶劳、好利恶害等）而达到伦理纲常的高要求。法家则常常本着"使大邪不生、细过不失"③的理想，主张制定严苛的法律规范。④最为典型的是"商君之法，弃灰于道者断其手"⑤和《法经》"拾遗者刖"⑥的苛惨规定。

这种欲将很高层次的道德变为法律，对众人提出过于苛刻要求的主张及做法，受到了历代有识之士的批评。如《文子》的作者主张："高不可及者不以为人量，行不可逮者不以为国俗。"他认为，只有"末世之法"才会"高为量而行不及""重为罚而罚不胜""危为其难而诛不敢"。⑦这就是主张，立法要以一般人所能达到的水平为标准，不要强众人之所难。《管子》的作者说得更清楚："明主度量人力之所能而后使焉，故令于人之所能行则令行。……乱主不量人力，令于人之所不能为，故其令废。……故曰：毋强不能。"⑧汉人荀悦也说，制定对老百姓提出过高要求的法律是"设必犯之法"，是"不度民情之不堪，是陷民于罪也，故谓之害民"。⑨清人吴铤更把这一主张明确概括为"立法一以中人为准"。他批评当时的立法："今之法不论其为何人，而一与君

---

① 《孟子·告子下》。
② 《礼记·乐记》。
③ 《商君书·开塞》。
④ 参见《韩非子·内储说上》。
⑤ 《汉书·五行志》，《史记·李斯传》。
⑥ （汉）桓谭：《新论》引《法经》。
⑦ 《文子·下德》。
⑧ 《管子·形势解》。
⑨ 《申鉴·时事》。

子之法待之。君子不得于什一，而中人与小人者什九。强天下之中人小人而俱为君子，是犹（欲）盲而知黑白之情，聋而欲清浊之声也，必不可得矣。刑一人，天下孰不可刑？天下无不可刑之人，而人皆有可刑之法，从而诛之，是残也。……予谓立法惟依旧律，一以中人为准。"①这些主张，都是反对以较高层次的道德作为立法标准，而要求以较低层次的道德（"中人道德"）作为立法标准。这些见解直到今天仍有借鉴价值。（参见第一章"法不外乎人情"一节，它实际上也包含法应符合一般人即中等人的道德的意思。）

司法：屈法律以全道德

法律与道德在运用过程中的相互关系问题，主要指的是当法律与道德发生冲突时取谁舍谁的问题：是严守法律而违逆道德，还是严依道德而修正法律（通过判例法式的"法官立法"）？这在古时候一直是个很尖锐的问题。人们关于这个问题的见解主张，明显地呈现出两大派别或两大思想倾向。

一种思想倾向是：道德重于法律。当二者冲突时，则主张屈法律而全道德。我们把持这种见解主张的人统称为"重德派"。

这一派的典型主张是"原心论罪"（或"论心定罪"）："志善而违于法者免，志恶而合于法者诛。"②就是说，司法官员在审理判决案件时，应注重作案人的动机，以动机作为判决其有罪与否及罪刑轻重的最后根据。如果作案人的作案动机（"志"）是合乎道德（即"善"）

---

① （清）吴铤：《因时论》，《涵芬楼古今文钞》卷六。
② 《盐铁论·刑德》。

的，那么即使违犯了法律，也应免于处罚或减轻处罚。相反，如果其动机是不合道德（"恶"）的，那么即使其行为客观上没有犯法，也应加以惩罚。所谓"原心"的"原"，就是"推究"，"心"或"志"就是动机。"原心论罪"有时也称"原情论罪"或"原本论罪"，"情"和"本"也偏重于动机的考察，所以性质上差不多。

这是在法律与道德冲突的一般情形下人们的态度。用道德去衡量其动机为"善"的行为却可能违于法，用道德去衡量其动机为"恶"的行为却可能合于法，这充分说明法律与道德在许多场合存在冲突。

解决这一冲突的原则，据说早在西周时就被提出来了。《礼记·王制》载，西周的审判原则是"凡听五刑之讼，必原父子之亲、立君臣之义以权之"，就是所有案件都用"父子之亲""君臣之义"这些道德原则去衡量。孔子也赞成这一原则，曾重复过这句话，并批评那种"罚丽于事，不以其心"[1]的"听讼"方式，也就是批评那种不考虑作案人的主观动机仅仅根据行为的客观后果来定罪量刑的"客观归罪"倾向。董仲舒更将这一原则加以发挥："春秋之听狱也，必本其事而原其志。志邪者不待成，首恶者罪特重，本直者其论轻。"[2] "志邪者不待成"就是说只要行为动机是邪恶的（违反道德的），那么即使仅仅是犯罪预备、犯罪未遂甚至仅仅只有犯意（有犯罪的念头），都应加以惩罚；"本直者其论轻"，就是说动机为"善"的作案人应尽量从轻论处。在古人心目中，动机是本，行为是末，因此"原心论罪"又被称作"原本论罪"。

"原心论罪"还习惯地被称为"春秋决狱"。这是因为道德的原理原则尽在《春秋》等儒家经典中；要论证某一违法行为的动机为"善"（合乎道德），常须引用大家都尊崇的《春秋》等经典。据说董仲舒就

---

[1]《孔子家语·刑政》。
[2]《春秋繁露·精华》。

是如此，作为当时的最大的民间法律权威，他回答官员就疑难案件提出的咨询时，"动以经对"。并曾作《春秋决狱》一书，据说收集了232个经典案例。[①] 不过，因为所引据来断案的经典不止于《春秋》，还有《诗经》《周礼》《礼记》《论语》等其他经典，故有时又被称作"经义决狱"。

宋人朱熹对"原心论罪"原则作了进一步的理论升华，他说："圣人之法有尽，而心则无穷。故其用刑行赏，而有所疑，则常屈法以申恩，而不使执法之意有以胜其好生之德。此其本心所以无所雍遏，而得以行于常法之外。"[②] 在他看来，好的法官可以"行于常法之外"或"屈法"，只要是为了尽"好生之德"或"申恩"这样的道德目的。一句话，为了道德，随时可以牺牲法律。

在古代司法实践中，最能反映法律与道德冲突的，是复仇、容隐两种情形。

在复仇问题上，法律与道德明显发生冲突。

古时的人们一般主张：宁为合乎道德而犯法去杀死父兄的仇人，不愿为守法而循司法程序去控告。若采前一态度，为父兄报了仇，即便自己因犯法杀人而被诛，也名垂青史，成为英雄；否则，即便最后父兄的仇人得到了法律的严惩，仍不免被社会舆论嘲笑为"懦夫""胆小鬼""没骨气"。这方面的案例及人们的言论不胜枚举，这里仅举一例可见一斑。西汉成帝时，丞相薛宣受人弹劾，眼看就要丢乌纱帽。薛宣的儿子薛况为保住父亲的名誉和地位，雇一刺客将弹劾人刺死。此案报到有关部门审理，意见颇有分歧。御史中丞（相当于副总检察长）等人认为薛况和那刺客都应依法处死刑，因为当时法律规定："创戮近臣，大

---

① 《汉书·董仲舒传》。
② 《晦庵先生朱文公集·杂著·大禹谟》。

不敬",应"弃市"。因为被刺死的弹劾人是位博士官,为皇帝近臣;杀近臣之罪是死罪。但当时的廷尉(相当于最高法院院长)却以为:"春秋之义,原心定罪。原(薛)况以父见(受)谤发忿怒,**无它大恶**。……当减爵完为城旦。"①在这里,我们可以看到,行为动机的道德评价起着多么重要的作用!高干子弟为了保护自己父亲的名誉地位,杀掉一位皇帝近臣,犯下了法律规定的应处极刑的"大不敬"之罪,仅因为其动机是合乎"孝"道德的,便竟然不算"大恶",要减轻处罚,这就是"原心论罪"即舍法律而依道德的奇怪逻辑!

在容隐(即容许隐匿犯罪)问题上,法律与道德的冲突更加明显。

告发自己亲属的犯罪,有违反"亲亲""尊尊""孝""慈"等道德的嫌疑;不告发吧,又有害于国家的法律秩序,使国家的奸贼逍遥法外,是对国家的"不忠"。这一问题的解决,就是"亲亲相为隐"或"同居相为隐"的法律制度。这正是道德影响的结果。历史上,允许容隐的亲属范围呈不断扩大趋势:最初只是"子为父隐、父为子隐",后来是凡有亲属关系的都可以相隐,再后来发展为"同居相为隐",即只要生活在一起的非亲属也可以相为隐(如"部曲奴婢为主隐")。可见道德对法律影响之大。同时,非同居的无服亲属之间相互隐匿,"师徒相为隐","朋友相为隐"等,虽或不免于法律上的刑事责任,但仍为封建道德所赞誉,被誉为"知义""任侠"。法官们也常对此类罪犯"法外施仁"。韩非子曾为此愤愤不平:"活贼匿奸,当死之民也,而世尊之曰任誉(应为侠)之士",而"挫贼遏奸,明上之民也,而世少之曰谄谀之民也"。②商鞅曾明确主张"至治,夫妻交友不能相为弃恶盖

---

① 《汉书·薛宣传》。
② 《韩非子·六反》。

非"，"民人不能相为隐"。①

然而法家的抗议和反对在历史上并没有起多少作用，赞誉"亲亲相隐"的呼声淹没了法家的声音。我们仅举孔子、孟子的主张为例。孔子对那位出庭证明自己父亲偷羊的人十分反感，认为他不应受道德的赞誉，不能算真正的"直"。他认为："子为父隐，父为子隐，直在其中。"②认为只有这样才合乎道德。在他看来，合不合法是次要的，首先要合道德（孔子时并无"容隐"之法）。孟子在回答他的学生桃应假设的那个著名"故事"时也表达了道德大于国法的主张。桃应假设的故事是："舜为天子，皋陶为士（司法官），瞽瞍（舜之父）杀人。"他问孟子：案件发生后，舜和皋陶各自该怎么办？孟子回答说：皋陶应先把杀人犯瞽瞍逮捕起来。桃应问：那么舜能不能制止皋陶的逮捕行动呢？孟子说：舜凭什么去制止？皋陶是在依法执行公务。桃应又问：那么舜该怎么办呢？孟子答：舜应该把丢掉天子之位看作丢破鞋一样，不做天子了，干脆将父亲从囚禁之所"窃"出来，背到远远的海边去藏起来。父子两人就躲在那里，"终身欣然，乐而忘天下"。③孟子的态度很清楚：他不愿舜遵守法律眼睁睁地看着父亲受法律制裁，宁愿舜为符合"孝"的道德而去犯罪（从监狱里劫囚当然是犯罪）。这说明孟子尊崇道德而藐视法律。在这种情形下，孟子实际上也把法律当破鞋一样地扔掉了，同时也把一位被杀的"陌生人"（非亲非故）的生命看得跟一只破鞋一样轻。为了符合"孝"道德，让"陌生人"白白地死了，让他冤不能雪、仇不能报也在所不惜。

这就是"血缘主义道德"的真面目。孔孟的这些屈法律而全道德的

---

① 《商君书·禁使》。
② 《论语·子路》。
③ 《孟子·尽心上》。

主张，一直为人们所遵从。这类主张的言论，就不必赘举了。"亲亲相隐"的制度，直到沈家本主持清末变法仍然坚持①，民国时期的刑法、诉讼法仍然保留，直到新中国时才被废除。它统治了中国近两千年。

司法：宁屈道德不枉法律

另一种思想倾向是，法律重于道德。当二者冲突时，则应取法律而不取道德。我们把这一派称为"重法派"。

这一派的主要观点是：法律本身就体现着主要的道德；严格地执行法律，就是成全了最大的道德。所以，在严格依法审判的过程中即便违逆了道德，那也不要紧。因为那不过是法外的道德，比起法律本身这个"大德"来只能算是"小德"（即次要道德）；为了成全"大德"而牺牲一些法外"小德"，是可以的，不要大惊小怪，这不过是执法过程中不可避免的一些副作用。

先秦法家的主张是这一派的典型代表。《管子》主张，执法者应该做到"不淫意于法之外，不为惠于法之内，动无非法"②。就是说不应该依法外的道德去审判。法家把这种法外道德评价称为"善言"或"私议"，慎到主张"法立则私议不行"③，商鞅认为："释法而好私议，此国之所以乱也"④，主张"法既定矣，不以善言害法"⑤，主张"信廉、

---

①在这里，我们原来犯了一个极不该犯的错误。原文说"'亲亲相隐'的制度，直到沈家本主持的清末变法时才被废除"，简直粗心至极、武断至极。其实，清末、民国，直至我国台湾地区现行的刑法、诉讼法，都保持了"亲亲相隐"制度。当时显然是粗心大意想当然地做出如此判断。其实，只要认真查一下资料就马上澄清了。可笑，可恨！——修订注
②《管子·明法》。
③《慎子·逸文》，（唐）马总：《意林》辑录。
④《商君书·修权》。
⑤《商君书·靳令》。

礼乐、修行、群党任誉清浊……不可以评刑"[1]，这都是坚决反对法外道德评价干扰司法审判，认为绝不能用这些道德评价作为定罪量刑的标准。《管子》所说的"不为爱民枉法律"[2]多少也有这个意思。因为用法外道德为标准去审判，常常更显得"爱民"或"合乎民心"。韩非认为，"断割于法之外"是国家之"危道"。[3]他要求执法者"不以私累己，寄治乱于法术，托是非于赏罚，属轻重于权衡"，要求使"祸福生于道法而不生乎爱恶"。[4]

关于这一点，西晋法学家杜预的见解十分精辟。他说："法者，盖绳墨之断例，**非穷理尽性**之书也。……刑之本在于简直，故必审名分。审名分者，**必忍小理**。"他认为，法律并不能十全十美地包含所有道德，因为它只是个简明扼要、抓大放小的处事规范。要执行法律，当然就不得不为顾全大局而忍痛牺牲掉一些小的道德，这就叫"忍小理"，又叫作"伸绳墨之直，去析薪之理"。[5]也就是认为，只要严格依法办事并在大方向上符合大道德就可以了；不要在"小德"上斤斤计较，那样会因小失大，破坏法律的完整和统一，使有法等于无法。

西晋另一位杰出的法学家刘颂对这一问题有更为精辟的论述。他认为，"刑书征文，征文必有乖于情听之断"。就是说严格依法律条文的逻辑作判决，常不免有违背法外道德人情的判断，这是很正常的。执法者如果想绝对排斥这种"乖"（违背），追求道德评价上完美无缺的判决——"曲当"，就会严重破坏法的尊严和统一："……每尽善故事，求曲当，则例（法）不得直，尽善故法不得全"，"上安于曲当，故执

---

[1]《商君书·赏刑》。
[2]《管子·法法》。
[3]《韩非子·安危》。
[4]《韩非子·大体》。
[5]《晋书·杜预传》。

平者因文可引，则生二端。是法多门，令不一，则吏不知所守，下不知所避。奸伪者因法之多门，以售其奸"。因此，他主张：执法者应严格依据法律条文，且应严格到这样的程度："虽不厌情，苟入于文，则循而断之。……故善用法者，忍**违情不厌听之断**，轻重虽不允人心，经于凡览若不可行，法乃得直。"这就是主张，要严格依照法律条文的逻辑去判决，不要照顾法律之外的道德人情；判决即使看起来好像是不合乎道德人情，但只要符合法条的逻辑，就要硬着心肠坚持下去。好的执法者就是要敢于做这种貌似不合人情的事。依照法律条文判决案件，虽然不合于"人心"，在一般人看来好像简直不能这么判，但仍旧狠心地依法这么判了，这样才保证了法的严肃、完整和统一。所以，刘颂说："谙事识体者，善权轻重：不以小害大，不以近妨远；忍曲当之近适，以全简直之大准；不牵于凡听之所安，必守征文以正例。"[①]这些见解，十分可贵！与西方历史上的分析法学主张极其近似。

[①] 以上引文均出自《晋书·刑法志》所引刘颂《刑法疏》。

第六章
"有治人无治法"：贤人与法律

有一个"不才之子"，胡作非为。父母用爱去感化他，要他改过自新，不管用；村里德高望重的长辈们以高尚德行去感化他，要他改恶从善，也不顶用；老师们以智慧和做人的道德去教育他，要他做个好人，也不见效。三种美好善良的因素去影响、教育他，都丝毫不见效。后来，地方官吏带着手持武器的警察下乡执法，"求索奸人"，这小子一见就马上老老实实：从此"变其节，易其行"，一改前非。

这是战国思想家韩非在其书《五蠹》中假设的一个故事。韩非先生编造这样一个例子，是想向人们说明什么道理呢？这就引出了我们本章要讨论的一个重要问题，也是中国法律思想史上的另一个重要问题：对治国理政而言，贤人与法律，谁更有用，谁更重要？

"君子者，法之原也"

传统的中国人一般认为：贤人比法律更重要。如果就上面那个故事来说，肯定很多人会说：那个胡作非为的浑小子看见"武装警察"就那么乖溜溜的，恐怕只是恐惧，并不是真的改恶从善了。父母、长辈、老师的教育感化才是最重要的、最根本的。即使一时不见效，但终究会见效的；而且那种效果是久远的，不是一时的。我们把持这种见解的人称作"任人派"（而把相反的一派叫"任法派"）。他们认为国家政治主要应依赖贤人，其次才依赖法律。荀子说："君子者，法之原也。"①意思是说，贤人是法律的根本、基础和保障。贤人是第一位的，法律是第二位的。这句话是"任人派"观念的典型体现。

贤人为什么比法律更重要呢？具体说来，任人派有三个理由。

第一，法要贤人来制定。立法出自贤人之手才是良法，否则便是恶法。荀子说："官人守数（数，即法制），君子养源。源清则流清，源浊则流浊。"②"养源"即立法，只有君子才能制定善法，不肖之人只会立恶法。君子的德行智慧是良法的源泉，所以荀子又说："君子也者，道法之总要也。"③"总要"就是根本、枢纽、关键的意思。孟子也认为，"惟仁者宜在高位。不仁而在高位，是播其恶于众也"④。就是说，立法执法者如果不是贤人君子而是小人，就会通过不良的法制和司法把罪恶撒向人间。

第二，法要贤人来执行。不善的法有了贤人在执行中把关，会纠正其弊端，使其祸害减小；善法如果让小人来执行，照样会假公济私、祸害无穷。孔子说：当官的如果是贤人，品行端正，那么即使没有法令的威逼，老百姓也会听话；如果在上的人品行不端，那么虽有法令，老百姓也不一定服从。⑤孟子说："徒善不足以为政，徒法不能以自行。"⑥就是说，光有贤人的德行影响不够，光有法律也不够，两者必须互相辅佐，但他更多是强调后者。荀子说：**"有治人，无治法"**，"法不能独

---

① 《荀子·君道》。
② 同上。
③ 《荀子·致士》。
④ 《孟子·离娄上》。
⑤ 参见《论语·子路》："其身正，不令而行；其身不正，虽令不从。"
⑥ 《孟子·离娄上》。

立，类不能自行。得其人则存，失其人则亡"①，"有良法而乱者有之矣，有君子而乱者，自古及今，未尝闻也"②。这更是明明白白地宣布：只有贤人才是达到天下大治的根本因素，法律则算不上。

第三，贤人可以凭自己的德行、智慧弥补法律的缺陷。荀子说："故有君子，则法虽省，足以偏（遍）矣；无君子，则法虽具，失先后之施，不能应事之变，足以乱矣。不知法之义而正法之数者，虽博每临事必乱。故明主急得其人。"③又说："有法者以法行，无法者以类举，以其本知其末，以其左知其右。凡百事异理而相守也。庆赏刑罚，通类而后应。"④"类"是荀子使用较多的一个非常重要的概念，其本意是类比、类推、比附、变通。就是说，法律因其固有的机械性或缺陷，在执行中需要执法者用智慧去弥补。因为法律简明扼要，不可能把万事万物都无一遗漏地规定进去，所以当遇到法律没有明确规定的案件时，只有君子才可能根据法律的原理类推适用法律，弥补这一漏洞，这就叫"无法者以类举"，"通类而后应"。如果没有这样的德才兼备的贤人做法官，那么即使法律很完备，也常出乱子，因为那种蹩脚的法官不懂得法的根本道理，不明白执行法律中的轻重主次先后，不能根据事情的变化调整法律的适用，只知机械地执行法律条文，这样，后果也是不堪设想的。所以，荀子又把法官断案时必要的类推、变通行为称为"议"："故法而不议，则法之所不至者必废。……故法而议，职而通，无隐谋，无遗善，而百事无过，非君子莫能。"⑤荀子对法官的要求真是太苛刻了——要法官事事办得合情合理合法（即使没有法律也要合情理），

---

① 《荀子·君道》。
② 《荀子·致士》。又见《荀子·王制》。
③ 《荀子·君道》。
④ 《荀子·大略》。
⑤ 《荀子·王制》。

一点错误也不能有。这的确"非君子莫能",德智平平的人岂能做到?荀子这里所涉及的,实际上是法官立法问题,也就是法官在司法过程中根据情理或社会道德去处理法律无明文规定的案件,这也就等于该法官制定了此时此地此案之法律。

远水难解近渴

在中国历史上,也有许多人认为法律比贤人更顶用,更重要。这些人,我们称之为"任法派"。他们以先秦法家为代表,包括汉以后的某些人。

任法派主张治国应主要依赖法律,不要把希望全部寄托在贤人身上。在他们看来,"贤人"虽好,但难以得到,是"远水";要"解近渴",只有客观的法律最管用。

具体说来,他们的理由也有三点。

第一,贤智之人世上难寻,而法律的威严却唾手可得。韩非说:像尧舜那样的贤明君主,千世才出一个;像桀纣那样的暴君,也是"千世而一出"。但世界上却不乏智德平平的君主。这种智德平平的君主("中主")如果掌握好了法律这个武器,一定治得好天下。这就是说,即使没有圣贤,只要有法律,仍然可达到长治久安。哪怕出了桀纣这样的用法律作为"为恶之具"的暴君,那也不过是"千世治而一世乱",因大失小。如果反过来,一定要等待贤人出来统治(而不重视法律),那就犹如等待拿高级食品来解救眼下的极度饥饿,等待远水来解近渴,只会显得愚蠢可笑,也会造成严重后果。法律,就是能止住眼下极度饥饿的粗糙的食品,就是能解近渴的不太干净的水。虽然质量上

（绝对价值上）比不上"梁（粱）肉""远水"，但总能应目前之急。所以他说："废法而待尧舜至乃治，是千世乱而一世治也"，是因小失大。他还比喻说，法律犹如中原地区不怎么会游泳的人，贤人好比吴越沿海地区的"善游者"。譬如中原地区有人落水正在喊救命，如果一定要去请沿海地区的游泳高手来救人，那么落水者早就淹死了。不如在现场的中原人赶快跳到水里去救人，也许还有些希望。他嘲笑那些"尚贤轻法"的人正像盼望"越人之善游者"来救中原的落水之人一样愚蠢可笑。[①]

第二，贤智虽好，但没有使人不得不服从的威力。只有法律或刑罚才能立竿见影地使人们顺从。韩非说：如果没有刑罚的威胁，如果放弃法律，即便是尧舜那样圣明的君主，挨家挨户去做百姓的思想工作，教老百姓服从，也会有人敢顶嘴，有人敢不理睬，连三户人家都可能管理不好。但桀纣那样道德败坏的君主，仗着法律的威严，却能让天下的人不敢不服从。所以法律远比贤智之人的感化力更顶用、更有效。[②]他又说，孔子被公认为"天下之圣人"，道德高尚，智慧超人，但被他感化而服从他的不过七十人（指孔子弟子中有"贤人七十"），而真正被感化过来达到了仁者境界的，不过颜渊一个人。但是，与孔子同时的鲁哀公，缺德少才，却能仗着法律的威严让"境内之民莫敢不臣"。这说明法律更管用。法家一般都认为，"民固服于势，寡能怀于义"[③]，就是说，老百姓吃硬不吃软，不懂什么道理，只怕法律的惩罚，就如前面讲到的那个"不才之子"。其实老百姓都是这样的。

第三，凭借贤智处理案件，主观性太大，容易让法官假公济私，老百姓也容易生怨恨情绪；法律正好相反，有客观性，可以"去私塞

[①] 参见《韩非子·难势》。
[②] 同上。
[③]《韩非子·五蠹》。

怨"。贤,就是道德高尚、良心好;智,就是聪明、机巧。法家认为,没有客观的法律准则,仅依靠人的贤智来处理案件,就可能产生三种危害。第一种危害是官吏可能假公济私,借执行公务的机会徇私情、泄私愤。因为没有客观的法律可依,他就正好钻这个空子。所以《管子》说"有法度之制者,不可巧以诈伪,有权衡之称者,不可欺以轻重"[①];《商君书》说"吏明知民知法令也,故吏不敢以非法遇民"[②]。这都是说,有了法律,法官想欺诈、愚弄百姓、假公济私,就不怎么容易了。第二种危害是再圣明的执法者也可能有思虑不周的失误之时,因而有时处理案件并不公正。因为没有客观标准可依,仅凭主观判断,难免有误差。商鞅说,如果丢掉权衡、尺寸这些客观的度量衡标准,仅凭心智去判断轻重、短长,即使心智再聪明,商贾也不放心,因为不客观、不固定,不可信。[③]慎到说,放弃衡量工具,叫大禹这样圣明的人去判断、估计很小很轻东西的重量,他也无可奈何;但有了衡器,就不必等待大禹那么聪明的人,智力平平的人就可以量出这东西的重量,且"厘发之不可差",准确得很。[④]他们认为,法律就是像权衡、规矩、尺寸一样的人设的客观标准,它不会因人而异,不会有主观随意性。所以,韩非说:"释法术而(任)心治,尧不能正一国;去规矩而妄意度,奚仲(古时良匠)不能成一轮。"[⑤]第三种危害是凭着贤智处理案件,不能叫老百姓心服,容易使百姓生怨恨。《慎子》说:君主如果舍弃法律而凭心智来处理案件,"诛赏夺与"都"从心出",亦即仅仅凭一人之心来决定的话,那么"受赏者虽当,望多无穷;受罚者虽当,望轻无已"[⑥]。就是

---

① 《管子·任法》。
② 《商君书·定分》。
③ 参见《商君书·修权》。
④ 参见《慎子·逸文》。
⑤ 《韩非子·用人》。
⑥ 《慎子·君人》,(唐)马总:《意林》辑录。

说，受赏罚的人都不服气，都有怨气。为什么呢？因为没有一个客观的标准可依，谁知道决定赏罚的人（执法者）有没有掺杂私心，谁知道你决定的赏罚适当不适当。你赏我十两黄金，为什么不赏十二两？我认为赏十二两才能与我的功劳相称。你判我三年徒刑，为何不判两年？我自己认为我的罪很轻只够判两年刑。这时，受赏罚者每个人心里都有自己的标准，而又没有公共的客观标准，你能说谁是谁非？赏罚做出后，如果大家都有怨气，都不服气，那就危险了。所以，慎到说，使用衡量器具，并不是因为这些器具比人们的智能更高明，而是用来"去私塞怨"的。这就使得受赏罚的人都能对照法律这个客观标准来检验一下自己所受的赏罚是不是恰当，就不会怨恨执法者"以心裁轻重"[①]了。这就叫作"法虽不善，犹愈于无法，所以一人心也"[②]。一人心，就是统一人们的判断标准。法律虽然没有"贤智"（或"梁（粱）肉""越人之善游者"）那么好，但有法律总比没有法律（或"饿死""淹死"）要好得多。

法的绝对价值比贤人低

以上是先秦时期"任人""任法"两派的争论或不同见解。在所有貌似对立的言论中，其实有一个共同点，很有趣，很值得注意。

这个共同点就是："任人"（主要是儒家）、"任法"（主要是法家）两家，其实骨子里都承认法律的绝对价值不如贤人的道德和智慧，都认为贤人的绝对价值大于或高于法律。

"任人派"自不必说，我们单看"任法派"的言论，会发现，贤

---

① 《慎子·君人》。
② 《慎子·威德》。

人对他们来说仍是最有价值最有意义的，仍是政治的最重要、最根本因素。在他们的潜意识里，贤人就如味美可口、营养丰富的"梁（粱）肉"，就如"越人之善游者"，对于政治来说，是求之不得的东西，是最理想的"致治"因素。但是，正因为这"东西"质量太高、太好，所以就很珍贵，很难得到，千载难逢。于是才不得不退而求其次，才不得不找出法律这个东西以救燃眉之急。所以，法家也承认法律为"不善"，也承认法律刑罚为"惨而不可不行者"。

"任人""任法"两派的这一共同点，正是中国法理学自先秦直至清末的一贯精神。秦汉以后的正统思想家，正是融合了先秦两派的思想，并牢牢地把握了这个共同点。所以，他们主张：当社会和平安定时，主要依赖贤人；当社会动荡不安时，主要依赖法律。但从根本意义上讲，他们认为贤人比法律更重要；若要达到国家的根本治理，只有贤人才是根本因素，法律不是最根本的。

这种思想，是秦汉以后最一般的思想。秦汉以后，再没有人像先秦法家那样貌似极端地鄙视贤人的作用，排斥"贤智"的运用或极端地崇尚法律或刑罚，也再没有人像先秦儒家那样貌似极端地崇尚贤人而鄙视法律。这就是秦汉以后正统思想中儒法合流的特征。

如明人王夫之说："任人任法，皆言治也。而言治者曰：任法不如任人。虽然，任人而废法，则下以合离为毁誉，上以好恶为取舍，废职业，徇私名，逞私意，皆其弊也。于是任法者起而摘之，曰：是治道蠹也，非法何以齐之？故申韩之说而与王道争胜。……盖择人而授以法，使之遵焉，非立法以课人……"[①]他的意思是，依靠贤人也好，依靠法律也好，都是为了达到良好的政治这个共同目标；但如片面依靠贤人，或

---

① （明）王夫之：《读通鉴论·三国》。

片面依靠法律，都难免有弊端。他认为两者都重要，都要依靠，但主要应依靠贤人，贤人是第一位的因素。首先要选贤任能，其次才是把好的法律交给他们去执行。他又说："治之蔽也，任法而不任人"[①]，"法者非必治，治者其人也"[②]。就是说，法律不是优良政治的充分条件，只有贤人才能导致优良政治。

明人方孝孺很强调任用法律的重要性。他说："有天下者常欲传之于后世而不免于败亡者，何哉？其大患在于治之非其法，其次则患守法者非其人。"[③]然而他又不怎么坚决，又说："无法不足以治天下，而天下非法所能治也。"[④]这又自相矛盾了。其实，他的"法为要，人次之"，是仅就封建王朝存亡续绝的危急时期而言的，认为那时更重要的是有好的法律，法律的败坏是王朝灭亡的主要原因。而"天下非法所能治"是就政治的一般情形而言的。

明末清初启蒙思想家黄宗羲的思想，更体现出了"任人任法相结合"的封建正统思想特征。[⑤]他说："自非法之法桎梏天下人之手足，即有能治之人，终不胜其牵挽嫌疑之顾盼；有所设施，亦就其分之所得，安于苟简，而不能有**度外之功名**。使先王之法而在，莫不有法外之意存乎其间；其人是也，则可以无不行之意；其人非也，亦不至深刻罗网，反害天下。故曰：有治法而后有治人。"[⑥]他的这些话，表面上看起来似乎是在传统的"任人""任法"之争中站到了"任法"一边，其实不

---

① （明）王夫之：《读通鉴论·光武》。
② （明）王夫之：《读通鉴论·晋》。
③ （明）方孝孺：《逊志斋集·深虑论四》。
④ （明）方孝孺：《逊志斋集·治要》。
⑤ 明末清初启蒙思想家的一般思想特征就是批判现实，倡导复归"传统"即儒家人文传统。有人以为这是中国反君主专制的民主启蒙思想的萌芽，其实是拔高了顾炎武、王夫之、黄宗羲、唐甄等人的思想水准，多少有些牵强。黄宗羲关于人治、法治问题的看法，典型地体现了他们仍局限于儒家传统理念中，没有真正突破。——修订注
⑥ （明）黄宗羲：《明夷待访录·原法》。

然,它已超出了传统的"任人""任法"之争的框框。他的思想不能纳于传统的"任法派"范围之中,因为他所主张的"法"不是传统意义上的法,仅仅是"治法"(致治之法),也就是"先王之法"("尧舜之法")那样的优良法律,而不是传统的"任法派"(特别是先秦法家)所讲的那种意义上的法律(即中等的法律甚至不善的法律)。同时,他又反对法官受这种平庸法律("非法之法")的约束,主张法官应变通执法建立"度(法度)外之功名",应"有法外之意存乎其间",这又与先秦法家严格地(甚至是机械地)依照法律条文办事的主张相违背了。所以,他主张的不过是"任圣贤之法",这就是把贤人的因素融入法律,是"任人""任法"的又一种形式的结合,圣贤的因素更重要。

"任人""任法"问题,与西方历史上的"人治"和"法治"问题有相似之处,但不相等,这是值得申明的。

刑事篇

第七章　孝道与刑法（上）：悖法行孝，君子无刑

第八章　孝道与刑法（下）：不孝之罪，刑之无赦

第九章　服制与刑罚：准五服制罪

第十章　"仁政"与司法："仁者之刑"

第七章

孝道与刑法（上）：悖法行孝，君子无刑

纵容犯罪的大孝子

传说中的圣王虞舜，是个大孝子，被古人尊为"二十四孝"之首。据说，在他成为天子之前，有三个恶棍——他的父亲、继母、异母弟——因为妒忌他的才能，垂涎他的财产，屡次谋害他。有一次，这三个家伙叫舜为他们修谷仓，待舜上了仓顶后，他们突然抽掉梯子，放火烧仓，企图烧死舜。另一次，他们叫舜为他们掏井，待舜下到井底后，他们就砍断井绳，往井里填土石，企图将舜活埋。还有一次，他们"请"舜去喝毒酒，企图毒死舜，还准备了一把斧头以备毒不死时就将昏醉的舜砍死。一次又一次，舜都凭着天神的帮助死里逃生。

事情过后，舜对这三个恶棍竟不生一点怨恨，好像根本没有发生什么事：对父亲和后母孝敬如初，甚至倍加孝敬；对异母弟友爱如初，甚至倍加友爱。更令人惊讶的是，在上一次死里逃生之后，明知下一次邀请又是一个陷阱，舜还是欣然前往；明明知道此去必有生命危险，且事前他也根本不知道将会有神灵在最危难时护佑他，但还是"义无反顾"地前去了，理由只是父母之命不可违。尤其令人愤恨的是，那个可恶的

虞舜，上古五帝之一。为布衣时即以大孝而著称。

恶少爷象（舜的异母弟），仗着父母的宠爱，三番五次挟父母之威来欺侮、谋害虞舜，甚至企图杀兄夺嫂（舜有天子尧赐给他的两个美丽的妻子——娥皇、女英，她们是尧的女儿，很让象垂涎），以遂淫欲。在这种令常人难以容忍的情形之下，舜仍然若无其事，不生怨恨。

这就是舜的孝友之行。在今天看来，简直就是纵容犯罪，鼓励杀人犯。但这正是中国古代某些道德家们所倡导的。如果是常人这样加害于舜，舜肯定会自卫的，至少会诉诸"牧民者"，以求得到国家保护。但是，仅仅因为加害人是自己的尊亲属和弟兄，舜就从道德上失去了自卫权利，甚至自卫意识也没有了。

这种孝行，虽曾受到后世一些有识之士的非议，但却是被汉以后的封建正统思想所肯定的行为（后世有所谓"父叫子死子不能不死"之语），也为封建法律所部分地肯定（如明清时期有父祖非理杀死子孙也可免于刑罚之例等）。

　　舜的孝行，"亚圣"孟轲先生甚至还嫌做得不够，因此他和他的弟子们假设了一个"舜悖法窃父而逃"的故事。他们假设，舜的父亲瞽叟犯了杀人罪被国家司法官依法逮捕监禁。孟子认为，作为天子的舜所要做的，不是支持依法办事，而是要赶快设法把父亲从监牢中劫走。[1]这就是说，如果杀人犯是自己的父亲，做公务员的儿子就从道德上产生了包庇罪犯的权利和义务，此即"子为父隐"。

　　后世也有人批评这种无原则无限度的"孝行"。他们认为，这样做明显有"陷父母于不义"之嫌，并不算真正的孝。做子孙的不惜健康与生命去顺从父母实践孝道，但却为父祖非理杀人、践踏国法提供了方便。舜正是如此。

　　我们相信，在舜的时代，法制应已产生，父祖无条件、无原则地杀子孙应已被禁止，弟弟杀兄长更应被禁止。但是为了孝道友道，舜宁肯放任国法被人践踏，也未曾想到要告发这些恶棍的暴行以捍卫国法、伸张正义。退一万步讲，依当时的道德，父母不可告发，但平辈的弟弟还是可以告发的吧？舜大约是怕弟弟一进公堂必然牵连出父母的罪行来而不愿告发吧。这孝也真算是"孝"到无可复加的程度了。[2]

从徐元庆到施剑翘：抗法复仇

　　舜以消极的方式藐视国法：宁肯为父母兄弟创造犯国法的机会或条

---

[1]参见《孟子·尽心上》。
[2]这里的评论，太肤浅，有些想当然。舜的选择，与法律是否允许告发父母兄弟无关，而在于国和家之间的轻重选择。儒家所设想或歌颂的舜的孝友之行，其实是鼓吹家重于国，认为家庭内部的一切关系（甚至包括严重的刑事谋杀情形）都应该在国法的干预之外。为了保全家庭，可以违背国法。——修订注

件，也要谨守"孝道"，这是悖法行孝的一种类型。另一种类型，就是自徐元庆到施剑翘的"壮举"：无视国法关于禁止私斗私杀的禁令，勇于践踏国法，处心积虑杀死父兄的仇人。这是以积极的方式悖法行孝。徐元庆是唐朝武后当政时的人。他的父亲徐爽，大约是因为犯了重罪，被依法判处死刑并由县尉赵师韫依法执行。此后，徐元庆一直以赵县尉为仇人，处心积虑谋杀之，以图为父报仇。为了报仇，元庆隐姓埋名到官吏们经常出入的驿站做了差役。若干年后，已升任御史的赵师韫下榻该驿站，元庆亲手杀死了他，报了父仇，然后投案自首。①

徐元庆依当时法律，应以杀人罪判处死刑。他本人对这一点十分明白，但为了复仇他甘冒践踏国法而被杀头的危险。他主动、积极地践踏了国法，由此可见法律和"孝道"在他心中各自的轻重。依据"孝"道德的要求，"父之仇弗与共戴天"，必须分个你死我活；而法律又禁止私自杀人，并对私自杀人者规定了极刑。要做守法的良民，就不能做父亲的孝子。在良民和孝子之间，元庆选择了后者。这，也是在古代中国极受推崇的选择。

一千多年后的1935年，中国又出了一位赫赫有名的复仇女英雄，叫施剑翘。施剑翘的父亲施从滨，曾为山东省军务帮办、直鲁军混成旅旅长。1925年，施从滨在直奉大战中被军阀孙传芳俘虏，惨遭孙部慢刀割头之刑而死，并暴尸数日。当时，施剑翘20岁，作为一个弱女子，她发誓为父报仇。数年里，她精心策划，刻苦磨炼本领，终于在父亲死难后的第十年，在天津的一所寺庙里亲手持枪将孙传芳击毙，然后从容自首。②

施剑翘的行为与徐元庆的行为何其相似！所不同的只是，一个是男

---

① 《新唐书·列传·孝友》。又见唐人柳宗元：《柳河东集》卷四，《驳复仇议》。
② 参见施羽尧等：《女杰施剑翘》，北方文艺出版社1985年版。

施剑翘，民国烈女，亲手击毙大军阀孙传芳，为父复仇。

子汉，一个是弱女子；一个的父亲死于和平时代的法律，一个的父亲死于战争时代的非刑。然而，在法律和道德面前，两人所做的选择的性质是完全一样的。他们都甘愿冒绞首的危险，甘愿犯法而去实践孝道。剑翘为父报仇时，军阀战争已经结束，依当时的法律，她仍应判处十年以上有期徒刑或无期徒刑、死刑。这一切她是十分清楚的，但还是做出了舆论所推崇的选择。这位弱女子因此而成了人们心目中的"伟丈夫"，无怪乎她入狱后上自国民党军政要人冯玉祥、于右任、李烈钧，下至工人、农民、店员，成千上万的人纷纷联名上书，一致要求对她实行特赦。

孝子不可刑，君子不可辱

悖法行孝的人，如赵娥[1]、薛况[2]、徐元庆、施剑翘等孝子，虽然藐

---

[1]参见"法律与道德"章之首。
[2]参见"法律与道德"章之"司法：屈法律以全道德"节。

视和践踏了国法,却被众人视为真正的君子,备受推崇。不但社会上的一般人如此看,就是负有立法、执法重任的人也常这样看。

在薛况的案子中,当时的最高司法官廷尉就认为薛况的杀人行为情有可恕,"无它大恶",应减轻处罚(见前)。在赵娥的案子中,法官竟不惜弃官不做也要放纵这位孝女使其逍遥法外(见前)。在徐元庆的案子中,武后(则天)就十分赞赏元庆的孝行,要赦免元庆的死罪而改判流刑。当时任右拾遗的陈子昂不同意赦其死,主张"诛之而旌其闾"①——就是既要依法判其死刑,又要在村里立牌坊进行道德表彰。这种主张,今人看来十分荒唐,但在当时却被认为是合情合理的。

施剑翘案也出现了类似的情形。天津地方法院初审判处施剑翘有期徒刑十年,河北省高等法院在社会舆论的强大压力下进行重审,为其减刑三年,理由是施氏杀人动机出于"孝道","情可悯恕"。在施氏服刑期间,冯玉祥、李烈钧、于右任等国民党军政要人二十余人曾联名上书,请求政府发布特赦令,释放这位道德高尚的"女中豪杰",以配合当时国民党政府倡导的"新生活运动"或道德重整运动;全国工商学各界也为施氏的壮举所感动,纷纷上书要求释放。在社会舆论的强大压力下,国民政府主席林森于1936年10月14日发布特赦令,对施氏实行赦免。令文说:"施剑翘因其父施从滨曩年为孙传芳惨(残)害,痛切父仇,乘机行刺,并即时坦然自首听候惩处。论其杀人行为,固属触犯刑法。而以一女子**发于孝思,奋力不顾,其志可哀,其情尤可原**。现据各学校各民众团体纷请特赦,所有该施剑翘原判徒刑,拟请依法免其执行等语,兹依中华民国训政时期约法第68条之规定,宣告将原判处有期徒刑7年之施剑翘特予赦免,以示矜恤。"②

---

① 《新唐书·列传·孝友》。
② 施羽尧等:《女杰施剑翘》,北方文艺出版社1985年版,第143页。

违背国法，为父亲复仇，被社会舆论视为君子——道德高尚的人。按照儒家的理想，道德高尚的人是不应用刑罚去加以侮辱的，这就是人们常说的"君子无刑"。古人一般认为，"礼以待君子，刑以威小人"，刑罚是专门用来对付卑鄙下流之人的。因此，每当徐元庆、施剑翘之类的事件发生，人们都会不假思索地认为应该减轻或免除刑罚。这种舆论评价，是非常有儒家伦理特色的。

　　为父兄复仇的行为，从国家和法律的立场上讲，明显是对国家的司法权的蔑视和侵犯。同时，对复仇的宽容，也极可能因纵容冤冤相报永无已时而造成国家和社会的动乱。因此，历代政府不得不对复仇加以限制或禁止。但是，在人们心目中，复仇行为永远是高尚的、合"法"的、无罪的。也就是说，在人们心目中，真正的法律是"父之仇弗与共戴天"之类的礼教信条。依据这种"法律"，孝子无罪，不应受刑。因此，好些法官都认为："与其杀孝子，宁失不经"。也就是说，宁可放纵三两个真正的杀人犯，也不能错杀一个孝子。赵娥一案的审判官的行为就说明了这一点。

　　还有一些案子很能表明这种"孝子复仇实质上无罪"的观点。

　　东汉顺帝时，有位叫侯玉的姑娘为父报仇，杀死了仇人。县令梁配依法判其死刑。当地有位年仅15岁的少年才子对此不满，上书朝廷为侯玉辩冤，说："玉之义，足以感无耻之孙，激忍辱之子。不遭明时，尚当旌表庐墓，况在清听而不加哀矜？"①梁县令见15岁少年尚知矜褒孝女之义，羞惭得无地自容，连忙上书皇帝请赦免侯玉，侯玉终得免死。在这个案子中，民间、官方都认为孝子复仇本质上是无罪行为。

　　东汉时，有位叫郅恽的人为朋友复仇而杀人，并坦然投案自首。当

---

①《后汉书·申屠蟠传》。

他说明原委后，县老爷竟感其节义，拒不受案。郅恽说："为友报雠，吏之私也；奉法不阿，君之义也。亏君以生，非臣节也。"说罢，就自行跑到监狱去。县老爷急忙光着脚追赶到狱中，亲自劝说郅恽回家。郅恽却说什么也不肯走，于是县老爷急中生智，拔刀指向自己的心窝，说："你不肯走，我就以死明心。"在他的要挟下，郅恽无奈只得出狱回家。①这里虽然是为友报仇、实践友道，但其所表现出来的对法律的藐视、否定，与赵娥案、徐元庆案、张瑄兄弟案是一致的。

父祖为人冤杀，激愤之下，复仇杀人，此时从宽惩处复仇者，尚且情有可原。令人惊讶的是，为了鼓励孝道，东汉章帝时竟规定儿子杀死以言语侮辱自己父母的人也可以赦免死刑，此即所谓"轻侮法"。②这一规定给了孝子们多么大的权利！法律竟然默许他们有杀死对自己父母出言不逊者的特权！或者说，法律默认了他们践踏法律的特权！

更有登峰造极者。东汉时有个叫桥元的人，为齐国相。齐境内有孝子为复仇而杀人，被收监。桥元同情、赞赏此人，准备为之开脱罪责。不料县令路芝提前行刑将孝子杀害。桥元大怒，深责自己有负孝子，令人将路芝缚来，大杖杀之，"以射孝子冤魂"。③下级司法官吏依法处死复仇杀人的孝子，上级司法官吏竟要处死下级官吏以慰孝子冤魂。这种对法律的否定更是无以复加了。④

唐天宝年间，巂（音 xī）州都督张素审被诬以谋反罪收审。奉命审理此案的监察御史杨汪未审得实情即将张处死，并籍没其家。张素审的两个儿子张理、张琇，时年分别为13、11岁，也被流放到岭南。几年以

---

① 参见《后汉书·郅恽传》。
② 参见《后汉书·张敏传》。
③ 参见《太平御览》卷四八一引谢承《后汉书》。
④ 这里的判断不全面。官员放纵孝子的做法，仅仅视为对国法的否定是不够的。其实，他们是在遵循他们心目中的更高的法律即"礼义"。——修订注

104　　　　　　　　　　　　　　　　　　　　情理法与中国人

后，兄弟俩自岭南逃回，刺死了杨汪，并准备杀死与父亲冤案有关的所有官吏，后因事未遂而归案。案发后，都城中男女老幼皆认为二子幼年孝烈，应予宽赦；朝官中亦有许多人主张赦其死罪。但宰相李林甫等人坚持国法不可纵复仇，主张依法处死；唐玄宗也认为"曾参杀人亦不可恕"，最终还是决定判处死刑。行刑之日，京师百姓皆为之伤悼，纷纷为孝子作哀诔（悼词），大街小巷到处贴的都是悼词挽联。市民们还在兄弟二人受刑地点募捐以厚葬孝子。士大夫们纷纷上书批评朝廷处置不当。如有位学者上表说："复仇，因人之至情，以立臣子之大义也。仇而不复则人道灭绝，天理沦亡……"①

民众的态度、学者的态度，表明了他们对禁止复仇之国法的否定。国法所否定、所诛杀的罪犯，在他们心目中成了了不起的大英雄；他们毫无顾忌地表达他们对"英雄"的敬佩和悼念（也无意与罪犯划清界限），法律在他们心目中的地位就可想而知了。从这一事件看来，他们对法律简直采取了敌视态度。②

勇于践踏国家法律为父祖兄弟复仇者，被民间视为英雄；执法官吏受道德和舆论的影响，也常常对他们实行宽宥。总之，人们通过种种方式，表明了对这类罪犯及行为的实际肯定和褒奖。当然，有时官吏这样做并不一定是因为他同情、赞赏孝子的行为，而是因为他想通过对孝子的礼遇、宽宥博得民间的赞扬，博得"仁民爱物""知礼义"的好名声。

在这样的社会舆论背景下，一个严格执行法律、排除道德舆论影响的法官，在人们心目中的形象通常是很糟的。依法对孝子判决和执行死刑的人，只能被视为与商鞅一样的"刻薄寡恩"之人。

---

① 《文献通考》卷六十六。
② 这里的判断也是有偏颇的。理由见上页注4。——修订注

畏法不复仇，君子所不齿

勇于践踏国法而复仇者被视为英雄。相应地，畏法而不敢复仇者，虽在法律评价上是良民，但却为君子所不齿，为社会舆论所嘲笑，被视为"懦夫""小人"。这种逆反现象早在春秋战国时代就存在了。据《韩非子》说，当时"行剑攻杀"的"暴憿之民"（亦即复仇勇士），本应为法律所惩罚，反而为世人所赞誉；相反，"重命畏事"的"尊上之民"，本应为法律所嘉奖，却为世人所不齿，被认为是"怯慑之民"，是"胆小鬼"。韩非子为此愤愤不平，他把这种现象称为"反"，即逆反现象。

这种逆反现象，自那时起一直持续到近代。施剑翘以一弱女子之身而有持枪杀死军阀"孙大帅"的胆量，实与社会舆论的激励有关。施剑翘的堂兄和丈夫，曾允诺代她报仇，但后来都胆怯退缩了。于是，报仇的重任才无可选择地落在了她的肩上。据施剑翘自己回忆，在她尚未完成复仇大业之前，所到之处均有无地自容感，似乎有很多人在指着脊梁骨骂她和她的堂兄、丈夫是胆小鬼，是懦夫。这使得她一次又一次在沮丧的边缘重新坚定决心。①

古时法律除了禁止复仇杀人以外，也设法敦促人们通过官府寻求正义。如历代刑律一般规定有"私和罪"②，对那些私自与仇人和好而不告官府的人施以惩罚。国家的这一规定是要告诉人们，复仇的方式并非只有子弟持刀在法律程序之外手刃仇人、提着仇人首级投案自首这么悲壮的一种。告发至官府，通过国家司法途径也可以报仇雪恨。但是，这种

---

① 施羽尧等：《女杰施剑翘》，北方文艺出版社1985年版，第157页。
② 《大明律·刑律·人命》："凡祖父母、父母及夫若家长为人所杀，而子孙、妻妾、奴婢、雇工人私和者，杖一百徒三年。"

方式的复仇并不为道德舆论所推崇。谁如果眼巴巴地指望官府而不自己去磨刀霍霍准备杀死仇人，他仍可能被社会视为"懦夫"。正因如此，才有一些孝子不惜潜入监狱杀死即将被判死刑的仇人；或劫仇人于发配之途中或死刑刑场，以手刃仇人为快事。这种公然向国家司法权力挑战的行为，竟也经常赢得社会的推崇，这是值得我们省察的。正因如此，才有人因为官府捕系仇人后久拖不决，痛感父仇未报无脸见人抑郁而死；有人因报仇无门，不堪社会舆论之嘲讽，愤而自杀。

复仇的限制与禁止

古代中国社会舆论几乎对所有复仇都持褒奖态度，但国家法律并不是这样。自西周至明清，法律有时有限制地允许复仇，有时干脆禁止任何复仇。总的发展趋势是：对复仇，限制愈来愈严，禁止愈来愈厉。这一趋势，与封建专制制度的发展、皇权的膨胀是同步的。但是，法律禁止并不表明国家从根本上否定复仇行为；禁止只是策略性的、权宜性的，因为复仇行为所奉行的精神原则与中国封建王朝所奉行的精神原则从根本上讲是一致的。

《礼记·曲礼上》说"父之仇弗与共戴天"，这成为整个中国封建社会人们所奉行的总原则。如仅仅依这一原则，那么复仇就应该是没有限制，是你死我活的斗争。但是，国家当然不能仅仅依这一道德原则放纵复仇，因为那将导致天下大乱。那么，国家应怎样对复仇加以限制呢？怎样把复仇限制在不致严重危害国家和社会安全的范围内同时又能满足孝子们的孝心呢？

对此，《春秋公羊传》提出了一个原则："父不受诛，子复仇可也。"①就是说，子弟为父兄复仇，应以父兄无罪被虐杀为前提。如父兄有罪当诛，则子弟不准复仇。这一原则，几乎为后世所有的人所接受。不遵守这一原则而复仇，那等于表示对国法、对皇权的公开蔑视，是国家所不允许的。

历代曾有过一些限制复仇的制度。据《周礼·秋官》记载，西周时曾有"报仇雠者书于士"的规定，亦即要求欲复仇者先到司法官（士）那里去登记仇人的姓名，说明自己的理由，然后方可去杀仇人。这是要求复仇者履行一定的法律手续，我们猜想"书于士"的主要目的大约是通过这一程序进行审查和控制，以免过滥。又据《周礼·地官》记载，为了避免冤冤相报永无已时的复仇恶性循环，当时的法律还规定了避仇离乡的制度，政府还专设了负责调解复仇纠纷的官职——"调人"。调人的职责是"掌司万民之难而谐和之"，就是负责进行调解，还负责督促有可能成为复仇逐杀对象的人远离家乡躲避："凡和难：父之仇，避诸海外；兄弟之仇，避诸千里之外；从父兄弟之仇，不同国……"这就是"避仇"。这种回避是强制性的，"弗避，则与之瑞节"。②就是说，如依法应远避他乡的人不愿离乡避仇，就应由官府派员持"瑞节"（一种玉制官符，表示授权）去将其逮捕送交官府，然后可能是强制送往远方，或依法加以制裁。

东汉法律也禁止复仇。在赵娥的案子中，负责审理的官员虽十分赞赏和同情这位勇敢的女子，但除了弃官逃走外，别无开脱办法，说明当时的法律是禁止复仇的，赵也说"死则妾分，乞得归法"，说明当时的法律规定对复仇者可以处死刑。《晋书·刑法志》载，三国曹魏政权曾规定："贼斗杀人，以劾而亡，许依古义，听子弟得追杀之。会赦及过

---

① 《春秋公羊传·定公四年》。
② 《周礼·地官·调人》。

误相杀，不得报仇。"这里既有允许又有限制。实际上只是允许百姓帮助国家追缉捕杀负案在逃的杀人犯，作为国家司法权"鞭长莫及"时的补充。除此之外，复仇者不许越雷池一步。

到南梁和北周时，则干脆一律禁止复仇。如北周保定三年（563）武帝曾下诏："禁天下复仇，犯者以杀人论。"①到了宋代，法律规定又有变化，虽然禁止复仇，但又以容许防卫的方式许可一部分。《宋刑统·斗讼》规定："诸祖父母、父母为人所殴击，子孙即殴击之，非折伤者勿论；折伤者减凡折伤三等……至死者依常律。"这里规定的实际上是正当防卫和防卫过当的情形，虽不是通常意义上的复仇，但毕竟对现场复仇而伤人者作了宽减的规定，这实际上是对复仇行为寄予了一定的同情。《大明律·刑律·斗殴》规定："凡父母、祖父母为人所杀，而子孙擅杀行凶之人者，杖六十；其即时杀死者勿论。"这一规定，较宋代更宽，实际上是允许乃至鼓励复仇：报仇杀人，仅仅杖六十；当场杀死了仇人，则完全不处罚。哪个想当"孝子"的人都会畏惧人言——你因为害怕"杖六十"之痛就逃避复仇的责任吗？当场杀死行凶之人，是指正当防卫，但那时对正当防卫的"正在进行"时态的理解肯定是比较宽松的，实际上简直是鼓励复仇。清代，除了在《大清律例》中重复明代这一规定外，康熙二十七年和乾隆五十八年还先后定例（即制定刑事特别法），对复仇问题作了更详细具体的规定：

第一，祖父母、父母为人所杀，凶犯当时脱逃未经到官，后被死者子孙撞遇而杀者，照"擅杀应死罪人律"杖一百。

第二，某凶犯虽经官府判死刑尚未执行时或遇赦减等改为流刑发配时潜逃回籍，死者子孙擅杀之者，杖一百流三千里。

---

① 《北史·周武帝本纪》。

第七章　孝道与刑法（上）：悖法行孝，君子无刑　　109

第三，凶手原判死刑后援引条例改判流刑并于流放时遇大赦释放回来后，因国法已伸，子孙不当复仇；若再敢寻仇杀害者，仍照"谋杀人律"判死罪；但因是为父祖复仇，情有可原，可判为缓决，永远监禁。

第四，若凶手被释回之后复向死者子孙寻衅，或用言辞讥讽、有心欺凌、故意刺激者，即是怙恶不悛。死者子孙因而愤激难忍起意复仇杀死凶手，应杖一百流三千里。①

应该说，清代的法律对复仇问题，依可能出现的各种不同情况，作了比较全面严密的规定，既维护了国法的严肃性、一致性，又照顾了"道德人情"，给了孝子们一些宽大处理。显然，如果一概不许孝子们复仇，对孝子们的复仇杀人、伤人行为完全视同一般杀人罪、伤人罪处理，"有伤天理"，"有乖人情"。但如果一味宽大处理，则无异奖励私自相斗相杀，又危害社会秩序。封建国家在这一问题上所力图做到的就是所谓情、理、法的统一——合情合理合法。

子为父隐，也是孝行

除为父复仇外，另一类悖法的"孝行"，就是"子为父隐"。也就是子孙主动隐匿父祖的犯罪，绝不告发，也不出庭作证。这类"孝行"，明显也是违背国法的根本秩序或国家的根本利益的，因而总体上一直为国家立法所否定，但却为道德舆论所高度肯定。

我们说为父祖隐罪是"悖法行孝"，这仅是从广义上说的。从根本上讲，这种行为是与国家法律秩序相悖的，因为它是对国家司法权威的否定。所以，古代法律一般禁止在谋反等国事重罪上搞"亲属相隐"。

---

① 参见（清）薛允升：《读例存疑》卷三十七。

但如从狭义上讲，历代法律也局部地允许亲属相隐，为父祖兄弟隐匿一般犯罪似乎并不悖法。我们也可以说，法律有限制地允许"父子相隐"，实际上是国家对伦理习惯的让步。

孔子认为"子为父隐……直在其中"[①]。他把隐匿罪犯的行为视为"正直"，这当然不是从事实上讲的，而是伦理上的"正直"。伦理上的"正直"，在这里也就是"孝"。古人认为，隐匿父亲的犯罪行为才算"孝"，如不加隐匿或加以告发，就是"不孝"。

这种匿罪行径，对国家法律秩序的破坏是再明显不过了，但对血缘伦理秩序却有明显的保护和巩固作用。正因如此，重视血缘伦理秩序的人们才十分重视"子为父隐、父为子隐"、亲属相为隐、同居相为隐；而重视国家法律秩序的人们如商鞅、韩非等，则十分反感亲属容隐。

商鞅主张："至治，夫妻交友不能相为弃恶盖非，而不害于亲，民人不能相为隐。"[②]因此，商鞅特别奖励告奸，"告奸者与斩敌首同赏，匿奸者与降敌同罚"[③]。告发父祖之"奸"行，大约也在商鞅主张的应受奖励之列。

韩非子也对"父子相隐"极为不满。他认为，那种隐匿父亲的犯罪行为的人虽是"父之孝子"，但却是"君之背臣"。他认为，如果国家对那种主动揭露父祖犯罪的人施以打击，那么此后民间的许多奸事奸行朝廷就不会知道了。[④]

商、韩的这种主张在秦孝公至秦始皇、秦二世100余年间相当程度地实行过。商鞅变法，"首匿相坐之法"是其主要内容之一。它规定，父子兄弟等至亲至戚间相互隐匿犯罪都要追究罪责，这显然是对"父子相

[①]《论语·子路》。
[②]《商君书·禁使》。
[③]《史记·商君列传》。
[④]参见《韩非子·五蠹》。

隐"的对抗。商、韩这种主张的影响还一直持续到汉初。汉武帝时仍在实施"首匿相坐之法"。直到汉宣帝下诏允许"亲亲得相首匿",首匿相坐之法才算正式废止。

在中国历史上,重视"亲属相为隐"特别是"父子相隐",几乎是一贯的传统。商、韩法家主张毕竟是支流,影响不是很大。即使在秦代,法律上也仍然局部允许子孙奴婢为父祖、主人隐匿,可见自西周以来开始形成到孔子时高度发达的儒家正统道德思想的影响之大。据《云梦秦简·法律答问》载,秦代法律(也可能是秦孝公至秦始皇之间的法律)曾把"子盗父母,父母擅杀、刑、髡子及奴妾"和"子告父母,臣妾告主"列为"非公室告",不允许受理:"非公室告,勿听;而行告,告者罪"。这就是禁止卑幼告发尊长;如果卑幼不听劝阻,反复控告尊长,就得治卑幼的罪。这里体现的正是"亲属容隐"精神。

汉初,政府仍鼓励告奸,直到武帝时,法律中仍有"首匿相坐"律令。《汉书·梁统传》云:"武帝军役数兴,豪杰犯禁,奸吏弄法,故重首匿之科。"到了武帝中期,"罢黜百家,独尊儒术",儒家思想开始占统治地位,"首匿相坐"律开始受到猛烈的抨击,"亲属相隐"开始在实践中被默许。昭帝时的盐铁会议上,贤良文学们以儒家思想为武器,猛烈抨击了"首匿相坐"律:"自首匿相坐之法立,骨肉之恩废而刑罪多。闻父母之于子,虽有罪犹匿之。岂不欲服罪尔,子为父隐,父为子隐,未闻父子之相坐也。"[①]这种思想代表了儒家思想的复兴,代表了重视宗法血缘关系(秩序)、轻视国家法律关系(秩序)的思想抬头。[②]到汉宣帝时,要求承认父子亲属间的隐罪权成为一种普遍的呼声,

---

① 《盐铁论·刑德》。
② 这种判断不准确。国家允许"亲亲相隐",并不等于轻视国家的法律秩序或法律关系。允许"亲亲相隐"也旨在建立一种新的更有儒家伦理特色的法律秩序。——修订注

在这种强大的社会舆论的压力下，宣帝地节四年（前66）汉宣帝不得不下诏："父子之亲，夫妇之道，天性也。虽有祸患犹蒙死而存之，诚爱结于心，仁厚之至也，岂能违之哉？自今子首匿父母，妻匿夫，孙匿大父母，皆勿坐；其父母匿子，夫匿妻，大父母匿孙，罪殊死，皆上请廷尉以闻。"[1]据明人丘浚考证，"亲亲得相首匿"的法律制度真正开始于此。[2]不过，此时容隐的范围还只是父子、祖孙、夫妻。

相隐或首匿的容许范围，到《唐律》中已经扩大了许多。《唐律》规定："诸同居，若大功以上亲及外祖父母、外孙，若孙之妇、夫之兄弟及兄弟妻，有罪相为隐，部曲奴婢为主隐，皆勿论。即漏露其事及摘语消息，亦不坐。"[3]从这里可以看出，容隐的范围已经扩大到了仅"同居"而毫无血缘关系的部曲、奴婢。到明清时代，容隐范围又扩大到了无服亲属，如岳丈和女婿间可以相为隐，还扩大到了雇工。总之，在一起居住生活有一定伦理关系的人之间差不多都可以相隐了。

自唐以后历代法律还规定，对于依律得相容隐者，除了其相互隐匿犯罪可以免于处罚之外，还不得逼令他们出庭作证或出具证词。违背此一规定的法官将要受刑事处罚。[4]同时，法律禁止告发得相容隐的亲属，告发者要受处罚。

亲属容隐之制显然是对国家的无限权力作了一些限制，使国家的司法权力在家庭的帷幕前不得不止步，这是中国封建社会里一个极有趣的现象。但是，这种限制有一个条件，就是在对国家的根本利益没有过分伤害的前提下。如果超出这一限度，就不准相隐；相隐则有罪。自汉至明清，历代刑律几乎都明文规定谋反、谋大逆、谋

---

[1]《汉书·宣帝纪》。
[2]（明）丘浚：《大学衍义补》卷一百七十。
[3]《唐律疏议·名例》。
[4] 参见《唐律疏议·斗讼》。

叛等国事重罪不准相隐，亲属间告发亦无罪。在这时，国家也就顾不上"孝""慈""友""悌"那层温情脉脉的面纱了——国重于家，"忠"大于"孝"，才是封建中国最根本的、最后的原则。

"亲属容隐"制度的核心是"子为父隐"（包括孙为祖隐）。其他一切容隐范围，均不过是"子为父隐"派生出来的。"子为父隐"的内在精神就是"孝"道。至于"父为子隐"，这是"慈"道，只不过是"孝"的回报；夫为妻隐、妻为夫隐，其逻辑等同于父子相隐；奴仆为主隐，等同于子为父隐，也是"孝"的推广；无服卑幼为同宗尊亲属隐，同样是"孝"的延伸。弟为兄隐，其义为"悌"，也是"孝"的延伸，因为"长兄当父"；兄为弟隐，其义为"友"，是"悌"的回报。总之，如离开了"孝"这个中国古代最根本的道德，容隐制度就根本不会出现。"孝"是贯穿在"亲属相隐"制度中的一条主线。[①]

"孝"的根本精神就是卑幼无条件地顺从和护卫尊亲属，复仇制度、容隐制度体现出的正是这种"护卫"。捍卫父祖的生命、荣誉、健康，这是"孝"道的出发点，也是人之常情。自这一人之常情出发，就必然产生这样的矛盾：当父祖的行为侵犯了他人利益和国家利益时，还应不应该为保护他们不受刑罚惩罚而隐匿他们？这的确是古时一个难以解决的矛盾：主动揭发或证实吧，必然使父祖身陷囹圄，使其受刑戮之辱，做子孙的看着父祖受刑辱而无动于衷是不可能的。子孙必然也产生一种耻辱感，生出哀怜父祖（尽管是罪犯）之情，这是极正常的血缘情感所致。当然，还因为与父祖生活利益一体化所致，父祖受刑自己也将利益受损。反过来，对父祖的犯罪不予揭露或积极隐藏吧，国家的

[①] 以"孝"为亲属容隐制度的精神支柱或基础，这种判断是值得商榷的。亲属容隐制度的真正精神支柱或基础，也许是家庭与国家有别、血缘关系与政治关系有别的观念。这一关系问题是人类社会进化到国家阶段后不可避免的共同问题，因而世界各大民族历史上都存在过这样的共同观念。——修订注

一个奸贼又逍遥法外，别人的冤仇得不到伸报，眼看着皇帝的法律被践踏而不报告，这又是对君主的背叛。这就是中国古代死结一般解不开的"忠"与"孝"的矛盾。

在儒家血缘主义伦理学说的影响下，民众一般都很自然而然地选择了"孝"，选择了为保护自己亲属的利益而置国家和他人利益损害于不顾。在"忠孝不可两全"时，一般会选择"弃忠全孝"；只有少数特别重视国家利益的人们如商鞅、韩非等人才主张人们选择后者。可惜他们的主张并未真正占过上风。在历史上真正占上风的一直是"子为父隐、父为子隐"的观念。依据这种观念，子孙告发父母、证实父母有罪，都是伤天害理的事。例如，南朝宋时人蔡廓认为："鞠狱（审讯）不宜令子孙下辞明言父祖之罪，（否则）亏教伤情，莫此为大。"[1]这里所亏之"教"，明显是儒教；所伤之"情"，就是血缘亲属之感情。"父为子天，有隐无犯"[2]，这是儒家道德的一贯教导。的确，果如商、韩之流所一贯主张坚持鼓励亲属之间相互告发的话，只会使"骨肉之恩废"，也必然动摇了封建国家政治根基。如果血缘亲情都淡薄了，宗法制度就瓦解了。宗法制度是中国封建政治制度的根基，国家大厦就建立在这一基座之上。亲情瓦解，则宗法制国家大厦将倾。因此，无怪乎历代王朝的法律大多不得不承认亲属间相互隐匿犯罪的权利。

---

[1]《宋书·蔡廓传》。
[2]《唐律疏议·名例》。

第八章

孝道与刑法（下）：不孝之罪，刑之无赦

"不孝"为元恶

古代中国社会是以家庭为本位的农业社会。在这种以一家一户的小农耕作为主要经济形态的社会里，自然而然地形成了一个特别的权威，而且必须特别维护这个权威。如果没有这个权威，社会就会陷入无秩序状态。这个权威，就是父权，即家长权。与维护这一权威的需要相适应，形成了以"孝"道为核心的道德观念暨规范体系：孝、慈、忠、礼、顺、和、义、听、友、恭等。这些规范，几乎囊括了当时社会上可能存在的一切人际关系之准则。

"百行孝为先"，在古代中国，"孝"被视为一切道德中最根本的道德。因此，父子间的那种命令和绝对服从的关系被视为绝大多数人际关系的蓝本。所谓"纲常"关系，在古时被视为人际关系的几个通用公式，一切关系均可纳入这些公式中。父为子纲、君为臣纲、夫为妻纲，"三纲"的核心是"父为子纲"，其余两"纲"不过是推论。依此类推，官为民纲、师为徒纲、主为仆纲等，都是命令和服从的关系。只有朋友之间互不为"纲"。虽然朋友关系被视为次一等的人际关系，但在朋友之中，也常常是"序年齿"，即按年龄来分主从的，年长者一般也具有兄长的地位。因此，社会上一切人际关系的道理、准则，几乎都可以由父子间的关系准则（"孝"）推演出来。这就是古时的人们特别重视"孝"的原因。偌大一个"国"，实际上只是一个"家"（因此才有"国家"或"家国"语）：皇帝是大家长，臣民是子孙；其中官吏又是"子孙"中身份较高偶尔能代"家长"传令者。对这个大家长的"孝"，就叫"忠"，此即"移孝作忠"。一个在小家庭中孝顺家长的人，当然对皇帝这个大家长也能孝顺（除非他不承认某皇帝的合法性），所谓"事亲孝，故忠可移于君，是以求忠臣必于孝子之门"[①]。只要全国所有的人都像孝敬自己的父亲一样孝敬皇帝，天下还有什么事难办？因此，对于封建时代的中国来说，悠悠万事，唯此为大：奖励孝道。统治者们非常明白："孝"是维系"亲亲""尊尊"等级秩序的生命线，是维系中国封建制度的生命线。

从历史上看，朝廷向"子民们"灌输"子道"（即"孝"）的途径不外两者：一是奖励"孝行"，包括褒奖孝子贤孙，为他们树碑立传（如《二十四孝图》《孝友传》等），选拔"孝廉"为官或旌表等，也包括容忍"孝子"们的某些非法行为，如前章所述复仇、容隐等。二是严厉打击"不孝"者，即打击乱臣贼子，以绝其怠慢父权之心。

"元恶大憝，矧惟为不孝不友"[②]。自西周至近代，这一观念一直是中国传统伦理观念的核心。最严重的罪恶就是"不孝"，包括对皇帝这个全国总家长的不孝（"不忠"）。自这一观念出发，古代中国人设计出了许许多多的法律制度，造出了许多严厉的刑罚去打击谋反、谋大逆、谋叛、降、恶逆、大不敬、不孝等一系列（广义的）"不

---

①《后汉书·韦彪传》转引《孝经纬》中孔子语。
②《尚书·康诰》。

孝"之行，打击一切敢于藐视家长权威的乱臣贼子。即使是在"刻薄寡恩""反道败德"即尊崇国家主义反对家族主义的商鞅、韩非们那里，"孝"仍是最重要的道德之一，是法律的目标之一。①即使是崇尚法家的秦国和秦朝，"不孝"仍被列为严重犯罪。《云梦秦简》中可以见到这样的法律规定：老年人控告子女不孝，不须经过通常的原宥手续，不须调查审理，直接把受控告的子女抓起来按老人的要求处置便可。②其他的朝代自不待言。

本节将要分析的"不孝"之罪，当然仅仅是指狭义上的"不孝"，即子孙对父祖权威的怠慢和侵犯。自汉代开始严惩"不孝"行为后，《北齐律》又把"不孝"列入"重罪十条"，"不孝"一直被视为不可赦免的"十恶"之一。对普通老百姓来说，所谓"十恶不赦"，首先是"不孝"之恶不可赦。

具体有哪些行为被视为"不孝"之罪呢？自西周至清代，数千年间，其规定很不一致，或者说它通常就是一个含混不清的概念。

西周时，儿子不听父亲的使唤，使父亲伤心，就算是"不孝"罪，要"刑兹无赦"。③西汉时，子孙告发父祖或在正当防卫中误伤父祖，或在父母丧期行房事，都被视为"不孝"，犯者常被判死刑。④到了唐代，法律在"不孝"罪的条目下虽较为具体地列举了一些行为，但仍然有模糊不清之感。据《唐律疏议·名例》"十恶"条所列，控告、诅骂祖父母、父母，祖父母、父母在世时子孙别籍异财及供养有阙，在父母丧期擅自嫁娶、脱掉丧服、寻欢作乐，祖父母、父母死秘不发丧以及诈称祖

---

① 《韩非子·忠孝》："臣事君，子事父，妻事夫，三者顺则天下治，三者逆则天下乱，此天下之常道也，明王贤臣而弗易也。"《商君书·画策》："所谓义者，为人臣忠，为人子孝，少长有礼，男女有别……此乃有法之常也。"
② 参见《云梦秦简·法律答问》。
③ 《尚书·康诰》。
④ 参见曾宪义主编：《新编中国法制史》，山东人民出版社1987年版，第138—139页。

父母、父母死亡等，均被视为"不孝"，被视为严重的犯罪。但是，什么叫"诅骂"，争吵到什么程度才算"诅骂"？什么叫"供养有阙"，对父母的生活照顾差到什么程度才算"有阙"？什么叫"作乐"？如此等等，都不过是橡皮尺子。法国思想家孟德斯鸠曾说："中国的法律规定，任何人对皇帝不敬就要处死刑。因为法律没有明确规定什么叫不敬，所以任何事情都可拿来作借口去剥夺任何人的生命，去灭绝任何家族。"[1] "不孝"罪也是如此：法律并未严格限定什么叫"不孝"，所以任何被朝廷视为有损父权（家长权）的行为都可招来杀身、流放等大祸。

与仇人私和

子孙私自与杀害父祖的仇人达成和解协议而不告官者，在古时被视为一种严重的"不孝"行为，唐以后直接规定为"私和罪"。国法虽不公开鼓励复仇，有时甚至严厉禁止复仇，但却绝不会因为禁止复仇而鼓励私和，不能不严惩私和行径。

私和行为既不见容于道德，也不见容于法律。从道德上讲，孝子与仇人应不共戴天。提着仇人的脑袋去祭父祖在天之亡灵，才算是上等的孝道之行。即使冒犯法杀头的危险也在所不惜，这才是真正的好汉和孝子。退一万步讲，无力手刃仇人，也应立即告官，借助法律的力量为父祖报仇，这仍不失为孝子。但如果贪图财利或畏惧豪强而与仇人私自握手言和而不告官，那就简直猪狗不如了。私和行为为道德舆论所唾弃，是很自然的事。从法律上讲，受害人子孙纷纷擅自去"手刃父仇"虽不

---

[1]〔法〕孟德斯鸠：《论法的精神》，张雁深译，商务印书馆1982年版，下册，第194页。

第八章 孝道与刑法（下）：不孝之罪，刑之无赦　　119

是一件好事而须严格限制或禁止，但他们与仇人私和、隐匿其事而不报官，比前者更坏、更可怕。因为前者虽损害了国家司法权，却弘扬了孝道，有得有失；而后者则只会造成双重损害：既让国家的奸贼逍遥法外损害了司法尊严，又败坏了"孝"道。

基于上述两方面的原因，唐以后历代王朝的立法都很注意打击"私和"罪。其用意在于既部分地满足孝子贤孙们复仇的愿望，又把其愿望的实现限制在有利于而不是有害于国家司法权的范围内。也就是说，法律公开赋予孝子们的有限复仇权，不过仅仅是向官府告发国家所要缉拿的凶犯的权利。

《唐律》规定："诸祖父母、父母及夫为人所杀（而与仇人）私和者，流二千里；期亲（即与杀期亲之仇人私和者），徒二年半；大功以下递减一等；受财重者，各准盗论。虽不私和，知杀期以上亲，经三十日不告者，各减二等。"[1]该条疏议说："祖父母、父母及夫为人所杀，在法不可同天。其有忘大痛之心，舍枕戈之义，或有窥求财利，便即私和者，流二千里。"随着亲属关系的逐渐疏远，私和罪的责任也逐渐减轻。明律和清律也规定，祖父母、父母被杀，子孙与仇人私和者，杖一百徒三年；期亲杖八十徒二年，大功以下递减一等。[2]

"私和罪"所要惩罚的，是子孙卑幼的"无亲之心""忘大痛之心"。就是说，要惩罚他们对父祖死亡（且是非正常死亡）满不在乎的态度。因为这种态度是对"孝"道的最大蔑视或背叛。如果人们都这样轻视"孝"道，国家就失去了维系的纽带。当然，这种"无亲之心"而引起的私和，可能有三种情形，一是贪图财利，被仇人用金钱物资收买而答应不去告官；二是胆怯，害怕仇人加以进一步的伤害；三是对父祖

---

[1]《唐律疏议·贼盗》。
[2] 参见《大明律例》《大清律例》的《刑律·人命》。

本就毫无感情,故而对其死抱无所谓态度,甚至觉得仇人帮了自己的忙。无论哪一种情形,都是伦理道德所谴责的。如果把区区财利看得比至高无上的骨肉之情、孝慈之义还重要,如果为了保全自己、苟且偷生而不愿为父祖申冤报仇,如果对父祖之死视若路人甚至幸灾乐祸,那么这种人将为万众所唾弃,法律也绝不能容忍。

如果杀害父祖的仇人本来就是自己的亲属,那么情况就更复杂了:告发吧,让自己的亲属受刑,还可能株连自己;不告发吧,又犯了"私和罪"。依据"亲亲相隐"原则可以不告发,但依据"父之仇弗与共戴天"原则又必须告发。中国传统的法律与道德间的深刻矛盾在这里暴露无遗。有两个典型的案例可以说明。清嘉庆二十五年(1820),江苏人胡觐尧为父无道,强奸子媳,被其子胡成琳殴伤致死。胡觐尧之妻胡姜氏因儿子苦苦哀求,又恐儿子受刑而死后自己无人赡养,于是隐匿不报,后被发觉。胡成琳被依律凌迟处死;胡姜氏因夫死隐匿不报(依礼,夫为妻之天),被杖六十、徒一年。道光三年(1823),陕西人余均山之父被杀,凶手恰是其胞弟余长才,余均山因恐连累自己,即挟同隐匿埋尸。案发后,余长才被斩首,余均山也因"忘仇纵凶"而被杖一百流三千里。[①]

在这两个案子中,如依"亲属相隐"之道德原则或法律原则,胡姜氏、余均山都可以免于刑事处分;但是因为他们在适用这一原则或行使这一权利时侵犯了更重要的原则,即"父为子天""夫为妻天",故皆被处以较重的刑罚。在隐匿自己的犯罪亲属和向杀父祖仇人(此仇人正是自己的至亲)复仇这个二难推理中,封建时代的司法官们当然知道取重舍轻。

---

① 《刑案汇览》卷三十六。

"干名犯义"

子孙告父祖、妻妾告夫,在明清时被称作"干名犯义",法律给予较为严重的惩罚。这里的所谓"名""义",实际上就是封建的伦理纲常;"干""犯"就是侵犯、损害。古人认为,告发自己的尊亲属是违犯伦理纲常的恶行,因此要予以制裁。告发父祖及夫时所"干犯"的"名"和"义",即"父为子天,有隐无犯","夫为妻天,有隐无犯"之义。

对于这种胆敢冒犯"天"的尊严,甚至忍心将自己的"天"(尊亲属)置于刑狱之中的行为施以惩罚,当然不自明清始,或许早在东周时就开始了。[①]在"崇尚法治"的秦代,法律仍排除不了西周以来传统道德的深刻影响,仍规定子女不得控告父母;即使控告,官府也不应受理;如果他们反复控告,那么就要问他们的罪。[②]显然,秦代所谓"非公室告"的规定,与后世"干名犯义"之法在精神上是一致的。西汉时期,法律竟规定告发父祖者应处弃市之刑。如汉武帝时,衡山王刘赐与淮南王刘安一同谋反,刘赐之子刘爽跑到京师向武帝告了密,两位诸侯王因而被诛。刘爽的行为对国家(朝廷)有利,捍卫了皇帝,避免了一场叛乱。然而,他非但没有受到任何嘉奖,反而因此丧了命。朝廷认为他"告王父不孝",应弃市(即杀而陈尸于市)。[③]由此可见,对一个人行为的道德评价是如何凌驾于法律评价之上。法律上告发叛乱者的功臣,竟成了道德上的死囚。南梁武帝时,有个叫任景慈的人出庭证实母亲有

---

①《国语·周语》载:东周襄王二十年(前632),周襄王劝阻晋文公(时为诸侯列国盟主)听理卫大夫元咺讼其君一案时说:"夫君臣无狱。今元咺虽直,不可听也。君臣皆狱,父子将狱,是无上下也。"认为君臣、父子之间不得有诉讼。
②参见《云梦秦简·法律答问》。
③参见《汉书·衡山王传》。

罪，法官认为："子之事亲，有隐无犯……陷亲极刑，伤和损俗……宜加罪辟。"最后将其流放。①自北魏以后，法律大多都规定对告发父祖者处以死刑。特别是《唐律》，它把告发父祖的行为视为不可赦免的严重犯罪之一。《唐律》规定，诅詈或告发祖父母、父母者，是为"不孝"罪，应处绞首之刑；妻妾告发夫，是为"不睦"之罪，也应处绞刑或流刑。甚至还极不人道地规定：即使是嫡母、继母（均为父亲之正妻）杀死了自己的生身庶母（父亲的小妾），亦不许控告，告者处绞刑。②明清时代，法律正式把违犯"亲亲相隐"道德而告发祖父母、父母、夫的行为定为"干名犯义"之罪，但所处的刑罚较唐代为轻，只处杖一百徒三年之刑。但如是诬告，则要处绞刑。

值得注意的是，自唐以来，法律就明确规定子孙妻妾告发父祖、夫主的某些犯罪并不算"干名犯义"，不受刑事处罚。唐律规定父祖及夫犯谋反、谋大逆、谋叛等"国事罪"，子孙妻妾告发亦无罪；③明律规定，除上述三类犯罪外，父祖及夫窝藏奸细，子孙告发亦无罪；清律更在唐、明律之上规定，父祖及夫犯"内乱"罪（即与亲属相奸），子孙及妻妾告发之亦无罪，从而将某些行为排除于"干名犯义"之外。清律还规定，这些犯罪不得相隐匿，如隐匿则有罪。④

"供养有阙"

父母、祖父母年老有病，成年子孙应供给饮食，给予生活料理，这

---

① 《隋书·刑法志》。
② 《唐律疏议》之《名例》《斗讼》。
③ 《唐律·斗讼》。该条又规定，期亲以下、缌麻以上亲属之间"其相侵犯，自理诉者，听"，父母、祖父母侵害子孙仍不在可以告诉之列。
④ 参见《大明律例》和《大清律例》之《刑律·诉讼》。

是"孝"道的最起码要求。古人认为，羊羔尚知跪哺，乌鸦亦知反哺，人如不能供养父母，则是禽兽不如了。所以，对那种不供养父母、遗弃老人的违反天常、悖逆人理行为，历代法律都规定了一定的惩罚。

唐律规定，子孙对祖父母、父母供养有阙者，徒二年。但这条立法的用意在于惩罚那些能供养而不供养、无孝亲报恩之心的"逆子"。若子孙家境实在贫穷而致供养不足，则不在此限。同时，唐律又规定，此类案子须祖父母、父母控告才受理。①明代以后，对供养有阙的处罚稍轻，只杖一百；②清代的律典中并未加重处罚，但律外之例中实际上加重了对供养有阙的处罚。顺治三年（1646）定例："子贫不能营生养赡父母，因致父母自缢死者，依过失杀父母律杖一百流三千里。"乾隆二十七年（1762）又重申了这一条例。③道光二年（1822），广东人谢升儿不能赡养其母，又向其母索钱花，其母气极投河，被人救起。假如其母因此淹死，谢升儿即应照过失杀父母律，杖一百流三千里。幸而其母得救未死，谢升儿又被量减一等处徒刑。但后来因其母年老，谢升儿又是独子，母亲恳请官府免予发遣。最后，照存留养亲的规定将谢升儿枷号示众责打四十大板后释放。④

关于"供养有阙"之罪，唐以后的惩罚似乎不是很重，但唐以前刑罚有重得相当惊人的，甚至重到可处极刑。例如，南朝宋武帝时，有个叫尹嘉的人，家贫无以度日，靠借贷为生。其母熊氏眼看儿子无力还债，即典质自身换钱替儿子还债。有人以"不孝"之罪名将尹嘉告官，初审法官准备判其死刑。当时有名的清官何承天对此提出异议。他说，法律所规定的乃是"违反教令、恭敬有亏"的情形。在这种情形下，父

---

① 参见《唐律疏议·斗讼》。
② 参见《大明律·刑律·诉讼》。
③ 参见（清）薛允升：《读例存疑》卷四十。
④ 参见《刑案汇览》卷四十九。

母欲杀之者皆许之。而现在的情况是尹嘉的母亲自求质钱为子还债。就尹嘉来讲，虽然有亏"孝义"，但其母熊氏并没有提出请杀之辞。她希望的是儿子活下去。如果现在杀他，是违背其母本来愿望的。尹嘉因此得以免死。[1]此例说明，当时法律规定父祖可以请求官府将犯"供养有阙"的子孙处死。

"别籍异财"

唐以后的法律规定，如果祖父母、父母尚在世，子孙擅自分家析产，即犯了不可赦免的"十恶"大罪之一——"不孝"罪，应予以惩罚。

中国的旧道德鼓励大家族聚族而居，因而有所谓"十世同居"的"义门"（参见"民事篇"有关章节）。与此相对应，古时的人们特别鄙视那些"见利忘义"、不供养老人而闹分家析产的"小人"。法律专门设置了"别籍异财"这一罪名来惩罚这些"小人"。

《唐律》规定，祖父母、父母在，子孙未经他们同意擅自别籍异财，处徒刑三年。这种"别籍异财"罪，是"不孝"罪的内容之一，是"常赦所不原"的，是不可赦免的。《唐律疏议》就此一规定解释说："祖父母、父母在，子孙……无自专之道。而有异财别籍，情无至孝之心，名义以之俱沦，情节于兹并弃。稽之典礼，罪恶难容。"[2]这说明了这一罪名成立的理由，说明了它的"社会危害性"。就是说，祖父母、父母在，子孙不得自作主张。如自作主张分了家，那就是蔑视伦理、蔑视孝道，使道德礼教"沦丧"，因而是"罪大恶极"。《唐律》还规

---

[1] 参见《宋书·何承天传》。
[2] 《唐律疏议》之《户婚》。

第八章 孝道与刑法（下）：不孝之罪，刑之无赦

定，即使父母亡故，只要丧期未满，仍不得分家析产，违者也要处一年徒刑。①明代以后，处罚稍轻。《明律》规定，祖父母、父母在，子孙别籍异财，杖一百，但须经祖父母、父母亲自告发才追究（如同今日"亲告乃论"）。清律也作了类似的规定。②

惩罚"别籍异财"旨在保障家长的权威，惩罚子孙的"无亲之心"。因此，如果是家长（祖父母或父母）同意了的别籍异财，对子孙来说，似乎与擅自别籍异财一样有亏"孝"道，但却不受追究。因为家长的权威已得到了体现——别籍异财出自他（她）的意志。法律要保护的正是这种权威的实现。如《明律》规定，凡受父母之命异财产但未别立户籍者不追究刑事责任。《清律》也规定，居父母丧期间受父母遗命分家析产者亦不坐罪。③

不准擅自分家析产不仅仅是子孙的义务，也是父祖的义务。父祖强迫子孙别籍异财，也可能受追究，因为这种强迫伤了子孙的"孝"心，有亏"慈"道。如《唐律》规定：祖父母、父母迫令子孙别籍异财或随便将子孙过继他人为嗣，应处徒刑二年。④

"委亲之官"

中国古代的道德教义认为，当父母达到一定年龄需要侍养时，做儿子的不管身居何等高位，哪怕远在天涯海角，都应主动弃官回乡孝养父母，以尽天职。《礼记·王制》说，父母"年八十者，一子不从政；

---

① 参见《唐律疏议·户婚》。
② 参见《大明律例》和《大清律例》之《户律·户役》。
③ 参见《大清律例·户律·户役》及注文。
④ 参见《唐律疏议·户婚》。

九十者，其家不从政；废疾非人不养者，一人不从政"。这是道德经典对弃官回乡养亲问题的具体要求。即是说，父母年届八十时，至少有一个儿子不被征役，留在家里侍养父母；年届九十，诸子均不得被征役；如父母有残疾生活不能自理者，也至少应有一个儿子留在家里侍养，不得被征役。①依据这些教义，自西晋以后历代都有禁止委弃老疾的父母而外出做官（做官也可以视为国家征役之一种）的法律规定。

从广义上讲，"委亲之官"也是"不孝"罪的内容之一。西晋时，法律规定，父母"年九十，乃听悉归"，如不归家供养父母，轻则免官，重则处刑。例如，当时官为河南尹的庾纯，与权臣贾充不和，贾充弹劾他"父老不归供养"。庾纯理亏，虽赶紧上书自请解职，但仍受到朝廷的申斥并被免官。②北魏时曾作了一些变通规定，如"父母年八十以上者，皆听居官禄养"③，就是允许留职养亲或携亲任职。《唐律》正式确定了"委亲之官"的罪名："祖父母、父母老疾无侍，委亲之官……徒一年。"④并规定，子孙应辞职居家侍养父母者，父母"老迈"的年龄标准为八十岁以上；但父母有笃疾、生活不能自理时，则不限年龄。《明律》规定对"委亲之官"者杖八十。《清律》也规定："凡祖父母、父母年八十以上及笃疾，别无以次侍丁，而弃亲之任……杖八十。弃亲者令归养，候亲终服阕降用。"⑤处了八十大棍的肉刑后还要停职回乡侍养；即便父祖去世服丧期满后回到官场，仍须降级任用。这说明清代对"委亲之官"者的处罚规定是很苛刻的。

---

①这里纠正了原书的一个错误。原书把"从政"仅仅理解为"做官"，大误。其实，"政"通"征"，就是"征役"的意思。古时的"政（征）"不外两者，即征发兵役徭役、征辟为官吏。原书仅仅理解为后者，显系望文生义所致。可笑。——修订注
②参见《晋书·庾纯传》。
③《北史·魏宣武帝纪》。
④《唐律疏议·职制》。
⑤参见《大明律例》和《大清律例》之《吏律·职制》。

值得说明的是,一般情况下,"委亲之官"罪处罚的只是独子弃亲之官或众子都弃亲之官的情形。如众兄弟中有一人留在家里侍养父祖(只要他不是残疾人),则其他外出做官的兄弟都不构成此罪。《礼记》要求父祖年届九十时"一家不从政"(全家人都免除任何征役),历史上很少有人实践过,也没有看到这样的法律规定。①

父祖老疾时弃亲之官固然构成犯罪,但这并不说明法律无条件地鼓励子孙以侍养父祖为理由不去为国家服务。相反,古时法律常明文规定,父祖未到应侍养的年龄或并没有致令生活不能自理的严重疾病时,子孙如果欺骗官方,诈称父母已达到应侍年龄或有笃疾,以求提前弃官或避役,回家侍养父祖,也构成犯罪。如唐代规定对"妄增(父祖)年状以求入侍"者处徒一年。②《清律》也规定,对"妄称祖父母、父母老疾求归入侍者,并杖八十"。③

这些规定是值得玩味的。古代中国崇尚孝道,但不是绝对的、无原则的。"孝"道还必须服从"忠"道。如果借口"孝"道而逃避为国家服务,显然有损朝廷利益。因此,封建法律既要处罚"委亲之官",也要处罚某些情况下的"逃役养亲"。

---

①这一陈述严重错误,当时真乃"无知无畏"矣。事实上,历代法制多有关于"侍丁免役"的规定。如唐制规定,双亲年老,应有一丁不役而留家侍养:"男子七十五以上,妇人七十以上,中男一人为侍。八十以上以令式从事。"(《新唐书·食货志》)这里所谓"令式"就是《户令》:"诸年八十及笃疾,给侍一人;九十,二人;百岁,五人。皆先尽子孙,听取近亲,皆先轻色。无近亲,外取白丁,若欲取家内中男者并听。"(《唐令拾遗·赋役令》)——校勘注
②《唐律疏议·职制》。
③《大清律例·吏律·职制》。

"诈称父祖死亡"

与"委亲之官"相联系的是"诈称祖父母、父母死"的犯罪行为。如祖父母、父母尚在而诈称已死,以留恋禄位、逃避赡养义务或有其他企图者,历代法律一般都规定了相应的处罚。

祖父母、父母的生死,对子孙来说,是最应该谨慎关注的事。父祖之死如天崩地裂,孝子贤孙应该痛不欲生。在汉语中"如丧考妣"一词常用来形容人的悲痛之极,可见丧父丧母是人生痛苦的典型。对此当然得万分严肃,丝毫儿戏不得。如果有人竟敢就此开玩笑——或父祖健在而诈称已死,或父祖死了很久而诈称新丧,都被认为是心存不孝,有亏人子之道,法律对此要严加惩处。

诈称祖父母、父母死亡者可能有多方面的动机,或是贪恋禄位、不愿弃官回乡侍养父母,并逃避"委亲之官"之法的处罚,或是诈称父祖死回乡奔丧,以逃避官场上的某些责任或短期棘手问题,或是为了演"孝子戏"给大家看以抬高自己的道德地位,或是心存不敬,拿此事开个玩笑等。无论哪种原因,都为道德和法律所不容。

晋时就有对"诈称父母卒"者处以极刑的法律。据《晋书·殷仲堪传》载,东晋时桂阳人黄钦生父死已久,有一天他忽然重新穿起丧服,说父亲刚死要迎丧。事情被揭露后,法官先依"殴詈父母律"拟判弃市之极刑,但当时任司法官的殷仲堪表示反对。他说,法律所要惩罚的是父母在而诈称其死亡的情形;但如父母已死而诈称新丧,只不过是"大妄",不应弃市。此案说明晋时对父母、祖父母尚在而诈称其死亡者可以处杀头之极刑。《唐律》也规定,诈称祖父母、父母死以有所企图者，徒三年；若父母已死而诈称新丧者，徒一年半。①

"冒哀求仕"

古时礼制规定，祖父母、父母死，子孙要服丧一段时间以表哀伤。也就是在一个时期里穿粗陋的衣服、吃粗糙的饭菜、不听音乐不看戏、不说笑打闹之类，总之要表现出特别悲戚的样子。不这样做，就要受到一定的制裁。

为父母服丧的时间一般为三年。《仪礼·丧服篇》记载，父母死，当行三年丧②。在这段法定的丧期里，子孙如果不是终日悲戚痛悼亡亲，而是别有所图，则既为道德所谴责，也为法律所惩罚。对于官吏和正在求仕者来说，服丧期间，除了上述要求外，还有一项要求，即：丧期必须停职居家守丧或丧期不得外出求仕。如果有人贪恋禄位不愿停职回乡服丧，或不愿因服丧而耽误科举应考或出任官职，都是心存不孝，都有常刑伺候。如《唐律》规定，为人子者如在27个月的丧期内擅自复职、应考、求官，应处有期徒刑一年；如此事发生在25个月的"正丧"期内，则应处徒刑三年。③宋、明、清法律都有类似的规定。清道光二年（1822），浙江监生邵霁申请参加科举考试。学监大人查明他尚在母丧期内。因此，官府依丧制未终冒哀求仕律杖八十。④

当然，并非所有在父母丧期应考求仕或不停职回乡者都要受处罚，如果皇帝和上司特许或特别慰留，就可以例外。唐以后法律多规定，父

---

①参见《唐律疏议·职制》。
②所谓"三年丧"，一般以27个月计算。前25个月为"正丧"，其余为"余丧"。在"正丧"期间犯罪，情节重于"余丧"期间之犯罪。
③《唐律疏议》之《职制》《名例》。
④参见《刑案汇览》卷十一。

母去世,做官的子孙应该申报丁忧,即申请停职服丧;但如皇帝特旨批准免除丁忧而继续留任官职,该官吏即应服从,这就叫作"夺情"。所谓"夺情",大约是为国家利益而夺孝子之情的意思。一般"夺情"只是针对一些国家不可一日无之、皇帝不可须臾离之的"肱股重臣"使用。皇帝在"夺情"慰留时,被慰留的官员仍然要哀请多次,以示自己的孝心。如明万历皇帝时的宰相张居正居父丧,即三番五次申请丁忧,都由皇帝特旨"夺情"予以慰留。① 这表明"孝"要服从"忠"。

"匿不举哀"

"闻父母丧匿不举哀",是不孝者的又一罪名。它与前述罪名在事实上有部分重合,只是侧重点不同。

隐匿父母死亡的消息,动机可能有以下几种:一是为了免除"丁忧"、贪恋禄位不愿弃官。二是为了有利应考求仕。因为有"冒哀求仕"之律,父母丧期不准应试求官。三是为了有利于婚嫁,因为有"居丧嫁娶作乐"之律,不准人们在丧期结婚。四是为了选择比较吉利的时间发丧,害怕正当喜事时发表丧讯有煞喜庆之气。无论出于哪一种动机,在封建法律看来,都是犯罪。

《唐律疏议·名例》将"闻父母及夫丧匿不举哀"者,列入"常赦所不原"的"十恶"之一的"不孝"大罪之中,规定应处流放二千里之刑。如果父母死亡而诈称祖父母或伯叔、兄弟死亡(依律,祖父母、伯叔之丧不必报"丁忧",亦不限制其求仕),也属"匿不举哀",则处

---

① 参见〔美〕黄仁宇:《万历十五年》,中华书局1981年版,第22页。

第八章 孝道与刑法(下):不孝之罪,刑之无赦

徒刑二年半。①明清规定的处罚较唐代为轻。如匿前者丧，《明律》规定杖六十、徒一年；匿后者丧，《明律》规定杖一百，免其官永不录用。《清律》仍之。②

清嘉庆二十四年（1819），安徽人胡临庄在广东游学，其父在京城为他捐了一个官职，他不知道。不久其父回籍病故，他回家治丧，发现捐官之有关文书，方知自己有官在身。依例，父亲去世，他应到官府申报丁忧，但他愚笨而不知法例，未行申报。事发后，官府比照"匿父母丧不举哀"律处其杖六十、徒一年；后因念其愚昧，减为杖一百，并将其所捐之官革去。③

"居丧嫁娶作乐，释服从吉"

父母之死，对子女来说，应如天崩地裂。子女必须表现出极大的悲痛，否则便是不道德的。《礼记·奔丧》要求人们"闻亲丧，以哭答使者，尽哀；问故，又哭尽哀"。就是说，真正的孝子在听到父母去世的消息后，应该立即以号啕大哭来回答报丧者；要待呼天抢地地把悲痛都哭出来以后（也就是哭够了以后），再去问父母的死因。为什么要表现得如此呢？这是因为"父为子天"，因为"父母之恩，昊天莫报"，所以"荼毒之极，岂若闻丧"④——就是说，父母之死对于子女来说是最大的灾难。

除了号啕大哭外，礼教经典还规定了一些衣食住行方面非常具体

---

① 参见《唐律疏议·职制》。
② 参见《大明律例》《大清律例》中之《吏律·职制》。
③ 参见《刑案汇览》卷十一。
④ 《唐律疏议·职制》。

的表达悲痛的方式，如《礼记·丧大记》要求孝子做到"父母之丧，居倚庐（在墓旁搭草棚住），不涂（草棚不用泥土糊封），寝苫（睡茅草席），枕凷（以土块为枕，凷，音kuài，土块），非丧事不言"。此外还必须穿特制的丧服（详后）、吃特别粗糙的饭菜、不听音乐不看戏、不结婚、不与妻妾同房、不生子之类，相当苛刻、烦琐。

在隋唐以前，这些还主要是一些道德戒条。能这样做的，当然受舆论赞扬；不能做到这些的，虽为众人所不齿，但也不致因此遭受刑罚。唐以后，礼法合一，从前的道德戒条大多变成了法律义务。自唐律以后，各代法律大都规定了对违反这些戒条（义务）者的处罚。

在父母的三年丧期内，如果结婚、生子，寻欢作乐，脱掉丧服，都被视为"不孝"，被视为有"忘大痛"的"无父无母"之心。因此，法律规定了相应的轻重不等的刑罚。这类行为，因为属于"不孝"，列入"十恶不赦"之列。主要可分为以下几种：

1.居丧嫁娶。在父母丧期内，如果做子女的自我决定娶妻、出嫁，则构成"十恶"中的"不孝"罪，《唐律》规定处徒刑三年，而且婚姻必须解除。但如嫁娶是出于其他尊长的强迫，则不构成此罪，而只处罚主婚的尊长。此外，男子若在父母丧期内纳妾（而不是娶妻），也构成犯罪，但不入"十恶"，应予"免所居官"的处罚。女子若在父母丧期嫁与他人为妾（不是为妻），也构成犯罪，但也不入"十恶"，应处徒刑一年半。其婚姻都得强令解除。①明、清继承了《唐律》的精神，但处分较《唐律》为轻，只处杖八十。②而且丧期所结婚姻不一定强令解散。如道光十一年（1831），贵州人周四居丧娶妻，依律杖八十以后须解除其婚姻。但刑部认为："居丧嫁娶虽律有明禁，而乡曲小民昧于礼法、

---

① 参见《唐律疏议》之《名例》《户婚》。
② 参见《大明律例》《大清律例》之《户律·婚姻》。

违律而为婚姻者亦往往而有。若必令照律离异,转致妇女之名节因此而失。"因此决定对周四"依原议维持其婚姻"。①

2.居丧生子。在父母的三年(实为27个月)的丧期内不仅不准结婚,而且已结婚者在此期间还不准生孩子,甚至不准怀孕。《唐律》规定,在父母丧期内怀孕生子,构成犯罪。有官者免所居官;无官者,处徒刑一年。《唐律疏议》还为此特别解释说:"在父母丧生子者,皆谓二十七月内而怀胎者。若父母未亡以前而怀胎,虽于服(丧期)内而生子者,不坐;纵除服以后始生,但计胎月是服内而怀者,依律得罪。"②这无疑是说,在丧期内,夫妻不得行房事;因为行房事是寻欢作乐,是忘了丧父(母)之痛,当然要受罚。东汉人赵宣在父母墓旁结庐而居多年,成为远近闻名的大孝子,并因此被举为"孝廉"(待职官员)。但后经人揭发,他在丧期生了几个儿子,因此,名声扫地,并丢了官。唐代的处罚似比汉代更重。

3.居丧作乐。服丧期不得自己奏乐,也不能令别人奏乐,还不能听音乐、看歌舞,否则就是"不孝"。《唐律》规定:若父母丧期未满,子女"忘哀作乐",不管是自己奏乐、唱歌跳舞,还是遣别人奏乐、唱歌跳舞,都要处徒刑三年。此罪也被列入"十恶"大罪的"不孝"之中。③即便不是歌舞音乐,而只是自玩或遣人玩点杂戏,也要处徒刑一年。甚至"遇乐而听"(偶然遇到歌舞音乐而不主动回避者)、"参预吉席"(参加喜庆的宴席)者,都要打一百大棍。④

4.释服从吉。在父母丧期里必须穿特制的丧服。如果有人脱掉丧服,改穿平时的衣服,就构成"不孝"之罪,被列入"十恶"。《唐律》规

---

① 参见《刑案汇览》卷七。
② 《唐律疏议》之《户婚》《名例》。
③ 参见《唐律疏议》之《户婚》《名例》。
④ 参见《唐律疏议》之《户婚》《名例》。

定,"丧制未终,释服从吉"者,处徒刑三年。还规定,在祖父母、高曾祖父母、伯叔父母丧期(一年)之内"释服从吉"者,也要"杖一百"。①(关于丧服的等级、式样详见后章)

5.居丧犯奸。在服丧这个"沉痛哀悼"时期犯奸淫之罪,其罪行当然比平时的奸罪更严重。汉代即有许多公侯子嗣因居丧犯奸而被赐令自杀;②《唐律》则规定居父母及居夫丧期,而犯奸罪者,加凡奸罪一等处罚。③

在父祖被囚时嫁娶

祖父母、父母犯法被囚,虽于国家来说是"除恶锄奸",但对子孙来说仍是件值得悲痛的事,仍必须表现出悲哀的样子,不得"大义灭亲"地为此显出任何高兴来,否则法律就要加以处罚。封建法律就是这样无微不至地维护着"孝"道,而丝毫不给蔑弃"孝"道者任何空子钻。

《唐律》的规定甚为典型。它规定,如祖父母、父母犯了死罪被囚禁,子孙擅自嫁娶者,应处徒刑一年半;如祖父母、父母是因犯了应判流刑的罪而被囚禁,子孙擅自嫁娶者,应处徒刑一年;如祖父母、父母犯的只是应处徒刑之轻罪而被囚禁,此间子孙擅自嫁娶者,应处杖一百。同时,此条律文之后又注明:"祖父母、父母命者,勿论。"④即规定,如果是父祖命令子孙结婚的,就不追究。

---

①《唐律疏议》之《职制》《名例》。
②参见《汉书·功臣表》。
③参见《唐律疏议·杂律》。
④《唐律疏议·户婚》。

此种法律规定，可见立意有二：一是认为子孙在父祖被囚期间结婚是寻欢作乐，有"无亲之心"，有悖"孝"道，故应惩罚。二是认为子孙在此期间结婚可能是企图回避父祖对其婚姻的决定权，因此要打击此种行为，以维护父祖的主婚权（这是父权的一部分）。所以，父祖的主婚权已经体现了的，就不追究。

犯父祖名讳

孝子贤孙应回避自己父祖的名字，不可犯讳。如对父祖直称其名，则为"不孝"。礼教向人们传授了一大套避讳的办法。例如，在别人面前提到自己父亲时，称"家严"或"家父"。在行文书信中万不得已要写到父祖名字时，则应用通假字或缺笔（如孔丘写成孔丘）的办法来避开。

更为有趣的是，子孙外出为官，一定不能担任与自己父祖名字同音的官职，法律对此还规定了相应的处罚。《唐律·职制》专有"府号官称犯名"条。所谓"府号"，《疏议》说："府号者，假若父名卫，不得于诸卫任官；或祖名安，不得任长安县职之类。"所谓"官称"，《疏议》说："官称者，或父名军，不得作将军；或祖名卿，不得居卿任之类。"该条规定，犯父祖名讳者，官职尽行革去，并处徒刑一年。甚至，文凭、出身跟自己父祖名字有同音字也视为犯讳。如唐人李贺的父亲名晋肃，他终身不得应进士试。如果有人明知自己所任官职名称犯了父祖名讳而不主动申请回避、改任他职（这就叫"冒荣居仕"），一经查出，即予以处罚，并声名狼藉。在古籍中，我们可以看到常有人在官场以此罪名指控政敌，并常常得手。

违反教令

"故鞭扑不可一日弛之于家,刑法不可一日废之于国。"[1]这是中国人治国治家的一句老话。"不听话"是督治子女的永恒性理由。按照传统孝道的要求,子女对父母应该是"乐其心,不违其志","父母所爱亦爱之,父母所敬亦敬之",对父母的教训、命令也应该是"勿逆勿怠",否则即是"忤逆不孝"。所以在传统社会中,"孝"同"顺"总是连在一起的。对于"忤逆"也就是不听话的子孙,唐代以后的各朝法律都规定了一条弹性非常大的罪名——违反教令罪。由于在日常生活中,父母长辈教令的内容是很广泛的,这种"不听话罪"也就包括了许多内容。

按照《唐律》的规定,子孙对于祖父母、父母的教令,在可以顺从而故意违反时,要科以二年徒刑。[2]明代和清代则规定处以杖一百。[3]这里"可以顺从而故意违反"是一个先决条件,意在排除一些父母长辈"乱命"的情况。按照当时立法者的意图,父母的"乱命"是不应该毫无异议地顺从的。因此,在法律上,违背"乱命"即不合礼教或法律的命令,与违反正当的命令,有不同后果。

按照传统伦理的观念,"父为子天",父母是子女的主宰,子女是父母的私产,祖父母、父母对于子孙拥有无可争议的惩治教训权。在传统社会中,父祖家长对于"不听话"的子孙,除自己动用笞杖教训督治以外,还可以借助官府的力量加以惩治。违反教令的不肖子孙,除了可能受到国家法定刑罚的处罚以外,祖父母、父母还可以"送惩"——送

---

[1]《旧五代史·刑法志》。
[2] 参见《唐律疏议·斗讼》。
[3] 参见《大清律例·刑律·斗讼》。

请官府按自己的意志处罚子孙。对于此类请求，官府往往不加究问，即照父母所请办理。

南北朝刘宋的法律即规定："母告子不孝欲杀者，许之。"[1]按照这样的规定，只要父母认定子女不孝，就可以请求官府代为执行死刑。唐时，似乎仍有这种"送惩"处死的规定。有个寡妇扭送其子到官府，控告他不听话，要求官府予以惩处。当时河南尹李杰见其子的模样不像个不孝之子，就问她："你是个寡妇，又只有这么一个儿子，现在你告他，他是要被处死的，你不后悔吗？"寡妇回答说："子无赖，不顺母，宁复悔乎！"李杰命该寡妇快买棺材来准备收尸。后因查明该妇与僧人通奸，嫌其子碍事而欲除之，此子方得免一死。[2]

在清代，父母、长辈可以将不听话的子孙、晚辈送到官府，请求官府将其遣送到边远地方做苦役。按照清代定例的规定，凡是由父母、祖父母呈请发遣的不肖子孙，非经呈请人请求，一般是不能释放回家的。只有在父母丧亡，案犯闻丧哀痛情切，孝心尚存的情况下，才可以由当地官员申请将其放回。而且由父母、祖父母申请放回的子女，若释回之后仍有"忤逆"情事，经父母、祖父母再次请求遣送后，一般是再没有释放回家的希望了。以致许多被遣送他乡的子孙，在父母丧亡以后再无理由申请回原籍，只好凄凄惨惨地终老他乡。清道光十三年（1833），直隶人赵老前因不务正业，整日酗酒游荡而被父亲送到官府，并被官府发遣到边关。赵老前身在他乡思亲情切，偷偷地跑了回来。时正值皇帝下旨清查全国此类案犯，被其父领回家中。但该犯回家后不思悔改，仍旧是每日游荡，大醉而归，并每每顶撞其父。其父气愤难忍，再次呈请

---

[1]《宋书·何承天传》。
[2] 参见（唐）张鷟：《朝野佥载》卷上，转引自瞿同祖：《中国法律与中国社会》，中华书局1981年版，第11页。

官府将其发遣。官府即按不听教训、屡次违反教令、情节严重的罪由，将赵老前枷号两个月以后发往极边烟瘴之地充军。后来赵父病故，赵老前在充军之地闻知父亲病故，非常悲痛，向官府申请回家服丧，但官府认为他是"怙终屡犯"的不孝之子，不从其请。赵老前因此终身未得开释。①

实际上，违反教令之案并不要求所犯子孙有非常明显的劣迹，往往只要是稍稍不合祖父母、父母之意即可治罪。而且，遣送充军一般仅仅适用于普通忤逆案；假若因子孙不听话造成心胸狭窄的长辈因此自尽身亡，处罚就要大大加重了。清代律例曾规定，凡子孙不孝致祖父母、父母自尽之案，如审有触忤干犯情节，以致愤激轻生自尽，即拟斩立决。其本无触忤干犯情节，但属违反教令以致抱忿轻生自尽者，拟以绞监候。②在清代，有许多案件是因鸡毛蒜皮的"细故"招致父母生气，追着"教训"子女而自行跌毙，但官府依然是依照此条例将倒霉的后辈们处以重刑。有些案件的责任甚至完全不在子孙，官府还是做出了同样的判决。

清嘉庆二十二年（1817），河北人徐庚申觉得父亲用上好的木料烤火取暖可惜，即上前用温言劝阻。其父不听劝告，反而喝令他快点多搬运些木块来烧。徐庚申心中有气而不予理睬，其父大怒，起身赶来殴打，不慎摔跤跌死。官府不问情由即依照子孙违反教令致使父亲自尽的例文，将徐庚申判处绞监候，亦即死缓，留待秋天再审。③

嘉庆十九年（1814），河南人陈自郇被父亲使令倒茶。因茶不热，其父大怒，将茶倾泼在地，并操起木棍殴击陈自郇。追逐中，其父不慎

---

①参见《刑案汇览》卷一。
②《大清律·刑律·人命》附《条例》。
③参见《刑案汇览》卷三十四。

踩到茶水泼湿之处跌倒身死。案到官府，法官将陈自廊处以绞监候。①这两个案件中，都是父亲自己失足跌倒摔死，与儿子的行为没有直接关系，顶多是个"间接因果关系"。儿子的态度不好，仅仅是父亲生气的诱因，与父亲跌倒乃至死亡没有因果关系。这样的情形也要判处儿子死刑，可见封建法制保护父权到了何等悖理的地步！

还有更加过分的情形。在一些尊长自尽的案件中，即使导致自尽的主要原因根本不是子孙忤逆，而仅仅是尊长心胸过于狭窄，但官府在判决时也只是注重父母长辈自尽这一结果，而不考虑晚辈有无过错。

嘉庆二十五年（1820），陕西民妇牛高氏煮豆子给婆母萧氏食用。因豆中有硬粒硌痛萧氏牙齿，惹得萧氏大怒，牛高氏赶忙改煮面条送给婆婆吃。但萧氏依旧叫骂不止，牛高氏低首不语。萧氏认为儿媳不语就是忤逆，即操擀面杖打儿媳，后被邻人赶来劝阻。萧氏越想越气，乘人不备投井而死。法官认为，此案中，虽然牛高氏并没有忤逆犯上情节，但萧氏的死毕竟与牛高氏没有把豆子煮烂有关，依法律依伦理都不能置牛高氏于不问。于是，判处牛高氏杖一百流三千里。②

道光三年（1823），陕西民妇之王氏想吃荞麦面，要儿媳柴赵氏做。儿媳考虑到荞麦面性冷，而婆母有腹痛的老毛病，忌食性冷之物，因而不肯顺从婆母之意。王氏见其不从，气愤之下悬梁自尽。柴赵氏最后被法官判处杖一百流三千里。③这个案子中，儿媳不但没有过错，甚至是在保护婆婆的健康，仅仅因婆婆心胸狭隘自尽就要承担刑事责任，简直匪夷所思！

应该指出的是，在形形色色的"不孝"案件中，官府和法律对于

---

① 参见《刑案汇览》卷三十四。
② 同上。
③ 同上。

"不孝"子孙施加重罚的根据，主要是由"孝"道而生的伦理义务，也就是"名分"。按现代人的理解，定罪判刑应该主客观统一，应该公平合理。也就是说，刑罚的轻重标准，应该是主观意图指使下产生的客观行为，而不能仅仅是依照身份（"名分"）关系。但以上所列件件"不孝"案件的处罚，都不是依据主客观统一的归罪原则，都仅仅是依据"名分"即伦理义务。这充分说明，在传统中国社会中，法律及官府的关注点仅仅在于维护父慈子孝、兄友弟恭的伦理秩序，因此一项判决对事实是非、轻重是可以不细究的。在很多官员看来，同"天地之常经，古今之通谊"的"三纲五常"神圣准则相比较，那些屈死在刑刀下或终老于异乡的"不孝"子孙们的是非曲直和个人幸福是不值得一提的。在这里，"国法"和所谓"人情"达到了最好的融合。但这种"人情"是封建伦理之情，而丝毫没有人性人道之情或个人权利的味道。

毫无疑问，法律把种种行为规定为"不孝"罪，官府大老爷们干劲冲天地惩戒"不孝"子孙们，其目的均在于"教孝"，即促使千千万万的子民们恪守"孝"道。而敦促芸芸众生"行孝"的目的，最终还是为了造就、维持一种家长专制的社会秩序和家庭秩序，使社会上尽量少一些"乱臣贼子"。"忠高于孝，国重于家"的传统说法为"不孝"罪的旨归作了很好的注脚。

第九章
服制与刑罚：准五服制罪

亲属关系中的"差序格局"

在现今世界上，恐怕没有一个民族的语言像汉语那样有如此丰富的亲属称谓了。在英语国家中，uncle一词可泛指所有父辈男性亲属，如伯父、叔父、姑父、舅父等。但在汉语中，伯父、叔父、姑父、舅父、姨父、表叔等称谓，都是有严格伦理分别的。据有人统计，在汉语中，亲属称谓（包括本宗亲属和外姻亲属）共有91种之多。[1]因此，清晰地辨认各种亲属关系一直是古代中国人的基本技能。连偏僻乡村的黄口小儿，对各种复杂亲属关系的辨认能力，也足以使饱经世故的洋大人们目瞪口呆。而且，在中国传统社会中，亲属之间亲疏远近差别之明显、区别之严格，也是其他民族无与伦比的。著名社会学家费孝通先生曾用"差序格局"一词来形容中国传统的社会关系和家庭关系，是非常精辟的。[2]在两千多年前，会通儒法的大学问家荀子也曾用一个"别"字来总结"礼"的基本功用。言"别"也好，言"差序格局"也罢，都充分说

---

[1] 参见胡士云：《汉语称谓研究》，商务印书馆2007年版。——修订补注
[2] 参见费孝通：《乡土中国》，三联书店1985年版，第21页。

同宗九族五服正服图

			高祖 高祖母 齐衰三月					
		族曾祖姑 出嫁无服 出嫁缌麻	曾祖 曾祖母 齐衰五月	族曾祖父母 缌麻				
	族祖姑 在室缌麻 出嫁无服	从祖姑 在家小功 出嫁缌麻	祖父 祖母 齐衰不杖期	伯叔祖父母 小功	族伯叔祖父母 缌麻			
	族姑 在室缌麻 出嫁无服	堂姑 在室小功 出嫁缌麻	姑 在室期年 出嫁大功	父 母 斩衰三年	伯叔父母 期年	堂伯叔父母 小功	族伯叔父母 缌麻	
族姊妹 在室缌麻 出嫁无服	再从姊妹 在室小功 出嫁缌麻	堂姊妹 在室大功 出嫁小功	姊妹 在室期年 出嫁大功	己身	兄弟期年 兄弟妇大功	堂兄弟小功 堂兄弟妇缌麻	再从兄弟小功 再从兄弟妇缌麻	族兄弟 缌麻 族兄弟妇无服
	再从侄女 在室小功 出嫁无服	堂侄女 在室大功 出嫁小功	侄女 在室期年 出嫁大功	众子期年 众子妇大功	长子期年 长子妇期年	侄期年 侄妇大功	堂侄小功 堂侄妇缌麻	再从侄 缌麻 再从侄妇无服
		堂侄孙女 在室小功 出嫁无服	侄孙女 在室小功 出嫁缌麻	众孙大功 众孙妇缌麻	嫡孙期年 嫡孙妇小功	侄孙小功 侄孙妇缌麻	堂侄孙缌麻 堂侄孙妇无服	
			侄曾孙女 在室缌麻 出嫁无服	曾孙 无服	曾孙 缌麻	侄曾孙缌麻 侄曾孙妇无服		
				玄孙妇 无服	玄孙 缌麻			

五服图，自元朝开始置于律典之首，以便官员在审理涉及亲属关系的案件时依据伦理标准作出判决。

明了中国古代社会关系特别是家庭关系中的"差别"特性。古代中国人在确定自己同外界的社会联系时，常常是以自己为中心，其次是父母兄弟，再一层层向外推展，这样就形成了一个社会关系网。在这个关系网中，处于中心地带的是自己的血缘亲属；这些亲属同自己的关系距离和亲密程度，则是由血缘远近决定的。在一个人的亲属关系中，亲与疏、长与幼、尊与卑、本宗亲与外姻亲以及义亲，差别是渐次的，构成了一个错落有致、差别明朗的关系网络。

在传统中国，所谓亲属，包括本宗（父姓）和外姻（母姓）两大系统，而以本宗亲属为基础，外姻亲属从属于本宗亲属，处于次要地位。按照正统的标准，本宗亲属包括自高祖以下的男系后裔及其配偶，即高祖至玄孙的九个世代，通常称为"本宗九族"。在此范围之内的直系、旁系血亲，属于"法定"亲属范围。为了将这一亲属团体内各

第九章 服制与刑罚：准五服制罪

个成员的名分地位清楚地区分开来，也就是为了划分亲等，我们的祖先很聪明地把每人死后一般应享受亲属们哀悼祭祀仪式的不同等级程度作为标准，创造了一种融宗法伦理于民事规范中的亲等制度——五服制度（见附图）。五服制度渊源于亲属成员间的哀悼和祭祀。大约从很早的时候起，对死亡亲属的哀悼和祭祀仪式，即依亲属间血缘关系的远近亲疏而有所区别。其区别，主要在于对不同的死者，哀悼者所穿服饰（丧服）不同，守丧祭祀时间（丧期）长短也不同。一般是，亲属关系越近，丧期即越长，所穿的服饰也越粗劣。反之，则丧期依次缩短，服饰也越是精细。大约在西周时期，这种亲属之间的哀悼和祭祀仪式，即已形成固定的等级规格。后来的儒家，在《礼记》《仪礼》这两部经典著作中，将周朝丧服礼制加以归纳，按哀悼人与死者的亲疏远近分为五个等级——斩衰、齐衰、大功、小功、缌麻，正式形成了所谓"五服制度"，并且一直流传下来。

五服制度，自《礼记》《仪礼》固定以后，于唐开元年间、北宋政和年间、明洪武年间通过修订礼典①小有变化。历代服丧的等级、规格、守丧的要求及守丧者的范围大致如下：

斩衰

五服中最重一等。服此等丧服者，要以极粗的生麻布做上衣。麻布不缝边，下摆斩断处参差不齐，表示不加任何修饰，所以叫"斩衰"。按照《仪礼》的要求，服斩衰者，除丧服以外，还要头戴以草绳为缨的帽子，脚穿粗麻草鞋，手持以粗竹做成的丧杖（表示因哀痛不能直立，只有恃杖而行。这就是民间所说的"哭丧棒"）。斩衰服丧期为三年。在这三年内，服丧者（俗称孝子）还应该在死者墓旁结草庐而居，卧茅

---

① 唐玄宗开元年间制定了《大唐开元礼》，北宋徽宗政和年间修撰了《政和五礼新仪》，明太祖朱元璋时期修撰了《明集礼》。——修订补注

草盖苫席，以土块石头为枕，百般折磨自己，以示痛心疾首。依古礼，起初只有儿子为父亲服此重丧。"父为子天"，父子为人伦之首，所以服此重丧。在先秦时期，儿子为母亲不服此服，因为母亲的名位是低于父亲的。到唐代，武则天称帝后，大为女性抱不平，下令儿子为母也须服斩衰三年。但武氏死后，主持修礼的男子们又恢复了原样。到了明代，朱元璋当皇帝以后，认为父母对于子女的恩情应是相等的，在服制上有差别太不合情理，于是在洪武七年（1374）定下制度：子女为父母都服斩衰。按照明清制度，除子女为父母、儿媳为公婆服斩衰以外，属于须服斩衰的亲属的还有继父母、养父母、慈母、嫡母、丈夫等。

齐衰

在等级上仅次于斩衰，适用于哀悼略疏于父母的若干亲属。服齐衰者，须用较斩衰为好的粗麻布做守丧服装，可缝边及下摆，所以叫"齐"。齐衰又可以分为齐衰三年、齐衰杖期、齐衰不杖期、齐衰五月、齐衰三月五等。这五等在丧服上是一样的，只是在守丧时间长短上有差别。在明代以后再没有齐衰三年这一等级了。齐衰杖期、不杖期都是服丧一年，区别是前者要持哭丧棒，后者则无此要求。应为之服齐衰杖期、不杖期的亲属，通常称为"期亲"。祖父母、伯叔父母、姑、兄弟姊妹都属于"期亲"范围，为斩衰亲属之下的重要亲等。

大功

为五服中第三等。此等丧服之服饰，用细麻布做成。因为经过加工，故称"功服"。大功服丧期限为九个月。按照明清礼制，堂兄弟、未出嫁的堂姊妹、已出嫁之姑母、侄、侄女、孙子女、儿媳、侄媳等都属于大功亲属。

小功

次于大功亲一等。可用更细的麻布做丧服，服丧时间为五个月。伯叔祖父母、堂伯叔父母、再从兄弟、侄孙、兄弟之妻等都属小功亲属。

缌麻

五服中最轻一等。可用熟麻布做丧服，服丧期三个月。适用于一些血缘关系比较疏远的亲属。同族兄弟（共高祖者）、族伯叔父母等边缘亲属属于缌麻亲。依照礼制，在以上五等亲属之外，同自己共五世祖的亲属为袒免亲。袒免亲虽在五服之外，仍被看作属于亲属范围。同自己共六世祖的亲属则是无服亲，一般不算是法律上的亲属关系，只算是同族共姓的族人。所以《礼记·大传》说："四世而缌，服之穷也；五世袒免，杀同姓也。六世亲属竭矣。"从血缘远近上看，外姻（母族）亲属同样与自己有很近的血缘关系。但在中国古代，以父系为中心，本宗亲与外姻亲是有严格区别的，母系亲属的地位大大低于本宗亲属。在外姻亲中，外祖父母、舅父、姨母只是拟同本宗小功亲，中表兄弟仅服缌麻。相对于血缘相当的本宗亲，服制要轻得多。

丧服等差，以血缘关系的亲疏为基础。犹如永恒不变的格式，每个人一降临人世，甚至在未降临人世时，即在这亲属网格中排定了自己的位置，即所谓"虽在襁褓之中，即有名分，产生之日，称谓即定"①，一般是无法改变的。按照礼制，只有在加服（父死嫡孙代位祀祖，谓之"承重"）和降服（儿子过继他人及女子出嫁）两种情况下才可以改变原有的服制关系。②

五服制度以丧葬礼仪服饰为表现形式，承载了西方民法亲等制度的法律内容，也有极为丰富的伦理属性。它不仅能将血缘亲属之间的伦理原则借助具体的礼仪形式表现出来，而且能够准确地标出血缘亲属的亲疏、尊卑，因此一直深深扎根于每个中国人的生活之中。中国传统的

---

① 《服制顶驳》卷上，清钞本。
② 参见《枕碧楼丛书·内外服制通释》。

亲等计算尺度，即是五服制；常言所说的"五服亲"，即是中国传统的"法定"亲属。在此范围之内，斩衰亲、齐衰亲、大功亲、小功亲、缌麻亲即是标志着亲疏不同的五个等级。这种亲属关系等级，构成了家庭关系中的"差序格局"。作为中国传统社会中一种基本的亲等标准和重要的伦理范畴，五服制不仅在处理日常伦常关系中扮演着重要角色，也与中国传统的法律、刑罚结下了不解之缘。

依服制定罪量刑

在中国古代刑法中，定罪量刑基本上是以纲常名教为准则，极端重视"名分"，特别是对于亲属间相互侵害行为，所采取的处罚原则同常人（指没有亲属关系者）大大不同。一般说来，汉代中期以后，对于亲属相犯案件的处理，是否处罚、处罚谁、处罚轻重，主要依据双方亲属关系的远近和名分上的尊卑来定。实际衡量标准，即传统的服制关系。

早在魏晋时代的法律中，五服制即作为一种亲属关系衡量标准，与刑罚的轻重连在了一起。据《宋书·何承天传》记载，东晋时余杭人薄道举犯罪，按规定要株连他的"期亲"（即齐衰）以上亲属，要将他们籍没为兵丁。依当时服制，伯叔父母属于期亲，从父兄弟只属大功亲。据此，地方官府将薄道举的叔母并两位大功兄弟抓走了。这种做法，遭到大臣何承天的反对。他认为，地方官不依法办事，大功亲不应被抓走。这个例子说明，晋代法律已将服制关系纳入其中了。在以后的唐、宋、明、清各朝法律中，亲属犯罪几乎毫无例外地都依照双方的服制关系来决定罪之有无和刑之轻重。用"准五服以制罪"来概括说明中国传统刑法中有关亲属犯罪的规定是不为偏颇的。

由于服制亲疏、名分尊卑与刑罚密切相连，元代以后各朝代都在法典中列出丧服图表，把有服亲属之间的各种服制关系用明确的图表勾画出来。《元典章》中有丧服图六种，明清两代则将丧服图置于律典之卷首。在《大明律例》中，丧服图一共有八个，包括《丧服总图》《本宗九族五服正服之图》《妻为夫族服图》《妾为家长族服之图》《出嫁女为本宗降服之图》《外亲服图》《妻亲服图》《三父八母图》等，复杂至极！这些图表，与《五刑图》《六赃图》同列于律文之前。各司法长官在处理亲属相犯案件中，可从丧服诸图中按图索骥，找出犯罪人与被害人之间的亲属等级，依律治罪。

将服制图表列于国家律典之前，足见服制对于伦理性法制的重要意义，足见国家的高度重视。明代医学家兼律学家王肯堂在《律例笺释》中曾说："律首载丧服图者，所以明服制之轻重，使定罪者为应加应减之准也。"① 元人龚端礼也在《五服图解》一书中强调了服制与刑罚的重要关系，他说："欲正刑名，先明服纪。服纪正，则刑罚正，服纪不正，则刑罚不中矣。"②

正因为在传统法律中服制与刑罚密切相连，所以在实际司法中，官府断案首先要问明双方当事人相互是何称呼，属何服制，也就是弄清楚双方是否有亲属关系，亲密程度又是如何，才能下手裁定。对于亲属之间的争讼，如果服制不明，法官是无从断案的。

清乾隆年间，直隶人王必俭过继给胞叔为子。胞叔死后，王必俭与胞叔的小妾王赵氏发生口角，一怒之下将王赵氏摔死。按礼制规定，王必俭过继给胞叔，是大宗子兼祧小宗，所以只为胞叔服"期亲"之服，

---

① （明）王肯堂：《律例笺释》，顾鼎重辑刻本，载《四库未收书辑刊》第1辑第25册，北京出版社1997版。
② 《五服图解》，元杭州路儒学刻本。

而与胞叔的小妾之间是什么服制，礼制上并没有规定。这种礼制上的缺漏，让地方官们大伤脑筋。直隶总督再三考虑的结果，是将王必俭比照"妻之子殴死父妾以凡人论，斗殴杀者处绞监候"之条例办理。案子上报刑部以后，刑部官员认为服制图表中并没有规定兼祧子与兼祧父妾是何服制，而律典中也没有兼祧子殴死兼祧父妾如何治罪的明文，委实难以处理，所以他们以服制问题应由礼部负责为由，将此案送交礼部，请礼部确定服制，以便刑部做出罪与刑的判断。

因传统礼制中没有此种亲属关系的明文，礼部官员也不敢做明确的答复，只好说"此案属刑案，如何治罪应由刑部自行酌办"，将皮球踢回刑部。刑台老爷们颇为愤怒，提出"服制攸关之案，必先定服制，乃可科以刑名。此案如何办理，应由礼部援照成案办理"，再次将此案送回礼部。最后礼部官员只好硬着头皮斟酌再三，确定在这种情况下服属小功，王赵氏应视为王必俭的小功尊长，这一结论同时上报请皇帝批准。在服制确定以后，刑部才将王必俭按殴杀小功尊长律处以绞监候，留待秋后处决。①

由于服制图不可能把全部亲属关系包揽无余，许多案件往往因服制上的争议而久拖不决。清代道光年间，山东清平县人吕起，随父亲过继给本房叔祖。出继后，仍对本生祖母吕宋氏非常孝顺。后来，在继祖母病危时，吕起无心得罪了本生祖母。吕宋氏心胸狭窄，一口气难伸，悬梁自尽。官府按子孙违反教令罪名将吕起捕系，但定罪量刑颇费踌躇。只因吕起出继于人后，与本生祖母属何服制，礼制上也没有明确规定。应如何定罪，在县、府、道三级官厅引起争论，公文往来顶驳，闹了数年仍无结果，致使吕起长陷缧绁而瘐死狱中。②

---

① 参见（清）《刑部通行章程》卷上。
② 《服制顶驳》卷上。

从立法上看，在汉唐以后各朝法典中，对于亲属相犯案件，其处理原则，与常人相犯是大不相同的。其中最重要的亦是考虑服制关系。一般说来，亲属相犯之案，以常人间同类相犯案件的刑罚度为基准，或依服制轻重关系而渐次加重（卑幼侵犯尊长时），或依服制轻重关系而递次减轻（尊长侵犯卑幼时）。这一点，在亲属相杀伤、亲属相奸、亲属相盗等几种犯罪的处理中表现最为明显。

亲属相杀伤

依中国传统刑律，凡亲属相互杀伤案，若是尊长杀伤卑幼，其刑罚轻于常人间杀伤，而且服制越近，其刑越轻。反之，如果是卑幼杀伤尊长，其刑罚则重于常人间杀伤，而且服制越重，其刑越重。这两种处罚原则非常清楚明确。

在人伦关系中，父子关系被认为是最近最亲最重要的，因而父与子之间的尊卑差别也最大。古人常把父母比作儿子的天和地，父母与子女之间的杀伤，罪刑相差也最大。子女杀伤父母，在古代被看作万恶之首。古人把这种行为称作"枭獍之行"。"枭"是传说中的一种恶鸟，生而食其母；"獍"是一种恶兽，生而食其父。这两种动物（禽兽）是最为无道的。人子如果狠心杀伤自己的父母，当然就如枭獍，理应受到最严厉的处罚。

在汉代，杀父母属"大逆"罪，要处以弃市（在闹市斩首示众并暴尸三日）之刑。在晋代，法律规定，殴打、杀伤父母者要枭首，即斩首之后将首级悬挂起来示众。《唐律》中，谋杀祖父母、父母行为被列入"十恶"中的"恶逆"，属于"决不待时"之罪，即判死刑后应迅速处决，不必等待秋冬行刑。①自宋代开始，杀祖父母、父母者，则更处以"千刀万剐"的凌迟刑，即用慢刀零剐处死，酷烈至极。清代还规定，谋杀祖父母、父母的子孙，即使在行刑前亡故，也要将其尸体捣碎，叫作"戮尸"，以示杀父母者不能容于天地之间。

实际上，传统法律规定杀父母者处以极刑，其理论根据上更偏重伦理、名分，于人道亲情上考虑似不是很多。所以在实际司法中，往往只要是父母死亡同子女的过错稍有牵连，子女便逃脱不了干系（参见上章"违反教令"一节）。有些案件，父母的死亡同子女实际上毫无关系，但官府也能找出伦理上的根据将子女处以极刑。

清嘉庆二十四年（1819），因家贫难以维持生计，四川人宝瑛的母亲刘氏，与儿子宝瑛一起投河自尽。宝瑛投河后被人救起，刘氏则溺水而死。此种情况，律例上没有明文规定如何处理。四川省提督认为，案件攸关伦理，宝瑛罪大恶极：一则因家贫不能养赡其母，致其产生轻生之念；二则见母轻生并不阻拦，丝毫没有人子之道，实际上同故意谋杀差不多。因此，他将宝瑛处以斩立决。②

反过来，对于尊长杀伤卑幼的案件，法律上的刑责就大为不同。

父母既为"子之天"，当然就对子女享有无限的督责训导权，因此在他们杀伤子女时，其刑事责任极轻。即使在法家观念影响很深的秦代法律中，父母擅用私刑杀死或杀伤子女及奴婢，也只视为"家罪"，为"非公室告"。汉代以后，法律随同国家政权的强大而逐渐发达，生杀予夺的权力被国家收回独占，私自刑杀子女也逐渐受到法律禁止。但是，因为儒家伦理的影响，父祖杀或伤自己的子女，受到的处罚依然很

---

① 祖父母在服制上仅属期亲，但无论在血缘上还是在亲情上都属直系尊长，在家庭中地位往往高于父母。故唐代以后历代刑律一般规定，对祖父母有犯，处罚同于侵害父母。这也是律文所定刑等与服制轻重稍有差异之处。
② 参见《刑案汇览》卷二十三。

第九章 服制与刑罚：准五服制罪

轻；而且殴杀（多指徒手教训，或以手杖督责）或因过怒而杀子孙者，责任更轻。《唐律》中，祖父母、父母殴杀违反教令的子孙，处徒刑一年半；用兵刃杀者徒二年；无故戕杀则加一等，徒二年半。如果是过失杀，可以完全不负责任。在同一条规定中，子孙过失杀祖父母、父母者要流放到三千里以外，过失伤者也要徒三年。两相比较，其罪刑幅度相差如此巨大。在实际司法中，父母即使出于不良动机而戕杀自己的骨肉，法官也往往还是把注意力集中在父子关系的名分上，从轻处断。清嘉庆十五年（1810），贵州省人吴大文与村邻查传贵之妻杨氏通奸，查传贵贪图财利纵容他们苟合。但吴大文的儿子吴延华对父亲的行为和查传贵的卑劣非常不满，将此事在乡邻中大加传播，并屡次讥笑诟骂查传贵。查传贵面上无光，无奈只好准备同杨氏搬往他处。吴大文恐杨氏搬走后续奸不成，遂起意杀掉吴延华，就串通查传贵将吴延华骗到野地里，由吴大文亲手将儿子数刀杀死。吴大文杀子的动机非常卑劣，手段残忍。该省巡抚认为"吴大文因恋奸将亲子谋死，实属残忍"，但"惟死系子命"，从名分上考虑是父亲杀死儿子，仍然只依照"故杀子孙"律将吴大文处徒刑二年半。①

像此类尊长（父祖）无故杀伤卑幼（子女）的案件，官府一般是依名分和服制而判断，很少考虑什么道义、公平。如果是子孙小有过错而父母借故杀死泄愤，官府一般也不去追究父母的刑事责任。据《服制顶驳》一书记载，清道光年间，直隶省民妇王孙氏有个儿子叫王汗叙，少时溺爱过了头，长大后成了一个无赖。他经常将母亲的衣物窃走去换钱喝酒，多次遭到王孙氏的斥骂。在一次母子口角中，王汗叙回言顶撞，触起王孙氏心头之火，一怒之下将王汗叙重棒打死。官府认为王汗叙忤

---

① 参见《刑案汇览》卷二十三。

逆不孝，顶撞母亲，实在罪有应得。王孙氏因儿子不顾伦纪而一时气愤将其殴死，属于正常合理教训，因此将王孙氏无罪开释。[①]很明显，祖孙父子间相互杀伤，因在服制人伦上属最近最重要的亲属，所受的处罚相差也最大。这一点无论是在立法上，还是在司法中，都是一以贯之的。

在亲属圈中，祖父母、父母与子孙为最近一层亲属。此外由亲至疏依次是期亲、大功亲、小功亲、缌麻亲。对他们之间的杀伤行为的处罚，也是区别尊卑，依次而断的。《唐律》规定，凡人（普通人）犯谋杀罪，已伤者处绞刑，已杀者处斩。但谋杀期亲尊长如伯叔父母，仅有预谋即处斩。谋杀大功、小功、缌麻尊长者则稍轻，处流三千里，已杀死者处斩。相反，有服尊长谋杀卑幼，各依相应的服制减二等处罚。

亲属相殴相骂

按照传统道德的要求，亲属之间应相亲相爱，不应有违背伦常、伤害亲情的殴打、咒骂行为。对于亲属之间的殴詈行为，传统法律也做了种种特别规定。殴父母者天理难容，要处以极刑。除此之外，其他亲属在日常生活中发生争斗口角，也要依照各自的名分、服制、尊卑关系，加以轻重不同的处罚。在《唐律》中，亲属之间相殴相骂，处罚的等级基本上是依照服制而定的：

---

① 参见《服制顶驳》卷上。

《唐律》中亲属相殴处罚对照表

侵害对象	犯罪类型 亲属关系	殴	折伤	殴杀
卑幼犯尊长	斩亲（祖父母）（父母）	斩	罪无可加	罪无可加
	期亲（兄姊）（伯叔父）	徒二年半 徒三年	徒三年 绞	斩
	大功（堂兄姊）	徒一年半	徒二年	斩
	小功（伯叔祖父）	徒一年	徒一年半	斩
	缌麻（族兄姊）	杖一百	徒一年	绞
常人相犯		笞四十	杖一百	绞
尊长犯卑幼	缌麻（族弟）	勿论	杖九十	流三千里
	小功（侄孙）	勿论	杖八十	流三千里
	大功（堂弟、妹）	勿论	勿论	徒三年
	期亲（侄）	勿论	勿论	徒一年半
	斩亲（子孙）	勿论	勿论	（有过失）勿论

从上表中我们可以看出，《唐律》对亲属相殴的处罚，以常人相殴的刑度为基准，而有轻重变化。尊长侵犯卑幼，刑罚呈减轻趋势：服制越近（亲），刑罚越轻。卑幼侵犯尊长，刑罚呈加重趋势：服制越重，则刑罚越重。这充分说明在唐代，在处理亲属相殴骂之类的案件时，亲疏、尊卑、长幼的名分差别，对于最后量刑有决定性的意义。唐代以后，各朝法律关于亲属相殴的处罚原则与《唐律》相同，只是在量刑上稍有差异。

子孙卑幼对父母及其他尊长的诟骂行为，也是为伦理和法律所不容的。历代法律中多有骂詈尊长之处罚规定。晋朝时，诟骂父母要处弃市之刑。《唐律》中，骂祖父母、父母属"十恶不赦"中"不孝"罪的行为之一。在明代、清代，法律规定，常人相骂仅处打十大竹板之刑，但骂祖父母、父母则要处以绞刑。骂期亲兄姊也要杖一百，骂大功兄姊杖七十，小功兄姊杖六十，缌麻兄姊杖五十。若骂期亲伯叔父母还要加刑。反过来，因长辈对幼辈的训斥责骂是天经地义、理所当然的，所以不存在尊长骂卑幼的罪名。

亲属相奸

万恶淫为首。"男女之大防"在传统社会中是最受重视的。在"赵老太爷"们看来，非夫妇而有肌肤之亲，即是罪恶之至。亲属之间的性禁忌，自然更为严厉。亲属相奸被认为是"行同禽兽"，最为人所不齿，法律规定的刑罚自然也重于一般人。汉朝时即有"禽兽行"之罪名。许多公侯子嗣，如衡山王之子刘定国等，都在此种罪名之下被砍掉了脑袋。在《唐律》中，娶亲属为妻妾是非礼非法的，因为娶亲属为妻妾实际上也意味着对亲属间性禁忌的破坏。亲属间的直接通奸，更是不得了的犯罪行为。《唐律》具体规定了亲属相奸的刑罚。因为亲属间名分的差别，亲属相奸的处罚轻重也是大致依次有差的。奸父祖之妾（指曾为父祖生子者）、伯叔母（期亲）、姑（期亲）、姊妹（期亲）、儿媳孙媳（大功亲）、兄弟之女（期亲）者，处绞刑，即使奸父祖所幸之婢女，也要处徒刑三年；奸堂祖母、堂姑（小功）、堂伯叔母、姑（小功）、堂姊妹、姨母、兄弟之妻者，流二千里，强奸者处绞刑，奸其他有服亲及有服亲之妻妾、妻前夫之女、同母异父姊妹者徒三年。

在明代和清代，对于亲属相奸，不仅在量刑上重于唐代，而且把无服亲属也纳入亲属相奸从重处罚的范围。由于亲属相奸败坏礼教，悖于人情，所以在司法实践中，对此类逆伦案的处罚更为严格。清代规定，凡亲属相奸之案，不得援用"亲属相容隐"律文为之隐匿，隐匿者为犯罪。出继为他人子者与本宗亲属有奸，亦不因出继降服而减轻刑罚。

同治三年（1864），湖北人李汶生过继别人为子，其妻谢氏与汶生之胞弟李汶清勾搭成奸。后来谢氏同李汶清合谋将本夫李汶生杀死。案发后，谢氏依伙同奸夫杀死亲夫之律文，凌迟处死。但如何处置奸夫李汶清，在官员中引起争议。李汶清所杀的是过继给他人的胞兄，依礼制应降服一等，属大功亲，因此有人主张应将李汶清依照杀死大功兄长律处斩刑。但该省巡抚认为，照常例凡亲属相奸之案，出继者仍以本宗论，不得因出继降服而有所侥幸。李汶清与胞嫂有奸，已属伤天害理；继而谋杀同胞兄弟，更是天理难容。如此悖逆之徒，自不应因胞兄出继而致使逃脱凌迟之罪。因此，仍将李汶清依照谋杀期亲尊长律凌迟处死。[①]

亲属相盗

"亲属取财不为盗"，这也许是古代中国人的一种根深蒂固的观念。按照传统道德，既然亲属间伦理上为一体，那么"亲属共财"就理所当然。所以在传统法律中，亲属相盗案件的处罚原则，与其他亲属相犯行为的处罚大异其趣。唐代以后各朝法典对亲属相盗案件一般是采取处罚从轻原则的。依《唐律》，若亲属之间盗窃财物，则不分尊卑长幼，只依服制亲疏及赃数定罪，由亲至疏，罪责渐次降低，总之低于常人相盗案之刑责。《唐律疏议·贼盗律》规定：凡盗缌麻、小功亲属财物者，减凡人（普通人）一等；盗大功亲者，减凡人二等；期亲，减凡

[①] 参见《刑案汇览续编》卷十三。

人三等处罚。而凡人盗窃，不得财者笞五十，得财一尺杖六十，至五十匹外加役流。依此推算，亲属相盗的处罚是很轻的。但如果因盗窃财物而杀伤亲属，则照杀伤或误伤律文论处。

值得注意的是，亲属相盗系指已别居（不住在一起）亲属而言，若是同居共财的亲属，其中尊长为一家之长，自然不存在盗窃家财的问题；若有卑幼窃用己家财物，则按照"同居卑幼私擅用财"律处断，处罚更轻于一般亲属相盗。《唐律》中，卑幼私自动用家财，最大量刑幅度仅为杖一百。但若同居卑幼带引外人盗窃己家财物，则应加重三等处罚，以示"内外有别"。

明清时，亲属相盗从轻处罚的范围扩大到无服亲和外姻亲属。法律规定，凡不同居的亲属（包括本宗、外姻）之间相盗财物者，期亲减凡人五等，大功减四等，小功减三等，缌麻减二等，无服亲减一等并免予刺字。实际上，亲属间的财产纠纷往往被视为"细故"，常常在乡邻的调解之下即息讼。如果不是比较大的案件，官府也是不太理会的。

法律与伦理道德融为一体，天理、国法、人情水乳交融，在中国传统社会中，通过亲属间相互侵犯之类的案件的处理，得到了极其生动的体现。中国传统刑法作为国家至上权威的具体体现，尤其体现了这一点。在儒家政治理论和伦理观念的影响之下，中国传统刑法无论对亲属相杀、相殴，还是亲属相奸、相盗，都是以名分尊卑作为刑罚加减的分界，以服制亲疏作为处罚轻重的准尺。原本是用于丧葬礼仪的五服制度，渐渐蜕变成了国家刑法用以确定罪之有无、刑之轻重的重要尺度。这也是中国传统法律特别是刑法的风格和特色所在。

第十章
"仁政"与司法:"仁者之刑"

"志善者免"

"仁政",自夏商周以来,几乎没有一个统治者不以此自我标榜。其具体措施,除了轻徭薄赋之外,大约主要体现在司法活动上。凡以"王道"或"道统"自命者,大多要做些"约法省刑""矜老恤幼""泣辜慎罚""理大罪、赦小过"之类的样子,以换取"仁民爱物"的好名声。司法活动中所体现的这些"仁政",古人也常称为"仁者之刑"。

"仁者之刑"有一个主要的原则,就是注重对被告人的行为动机的考察,主要依动机的善恶去决定其罪刑的轻重。这也就是所谓"志善而违于法者免,志恶而合于法者诛"[①]。古人认为,如果仅仅依据人们的行为后果定罪量刑,机械地依照法条去判刑,那就是"草菅人命",是"不仁",是"暴政"。商鞅、韩非、申不害、张汤、周兴、来俊臣等人,大约主要因为这种"不仁"的主张而犯了众恶。如商鞅就主张:

---

① 《盐铁论·刑德》。

"忠臣孝子有过，必以其数断。"①韩非亦主张："不恃人之为吾善也，而用其不得为非也。"②这实际上就是公开反对对所谓动机"善"的人犯实行轻刑或赦免。

"志善者免"，就是古人指导司法中行"仁政"的主要原则。在这一原则之下，才有了几千年来被称颂的那些"仁听仁刑""义刑义杀"，如"经义决狱""不用刑审判""理大罪、赦小过"等。

除这一主要原则之外，在古代司法活动中，还有一个次要的"仁政"原则，这就是矜老恤幼、哀怜笃疾废疾等，也就是对老年人、儿童、妇女、残疾人犯罪，尽量减轻处罚或赦免。对老弱病残妇幼表示同情，这是人同此心、心同此理的事。如有人对这类人施以对付常人的刑罚，会使众人感到残忍、不仁。况且，放纵一下这样的人犯，也没有多大危害，其重新犯罪的可能性远比健壮的成年人要小。这是古时统治者十分明白的。

古人常要求司法官们判决案件要合情、合理、合法，但主要是要求合乎理和情，合法是次要的。符合"志善者免"的原则，大概主要就是合理，因为合乎"三纲五常""忠孝悌顺"之理；符合矜老恤幼的原则，大概主要就是合情，因为哀怜弱者是人之常情。只有合情合理（哪怕不合法），方可称之为"仁政"。在司法实践中比较好地贯彻了这两个原则，才可真正叫作"仁者司法"或"仁者之刑"。

这里有一个典型案件可供参考，从中我们可以看到古人是如何贯彻这两个原则的。

北宋太宗端拱元年（988），四川广安人安崇绪来到京城（开封）控告其继母冯氏，说在其父生前冯氏已被其父休弃，现在又趁其父亡故

---

① 《商君书·赏刑》。
② 《韩非子·五蠹》。

企图全部霸占其父的遗产，使他和生母蒲氏二人生活无着。大理寺受控后，不问情由，先依"告祖父母、父母者绞"①的律条，判处安崇绪死刑。宋太宗觉得此判不妥，就召集有关部门开会讨论。会上，大臣们也争论不休。有人认为，此案的关键在于弄清冯氏是否确已与安崇绪之父安知逸离婚。因为如已离婚，则冯氏与安崇绪之间已无母子名分，安崇绪则无"控告继母"之罪嫌。如果是这样，案件就好解决了：应将冯氏逐回娘家，遗产全由安崇绪母子继承。但后来调查结果表明，安知逸生前并未将冯氏休弃。

因此，大理寺仍坚持原判（绞刑）。但尽管案情如此，以尚书右仆射李昉为首的四十多位大臣仍反对大理寺的判决，理由是：第一，安崇绪生母蒲氏虽是安知逸小妾，但毕竟是崇绪的生母。与冯氏虽同为母辈，但亲疏有别，安崇绪为生母状告继母可以理解。况且安崇绪又是因遗产被夺、生母生活无着，才将继母（尽管她名分上高于其生母）告到官府，这是出于孝心，可以同情。第二，如判处安崇绪死刑，则其父安知逸就会无辜而受绝嗣（独子被杀）的惩罚，其生母蒲氏亦将无处托身，于情于理都不应该。

这两点理由，就是所谓"情理"。虽然与法律相矛盾②，但却比机械地执行法律更符合"仁道"，也更合乎"人道"。此案的最后结果是依据李昉等人的建议做如下判决：遗产全部判归安崇绪，继母冯氏也由安崇绪供养，不得有阙。③

这一判决结果，是情理法的最完整结合，既依法保护了案中三位当事人应有的财产继承权，又照顾到了儒家伦理和大众人情的评判，超越

---

①《宋刑统·斗讼》。
②法律并没有规定告父母者只要出于善的动机就可以免除死刑——除了告发母杀父或告发父母犯国事罪之外。法律也没有规定被告是独子者就一定不能判处死刑。
③参见《宋史·太宗本纪》。

诉讼请求的范围解决了孤寡老人冯氏的赡养问题。这种判决，当然更为老百姓所称道。

由此可见，所谓"仁者司法"或"仁者之刑"，在法律制度不健全的古代中国，的确是非常必要的——它是在司法实践中对残缺、僵硬的法律规范的必要补充或矫正。

存留养亲与承祀

在古代中国司法中，还有一项颇能反映中国传统法律特色而且非常有趣的制度：存留养亲与存留承祀。就是说，被判死刑或流刑但尚未执行的罪犯，若系家中独子，如照原判执行会致其宗族断了香火（绝嗣）或使其年迈的祖父母、父母无人侍养，则有权申请免予执行死刑或流刑，留在家中以便其养亲尽孝或传承香火；待父母终老后再决定如何执行原判刑罚。

这种制度，正是儒家"仁政"学说的具体体现。按照儒家的说法，皇帝"奉上天之宝命，同二仪之覆载，作兆庶之父母"[1]，应该"爱民如子"。他要教导人民顺从天理，恪守孝道，当然就要对鳏寡孤独体现出特别的仁爱之心。历代君主莫不声称"以仁孝治天下"，而"孝"的基本含义，一为恭敬赡养，二为传宗接代。因此，存留养亲、存留承祀也就成为"仁者司法"之下的一项很自然的制度了。

早在北魏时期，法律就规定，凡已判处死刑者，如果父母年老无人侍养，可以申请免死留养。[2]后来的唐、宋、明、清诸律，都详细规定了

---

[1]《唐律疏议·名例》。
[2] 参见程树德：《九朝律考·后魏律考》。

存留养亲的制度。《唐律》规定，犯"十恶"以外死罪的罪犯，如其祖父母、父母年满八十或有严重疾病，而家中又没有别的期亲男丁（成年的伯、叔、兄、弟等）可以担负侍养责任的，可以向刑部申请留养，最后由皇帝批准。除个别罪大恶极者以外，一般是能够得到皇帝恩准的。被处流放者也可申请留养，待家中有进丁（兄弟叔侄中有人已成年）或祖父母、父母丧亡一年之后再服刑。①在明清时期，特别是在清代，存留养亲作为一项"仁政"措施而颇受朝廷重视。清代律典上关于存留养亲、存留承祀的规定，继承了以前各代的主要制度，康熙、雍正、乾隆、嘉庆、道光等朝还就留养问题专门制定了许多条例，形成了比前代更为周密的制度。除律典外，清代历朝定例还有以下补充：

（1）兄弟二人都被判死刑，可让一人存留养亲。清康熙五十九年（1720）曾专门降旨定此例。②

（2）独子杀人之案，若被杀者也是独子，不准申请存留养亲。因为如果被杀之家也是一根独苗，那么将杀人凶犯留下孝养其亲，对于受害人一家来说显失公平，于情理不合。雍正二年（1724）刑部曾奉皇帝圣旨制定例，规定此种情形下不准留养。③但又规定，如果被杀的独子是个不孝之人，平日游荡他乡不事父母，则杀人犯还是可以申请留养。嘉庆二十四年（1819），安徽人鲍怀友（独子）伤害王宗成致其死亡。死者也是独子，但平日不听父亲教训，不养父母，早已被赶出家门，鲍怀友以亲老丁单无人侍养为由向刑部提出留养申请。刑部认为："原以留养一条仁施法外而例本人情。人各有亲，亲皆侍养。如死者之父母因其子被杀以致侍养无人，则犯亲自不得独享晨昏之奉。定例所载诚为仁至义

---

① 参见《唐律疏议·名例》。
② 参见《大清会典事例》卷七百三十二。
③ 参见《大清会典事例》卷七百三十二。

尽。若死者平日游荡离乡弃亲不顾，或因不肯养赡为父母所摈逐，是死者生前已不能孝养其亲，并非被杀之后其父母始无人奉侍"，因此"不必拘泥成例"，应准鲍怀友所请。此案后来被作为成例令全国普遍遵行。①

（3）杀人犯若原系在他乡游荡的不孝之子，即使是一根独苗也不准留养。乾隆十七年（1752）曾定例，申请留养者如查清是在家乡以外的地方犯死罪，即忘亲不孝之人，虽然符合申请留养的其他条件，也不准其留养。②

（4）曾经忤逆父母，触犯刑名，而被父母赶出家门者，不准留养。若独子所犯之罪属于奸盗诱拐等恶性伤害伦理之罪，亦不得留养。乾隆二十一年（1756）曾专门定此条例。③

（5）死刑犯被准留养后再犯罪，则不准再次申请留养。乾隆二十一年曾定条例，规定：原拟死罪之人，因亲老丁单照例留养以后又犯罪，以及对父母有不逊行为者，无论轻重罪名，都应照现行律例定罪处刑，不准再次申请留养。④

（6）死刑犯原有兄弟及侄辈出继他人可以归宗者，不准留养。存留养亲制度主要是针对亲老无人侍养而言，如有期亲以上成年男丁可以归本宗，即可由其侍养年老有病之尊亲，因而此种情形下不准死刑犯申请留养。乾隆三十二年（1767）曾专门定此条例。⑤

（7）死刑之犯有兄弟出家为僧道者，不得申请留养。按照明、清法典规定，凡僧、尼、道士、女冠虽然出家，但要同常人一样拜父母，

---

① 参见《刑案汇览》卷三。
② 参见《大清会典事例》卷七百三十二。
③ 同上。
④ 同上。
⑤ 同上。

祭祀祖先、亲属丧服等第亦同普通人一样。不得以出家为由不认父母、不认祖宗，否则要抓到官府打一百大板，并强制还俗供养父母。① 申请留养者如有兄弟出家，自然不可准其留养。乾隆五十六年（1791），奉天司呈报蒙古人明葛图犯死罪，其母已年八十五，因而向刑部提出留养申请。但明葛图有一兄弟充当黄教喇嘛，刑部因此驳斥说："盖以子虽出家为僧道，终无绝于父母之理，正与出继为人后可以归宗者情事相等。……若论以充当喇嘛不愿侍养，即应照僧道不拜父母律拟杖，勒令还俗。"因此，不准明葛图所请。②

（8）寡妇守节满二十年，虽未年老，独子亦可申请留养。乾隆十一年（1746）曾定例，妇女苦节育孤，守寡满二十年，立志贤贞，可嘉可矜。因此若有独子犯死罪，仍可准其留养，以矜全贞烈之妇。但再嫁之妇没有资格享受此待遇，因为她们已无贞节可言。道光十年（1830），陕西人张自得犯死罪，其母守寡已有二十年，因此提出申请。但刑部认为，张自得之母燕氏三易其夫，并非从一守贞之妇，虽然后夫身故已有二十余年再未改嫁，且只有此一子，仍不可准其留养。后因情况比较特殊，将张自得归入本年秋审缓决办理。张自得死罪虽免，活罪难逃。③

以上这些规定说明，无论是在理论上、立法上，还是在司法实践中，存留养亲、存留承祀制度都是以"教孝"或奖励"善良风俗"为出发点的。这种制度的存在基于一种伦理关系和伦理感情：人人都有亲属，亲属年老都要由人侍养。特别是人到风烛残年，桑榆晚景，颇为凄凉。掌握司法的"仁者"，自然应该体会、理解并矜恤这种"人情"，在处理此类案件中"曲法以伸情"。存留养亲、存留承祀制度还说明，

---

① 参见《大明律·礼律·仪制》。
② 参见《刑案汇览》卷三。
③ 参见《刑案汇览》卷二。

在中国传统的法律文化中,立法、执法者所着重考虑的并不单是行为的直接因果联系,往往更注重维护宗法社会人际关系和谐的"情"和"理"的贯彻。这些"情""理"既有特殊的民族伦理内容,也有一般的人道主义因素。

矜老恤幼

几千年来,"尊老爱幼"一直是历代统治者大力提倡并为民间社会所信奉的伦理规范。老弱妇孺、鳏寡孤独、笃疾废疾,是社会生活中的弱者,在社会上很自然地处于一种被怜悯的地位。这里面既有自然的"人情"的因素,跟传统的"仁政"也有很大关系。中国历代的皇帝们向来愿意把自己打扮为"仁君",即使是骨子里残暴狠毒的皇帝,表面上也不得不注意维护"兆庶父母"的形象。所以,尊老恤幼是皇帝行为规范中不可少的一部分。直到明清,从西周流传下来的三老五更等尊老制度仍被一代一代的皇帝们模仿、演习着。除了在政治、礼仪和经济上(象征性的)给予优待以外,传统的法律也规定了对老幼减免刑罚的种种制度。

在西周时期,曾有对老、幼、废疾之人减免刑罚的"三赦"制度。"三赦"是:一赦曰幼弱,再赦曰老眊,三赦曰蠢愚。就是说,凡未成年人、年迈者以及智障者犯罪不予追究。《礼记·曲礼》也说:人生七岁叫作"悼",八十、九十叫作"眊"(一作耄)。悼与眊,虽犯死罪也不应加以处罚。

《礼记》《周礼》是儒家代代相传的经典,后世都是把其中许多主张作为"圣经"来遵奉的,因此西周时期的矜老恤幼制度亦为后世继承和发扬。后世各朝的法律和皇帝的诏令都有对老幼废疾宽减刑罚的规定，即使在"刻薄寡恩"的秦朝也不例外。汉魏晋时代，可受减免刑罚优待的年龄，一般在七十岁（或八十岁）以上、十五岁以下。至唐代更有比较系统的规定，《唐律》规定：凡年七十以上、十五岁以下及笃疾者，犯流罪以下（即应处流刑以下罪名），可以金钱赎罪而不必受刑；年八十以上、十岁以下者，犯一般罪都可以免刑；年九十以上、七岁以下者，除受连坐以外，虽有死罪亦予免除。①这类规定，一直沿用到清朝末年的《大清律例》。而且，在唐宋明清诸朝代，法律还规定，对老、幼、残、孕不得动用刑讯，违者要受到处罚。

矜老恤幼制度的遗风至民国时期尚存。制定于1935年的《中华民国刑法》（至今沿用于我国台湾地区）即仍然规定：年八十以上犯罪得减轻刑罚。只有到了新中国的刑事法律中才没有关于老年人犯罪减轻或免于处罚的直接规定。②

秋冬行刑

在清代以前，死刑的执行往往只能在秋冬季节特别是冬至节前后进行，这也是同儒家"仁政"思想联系在一起的。

按照儒家的理论，君主绝不能专以刑杀为威。刑罚历来被认为是"凶"的、不吉利的东西。古人认为，按照大自然的规律，春夏是万物生长、创造生命的季节，因此在春天、夏天不能违背天的意志去毁灭生

---

① 《唐律疏议·名例》"老小及疾有犯"条。
② 这种情形现在有了改善。《刑法修正案（八）》规定，对已满七十五周岁的人不适用死刑；对未满十八周岁、被判五年有期徒刑以下刑罚的，免除其前科报告义务。现已获全国人大通过。说明我国刑法在矜老恤幼方面已经有了进步。——修订注

命。皇帝受命于天，自然应与"天意"相和谐，故在春夏之季只能施恩行赏，而不能刑人杀人。至于秋冬季节，万木萧条，大自然呈现一片肃杀之气，许多自然生命在此时得以终结，可见上天是要"秋杀冬藏"的，因此刑人杀人放在秋冬季节才符合天意。

秋冬行刑之说最早见于《礼记·月令》。汉代儒生们将此说同阴阳五行联系起来，形成了一种比较严密的理论。号称"汉代孔子"的董仲舒曾说："天道之大者在阴阳。阳为德，阴为刑，刑主杀而德主生。是故阳常居于大夏，而以生育养长为事；阴常居大冬，而积于空虚不用之处。"[1]汉代的贤良文学们也认为："春夏生长，利以行仁；秋冬杀藏，利以施刑。"[2]自汉代以后，秋冬行刑便作为一种法律制度固定下来。《唐律》中规定，不得在立春以后、秋分以前执行死刑（在此期间对谋杀祖父母、父母、夫，奴婢杀主者执行死刑为例外），违者处徒刑一年。明清律规定，非时行刑者，杖八十。此外，按礼制要求，在行刑之日，皇帝和高官们还应该斋戒、节食、不听吉乐等，以示"哀民不全""视民如殇"，亦即表现出一种为自己未尽职责以致百姓罔受刑戮而伤心叹息的姿态，以感染百姓。

---

[1]《汉书·董仲舒传》。
[2]《盐铁论·论灾》。

民事篇

第十一章　"无讼"：一个永恒的梦

第十二章　"贱讼"：因噎废食的评价

第十三章　"息讼"：以不变应万变

第十四章　"辩讼"："名分之前无是非"

第十五章　"决讼"（上）：伦理关系重于财产关系

第十六章　"决讼"（下）：情、理、法兼顾

第十一章
"无讼"：一个永恒的梦

公元前 6 世纪，在鲁国做大法官的孔子宣布，他的从政暨审判信条之一就是："听讼吾犹人也，必也使无讼乎！"[①]意思是说：我虽像别的人一样听理各种纠纷，但我追求的是人世间根本没有纠纷的境界。从此，"无讼"几乎成了所有中国人的共同理想。为着它，世世代代的人们做过多少美好的梦，有过多少美好的憧憬！一个人人都是谦谦君子的和谐礼让的世界是多么令人神往啊！

双面陶像的启示

追求一个没有纠纷的社会，希望所有的人都和睦相处、情同手足——这种观念，虽然由孔子最先将其概括为"无讼"二字，但不始自孔子。它由来已久！

1987年5月，考古工作者在辽宁丹东后洼地区发掘出了一批珍贵文物。经鉴定，它们是大约6000年前新石器时代的先民部落的作品。那批文物中，有一个双面陶像很令人注意。那陶像，一面是男人的面孔，一

[①]《论语·颜渊》。

面是女人的面孔，引起了史学家们的极大兴趣。这种奇特的造型意味着什么呢？有学者认为：它反映着原始社会的生殖崇拜和祖先崇拜观念，说明早在约6000年前作为中华民族哲学核心的阴阳相合生万物的哲学观念已经诞生。①这种判断是颇有道理的。男和女（或雄和雌）无疑是"阳""阴"概念的雏形。"阴"和"阳"，用今天的话来说，就是一对矛盾，是一对相互对立但又相辅相成的力量。古人发现，世界上所有的事物、现象都可以归纳为"阴""阳"两大类。这两类貌似截然不同的东西，竟有着内在的和谐与统一，而这种和谐与统一又正是万物化生的原因。世界真是太奇特了。这一事实，深深地启发了华夏的先民们。启发了他们去追求调和矛盾，追求减少冲突，追求永无争讼纠纷的和谐美好的世界。这些理想，无疑已被凝固在这奇特的双面人头陶像中了。

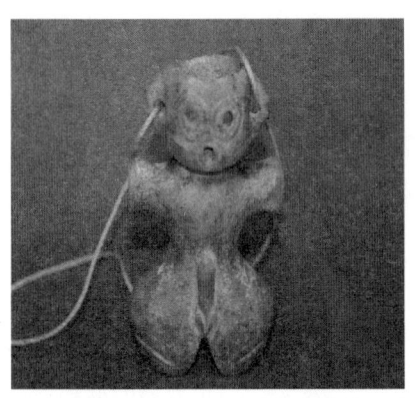

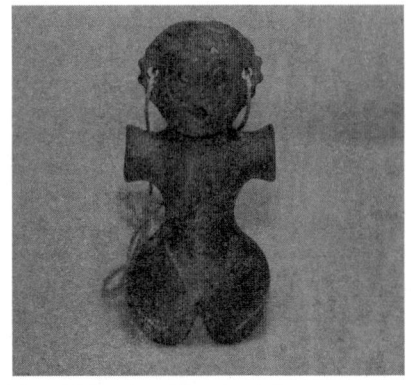

疑为1987年辽宁丹东后洼遗址出土的约6000年前的双面陶像。左图男像，右图女像。

①参见《光明日报》，1987年5月19日第1版。

无争讼便是天堂世界

那个奇特的双面头像代表了很早以前的华夏先民的观念，也深深地启示了后来的中国人：矛盾应调和，而不可使冲突加剧。为此，上古中国人很早即造出了一整套用以调和矛盾纠纷的"礼"。此即"礼之用，和为贵"①。就是说，"礼"这种根本规范，是用来使人世间所有的人都不发生冲突的。矛盾双方调和了，万物才能化育，世界才能和谐、宁静、有生机，这大概就是古人所常说的"天地姻缊，万物化醇；男女构精，万物化生"②或"阴阳合德，万物化生"吧。相反，矛盾双方冲突公开化，发生斗争，就叫作"阴阳失和""天地失序""六气乖戾"，就会引起无穷的灾难，也就是戕灭世界上的生机，使世界衰败。这是古人的一般看法。所以，《易经·讼卦》说："讼，惕，中吉，终凶。"就是说：诉讼，值得人们提心吊胆，绷紧神经（惕），且最终总是不会有好结果的——对个人而言是如此（"终凶"），对整个世界而言也是如此。讼破坏了和谐、宁静，故也是"终凶"。哪怕有一些人因"有理"而赢了官司，而另一些人却因"理亏"而输了官司，不会是一个"皆大欢喜"的结果。总之，讼是不吉祥的。

讼既如此不吉祥，于是在古人看来，理想社会首要的条件就是"无讼"，而不一定是物质生活的改善。孔子曰："不患寡而患不均（安），不患贫而患不安（均），盖均无贫，和无寡，安无倾。"③他强调的正是这个意思。只要大家都"安贫乐道"，都能像颜渊那样即使

---

① 《论语·学而》。
② 《易·系辞上》。
③ 《论语·季氏》。

穷得只剩下一个吃饭的竹筒子和一把喝水的瓢仍然"不改其乐"①，那么世界上的贫困又有什么可怕呢？最可怕的就是"贪图财利"，最可怕的就是因计较"财利"而发生讼争。所以，如果大家都对物质利益十分淡泊，都和和睦睦，从不为争夺"财利"发生诉讼，那么这个世界就是天堂世界。所以，明人王士晋也说："太平百姓，完赋役，无争讼，便是天堂世界。"②

关于这个"天堂世界"的具体情形，古人有很多描绘，有着很多美好的憧憬。

老子的主张是"小国寡民……甘其食，美其服，安其居，乐其俗。……民至老死不相往来"③。说"不相往来"，当然不是说乡里乡亲不许有任何交往，而是主张老百姓之间不应有经济、政治方面的交往。他认为那种交往是纠纷之源，如互做生意赚钱之计较及货财纠纷打官司等。

《礼记·礼运》作者的憧憬是："以天下为一家，以中国为一人"，"父慈子孝、兄良弟悌、夫义妇听、长惠幼顺、君仁臣忠"，"讲信修睦"，是"人不独亲其亲，不独子其子。使老有所终，壮有所用，幼有所长，矜寡孤独废疾者皆有所养。男有分，女有归。货恶其弃于地也，不必藏于己。力恶其不出于身也，不必为己。是故谋闭而不兴，盗窃乱贼而不作。故外户而不闭，是谓大同"。这就是希望所有的人都像爱自己一样爱他人，都不计较物质利益；希望再也没有人在背地里想鬼点子害人家（包括密告人家的状），希望永无货财之纷争等。

汉人陆贾的理想是："是以君子之为治也，块然若无事，寂然若

---

① 《论语·雍也》。
② （明）王士晋：《得一录》卷一，《宗祠条规》。
③ 《老子》八十章。

无声；官府若无吏，亭落若无民；闾里（百姓）不讼于巷，老幼不愁于庭。"①官府无吏，是说官吏简直要失业了（古时官吏的最大业务便是断讼，无讼则官吏多余）；亭落无民，是说再也没有百姓为告状或应诉来去匆匆地经过路中亭落，也没有人在类似后来明朝"申明亭"的地方找乡里长老告状评理了；不讼于巷，是说乡间村落街巷里再也没有人争争吵吵了。这是一个多么美妙的境界啊！古人常云"威厉而不试，刑措而不用"②，就是说根本没有人敢或没有人愿意诉讼了，所以法律成了夏天的皮袄、冬天的扇子，用不上了。

以上都是古人对这个"天堂世界"的憧憬。至于这个"天堂"实质上是什么呢？古人有古人的解释，今人有今人的认识。在那人人都温良恭俭让甚至"卿卿我我"的外形背后，到底是一种什么状况呢？就是说，无讼之"名"下的"实"是什么呢？

孔子的解释是："导之以德，齐之以礼，（民）有耻且格。"③荀子认为是："上好礼义，尚贤使能，无贪利之心，则下亦将綦辞让、致忠信，而谨于臣子矣。如是则虽在小民不待合符别契券而信，不待探筹投钩而公，不待衡石称悬而平，不待斗斛敦概而啧。故赏不用而民劝，罚不用而民服，有司不劳而事治，政令不烦而俗美，百姓莫敢不顺上之法，象上之志，而劝上之事，而安乐之矣。"④董仲舒也认为是："古者修教训之官，务以德善化民，民已大化之后，天下常亡（无）一人之狱。"⑤

综合三位大师的话，其实说的是一个意思，就是说：这种美妙的

---

①《新语·至德》。
②首见于《尚书大传》，后人无数次重复。
③《论语·为政》。
④《荀子·君道》。
⑤《汉书·董仲舒传》董氏对策。

"天堂世界"就是一个君子遍地而几乎没有小人的世界，也就是在"牧民者"（君主和官吏）自身的高尚道德行为及他们苦口婆心的道德教训的感化下，所有百姓都驱除了心中的一切邪念，恢复了本有的良知良能的世界。既然人人都成了大德君子，那么就不会有不守信用、不履行义务的行为，就不会有人欺诈、贪占，就不会有人在交易时缺斤短两或斤斤计较。一旦人们之间都互相信任，则"符节""契券"这些法律手续或凭据，度量衡器具等，就显得多余了。人人都以相互争夺利益（包括政治、经济利益）为耻，都不愿犯法或诉讼，天下当然就成了无讼的"天堂世界"。这完全是一个人人靠自己的良心自觉来生活的世界，外在的约束（如法和刑）只是备用的，是以防万一的，这就叫"刑设而不用"。

这个美妙的"天堂"，用近现代的眼光看，其实并不美妙。它无非是要求个人放弃应有权益，要求大家逆来顺受，要求人们仅仅以伦理判断为是非标准，而不许人们有自己的利害得失盘算。进一步说，就是要求人们机械地、习惯地、毫不质疑地接受和遵循祖祖辈辈传下来的约束——"礼"，以换来家庭、乡里、国家的一种苟且的、一团和气的、是非不明的"和谐"和"安定"。

近代法学家吴经熊先生对这种无讼理想进行了批判。他把中国旧法律秩序的基础归结为"天人交感的宇宙观""道德化的法律思想""息事宁人的人生观"三者。他说，中国正统思想中的"礼治"无讼倡导，"有抹杀人格的趋势"，他因而尖刻地批判了孔子的"非讼观"和"礼治"思想。[①]另一近代法学家曹德成先生则认为，儒家无讼的倡导实质上是"有义务而无权利，有家而无个人，有干涉而无自由，有差别而无平

---

① 参见吴经熊：《法律哲学的研究》，上海会文堂新记书局1933年版，第3—10页。

等，重让而非争"①。这也是相当准确的概括，也是对无讼状况本质的较好说明。

社会学家费孝通先生说："所谓礼治（或'无讼'之治）就是对传统的服膺，生活各方面，人和人的关系，都有着一定的规则。行为者对于这些规则从小熟习，不问理由而认为是当然的。……所以这种秩序注重修身，**注重克己**。……一个人可以为了自私的动机，偷偷地越出规矩，这种人在这种秩序里是败类无疑。……打官司也成了一种可羞之事，表示教化不够。"②

这种无讼"天堂"，说穿了，就是个人权利和自由的"地狱"。就是要人们"克己复礼""重义轻利""灭人欲""尚谦尚让""退后一步""先想想自己的不是"，其实就是吴经熊先生所说的"抹杀人格"，就是要使一切可能发生的纠纷在这些伦理原则面前先行化解。在这温文尔雅的"天堂"背后，有多少人葬送了自己的才智、青春、利益、爱情和生命！这虽然不是孔子理想中的"无讼"，但却是自孔子以后直至近代两千多年间许多人、许多地区实际上已经实现了的"无讼"。这种"无讼"的历史，也许就是官僚、权贵欺凌卑贱者而后者又不敢抗争的历史。

这种苟且的"无讼"，是维持封闭的男耕女织自然经济下的乡村秩序或乡土国家秩序所必不可少的。倡导"无讼"，是维持此一秩序的最重要手段。若不倡导"无讼"，若百姓好争好讼，则此一秩序难以维系，国家即可能陷入混乱。正如明人顾炎武所说："人聚于乡而治，聚于城而乱。……聚于城，则徭役繁，**狱讼多**，欲民之有恒心，不可得

---

①曹德成：《中国法系研究发微》，《中华法学杂志》七卷四期，1948年。
②费孝通：《乡土中国》，三联书店1985年版，第55—56页。

也。"①人有恒心（安定之心）方可无讼，否则讼端百出。讼端百出，乡村何能安宁？长幼何能有序？尊卑何能有别？讼对尊卑贵贱的封建等级秩序的巨大破坏作用，在古时是大家都清楚的。所以"兴讼"者常被斥为"灭人伦""藐尊贵""无父无君""犯上作乱"。

此外，这种"无讼"秩序对维持封建专制主义的中央集权（特别是东方式的家长式专制）也是必不可少的。"无讼"的广大乡村，是专制朝廷最稳固的基础。胆小怕事、安分守己、逆来顺受、从不争利益、不敢诉讼的"良民""顺民"，从来就是专制国家的最好基石。相反，好讼"刁民"，是封建专制的"贼逆"。有那样的顺民、良民构成的宁静无事的万里乡村，皇帝的宝座就无倾覆之虞，官吏们的乌纱也无丢失之虞。皇帝可以放心地到后宫去与"佳丽三千"纵情享乐，而不必旰食宵衣于"勤政殿"；达官贵人们也可以放心地去过"妻妾百数，良田千顷"的生活。这，也许正是古时君主和官吏们格外地重视和倡导"无讼""息讼""止讼"的真正原因吧。

几千年的中国梦

在历史上，大概没有一个国家曾大力鼓励诉讼，奖励讼民；但大概也很少有像古代中国那样害怕诉讼，对诉讼讳莫如深，因而竭尽全力向人们宣讲诉讼的危害，劝止人们诉讼的。

中国的贱讼、息讼传统的确由来已久。从比较可信的三皇五帝的传说中，特别是从虞舜的传说，我们就可以看出先民们以息讼、止讼为理想。

---

① （明）顾炎武：《日知录》卷十二。

据《史记·五帝本纪》载，舜在野作绅士时，历山那个地方的农民常为田疆地界发生争讼（"历山之农者侵畔"），雷泽那个地方的渔民也常为居所和渔获而争讼（"河滨之渔者争坻"）。舜先后分别到了那两个地方，与农夫渔夫们"同吃同居"，与他们促膝谈心，苦口婆心地开导他们，启发他们。不到一年，面貌大变："历山之人皆让畔（畔即田界）"，"雷泽之人皆让居"，大家竟然都像道德君子一般地谦让了起来。当时在位的天子唐尧，正是因为看到舜这个年轻人道德高尚，善于感化他人，有息讼、止讼以至于建设无讼的"天堂世界"的特殊才能，所以才放心地把天子之位禅让给了虞舜。

作为儒家尊崇的"八圣"（尧、舜、禹、汤、文、武、周、孔）之一，周文王（西伯）也以擅长调处诉讼、化解争端而闻名于世。他善于治理邦国，使封国内"耕者皆让畔，民俗皆让长"，也就是农夫们主动出让田界，主动谦让长者、照顾长者。这简直就是一个无讼的社会。因为治国名声好，因为"解纷"本领大、信誉高，西伯获得了周边邦国部落的信赖。诸侯们一旦有纠纷，都来找西伯调解仲裁。《史记》载，有两个小国——虞国和芮国的国君发生争讼，打算找西伯调解仲裁。两个小酋长一同来到周国境内，见到一派"耕者皆让畔，民俗皆让长"和睦谦让的景象，感到十分惭愧，无地自容，便说："我们所争吵不休的那些，周国的人都以为是耻辱。我们还去见西伯干什么，那只会自讨没趣，丢人现眼！"于是，双方未及西伯接见问话，就赶快逃走了，而且是"俱让而去"，也就是互相谦让而去。调解人或仲裁人尚未出场，一桩争讼就烟消云散了，而且功劳还得归于这位未出场的调解人。这是多么美妙的神话！

周公，是周文王的儿子，周武王的弟弟，是连"孔圣人"也自愧弗如的"超级圣人"。据说，他辅佐周成王、周康王，实现了至今仍传为佳话的"成康之治":"成康之际,天下安宁,刑措四十余年不用","民和睦,颂声兴"。①这个最佳统治状况的最大标志,不过是通常用来惩处"刁民"的"刑"用不上了,也就是说,几乎没有什么诉讼,这就是"几致刑措"的境界。后世所能达到的最"无讼"的境界,就是这"几致刑措"——如《贞观政要》说贞观之世天下一年才断死罪二十九人,"几致刑措"。

这些半真半假的传说或记录,都反映着古代中国人对无讼"天堂"的良好愿望或美妙理想。自此以后,后世所有想标榜自己政绩的统治者,几乎都不约而同地用"几致刑措""刑措而不用""囹圄空虚"之类的话来为自己树碑立传。这体现了他们的一个共识:只有实现无讼,才是实现了真正的、根本意义上的理想世界,才算真正的政绩。即便不能完全实现,哪怕是稍稍接近这种状态也了不起,也值得大书特书。

正因如此,我们看古时退休官吏们写回忆录时,很少看见他们吹嘘自己成功地办理了多少件民刑案件,抓了多少"盗贼",而更常看到他们很在意宣扬其在任职期间如何竭力推行教化使得某某地方百姓"民风淳朴",使得人们"皆以争讼为耻",使得当地"道不拾遗""夜不闭户""几致刑措"等等。清人刘礼松说:"夫听讼而使民咸惕然内讼(自省)以致于无讼,此守土者之责也。"②清代的州县衙门口,经常会贴这样一副对联:"尔小民有闲暇各勤尔业,众百姓若无事莫进此门。"这是州县官老爷们劝百姓止讼息讼的忠告。"此门"就是指县衙的大门。小民进此门,必是打官司。

这代表了古代中国政治中地方官员们的共同认识。就是说,地方长吏的真正职责并不是天天审理案件,而是要"胸怀大局",能站到具体

---

① 《史记·周本纪》。
② (清)李钧:《判语录存》,刘礼松序。

事务之上的高度为实现无讼而努力,不可因沉溺于日常解纷事务而忘了这个根本目标。清代皇帝经常训令地方官吏不要忘记这一目标:"州县为民父母,上之宣朝廷之德化,以移风易俗;次之奉朝廷法令,以劝善惩恶。听讼者,所以行法令而施劝惩者也。明是非,剖曲直,锄豪强,安良懦,使善者从风而向化,恶者革面而洗心。则由听讼以驯致无讼,法令行而德化亦与之俱行矣。"皇帝要求官吏们,在各自的治所力争做到"讼庭无鼠牙省角之争,草野有让畔让路之美,和气致祥"。[①]也就是要求官吏们把每一个地方治理得像舜治理的历山、雷泽以及周文王治理的周邦一样,把它们都变成无讼之地。

更有一个反映古人"贱讼""恶讼"理念的故事值得一提。据《晋书·良吏传·邓攸传》载,邓攸为书生时,太守贾混想试一下他的才能,乃"以讼事示邓攸,使攸决示",就是叫他办个案子试试看。邓攸回答说:孔子称听讼吾犹人也,必也使无讼乎,您怎么忍心叫我干这样的下流事?于是,这位书呆子"并(连)讼牍亦不肯视之",就是对案卷看也不看一眼。真有古贤士遗风。贾太守听了,十分惊奇、欣喜,觉得自己发现了一个了不起的大人才,赶忙把自己的女儿许给了这位书生("混奇之,妻以女")。

这件事,不但在今天,即使在当时的明智之士那里,只不过是添点笑料罢了。幸而再也没有"行为不轨"的风流书生去效法邓攸。要不然,贾太守该有多少闺女呢?

直到近代,仍有许多人认为这种"无讼"状态是一件极为美好的事情。例如,民国时的法学家曹德成先生,在将旧时的所谓"礼治""无讼"状态概括为"有义务而无权利,有家而无个人,有差别而无平等,

---

[①]《钦颁州县事宜·听断》,顺治朝。

有干涉而无自由"等"几有几无"之后,不是反省其扼杀人民权利的内在弊端,反而认为:"中国法系有一种其他法系所没有的优点……使全国人民**浸润于自由气氛之内**,而无须斤斤于权利之争。"他又说中国古代法制"极富弹性,最合乎人性究极的要求"①。这又是一个"无讼"的讴歌者!

我们以为,争讼是古往今来不可回避的现实,本身是不可怕的,也不必简单褒贬。诉讼中常夹带着邪恶,但理讼解纷也经常伸张着正义。我们大可不必因噎废食。许多不正义的事情因讼而矫正,公理常因讼而伸张,我们怎么常忽视了这些呢?清人崔述说得好:"自有生民以来莫不有讼也。讼也者,事势所必趋也,人情之所断不能免也。传曰:(有)饮食必有讼。"②又说:"两争者,必至之势也,圣人者其然。故不责人之争,而但论其曲直。曲则罪之,直则原之,故人莫肯为曲。人皆不肯为曲,则天下无争,然则圣人不禁争乃所以禁争也。"③

这种见解,比那些儒学大师们都高一筹。这就是说,争讼行为本身是极为正常的事,圣人也在所难免。所以,对争讼行为本身不应谴责,只应注意这个行为所携载的内容或实质,也就是注意其中的是非曲直。所以,止息诉讼以达无讼的方法,不应是消极地"一刀切"地劝止、禁抑诉讼行为本身,不应是在沸腾的锅上加严密的盖子,而应该是釜底抽薪,也就是去细察诉讼双方的是非曲直,使好人得以保护、坏人受到处罚。如果理曲者都受到了应有的处罚,如果为非者从来占不了便宜,那么谁还敢为非?哪里还有讼端?

这就是崔述设计的息讼、无讼之途径。这比起那种不问青红皂白地

---

① 曹德成:《中国法系研究发微》,《中华法学杂志》七卷四期,1948年。
② (清)崔述:《无闻集》卷二,《讼论》。
③ (清)崔述:《无闻集》卷二,《争论》。

认为"打官司的无好人",因而对原被告"各打五十大板"的主张不知高明多少!这种息讼途径,比那种旨在使不管有理的没理的、理足的理弱的、合法的不合法的都捞不到什么好处,争讼双方都吃苦头,让他们将来再没有兴趣也不敢叩县衙大门的息讼方式,自然要复杂得多,难以操作得多,当然需要法官有更高的品德和才能,也需要他们有更多的艺术和耐心。

第十二章
"贱讼"：因噎废食的评价

有讼的原因

无讼的社会是一幅多么美好的田园诗般的景象啊：那里人人恭让谦和、不竞不争，人人都克己自抑，人人都以争"蝇头小利"为耻；法律派不上用场，警察和法庭没有事做了，甚至官吏也不必要了……谁不希望在这美好的环境里颐养天年呢？然而，这美好的社会犹如海市蜃楼，可望而不可即，它只能存在于人们善良的愿望中。现实的世界，常常是"人欲横流"、讼争不断的世界。国与国争，人与人斗，甚至父子、夫妇、兄弟都经常不惜撕破脸皮争财争利、相讼于庭。这种情形，自三皇五帝到三代，自三代到秦汉，自秦汉到魏晋，自魏晋到明清，大有从无到有、从小到大、愈演愈烈、"一代不如一代"之势，无怪乎古代中国的道学先生们常常喟然长叹"礼崩乐坏""世风日下""道德沦丧""民心不古""国俗陵夷"了。

在道学先生们看来，从"让畔让居"的尧舜时代，"让畔让长""刑措不用""天下晏然"的文武成康时代，到"君不君、臣不臣、父不父、子不子""贵贱无序""礼崩乐坏""天下无道"[1]的春秋战国时代,直到"专以人欲行""人欲横流"[2]的唐宋以后的时代,世道似乎是一天比一天堕落,因而争讼也就一天比一天多起来。

在他们的心目中,争讼多就是世道堕落的标志。孟子说:"世道衰微,邪说暴行有作,臣弑其君者有之,子弑其父者有之……"[3]商鞅说:"古之民朴以厚,今之民巧以伪。"[4]晋人葛洪说:"至淳既浇于三代,大朴又散于秦汉;道衰于畴者,俗薄乎当今……"[5]这些话,都反映着古人的"九斤老太历史观"——"一代不如一代"。他们认为,道德堕落者才好讼:一个人的道德越坏,就越喜欢打官司;一个地方社会的普遍道德水平越低,那里的争讼肯定就会越多;一个时代比上一个时代的道德水平更低,那么民刑案件的发案率肯定会比上一个时代更高,法官肯定会苦于积案于山、应接不暇。简单地说,在古代中国人看来,"缺德者"才会"滋讼",才会惹是生非。

孟子认为,人的本性中虽然生来就具有仁义礼智四种"善端"或"良知良能",但它们仅仅只是极微弱的"种子"而已。除此之外,"人之异于禽兽者几希",与禽兽很少有不同之处。如果"饱食暖衣,逸居而无教,则近于禽兽"[6]。一个人如果不注意保护这点"种子",不注意浇灌培育并使其开花结果,那么这"种子"就要枯亡,那就叫"放其良心"。所谓"放",就是丧失。道德教化的目的,就是教人们保护和培育这些善的"种子"。这点"种子"一旦枯死或丧失,人就跟禽兽一样,什么事都干得出来——争食、争偶、争居、争物,毫不感到羞

---

[1]《史记·孔子世家》。
[2]朱熹语,转引自《陈亮集·又甲辰秋书》(一)。
[3]《孟子·滕文公上》。
[4]《商君书·开塞》。
[5]《抱朴子·外篇·用刑》。
[6]《孟子》之《公孙丑》《告子》《离娄》《滕文公》。

耻，斗讼正由此产生。

荀子则认为，人生来就是"好利"、"好声色"、容不得他人、"好逸恶劳"的，生来就是有贪欲的。"人生而有欲，欲而不得，则不能无求；求而无度量分界，则不能不争。争则乱，乱则穷"①。因此，"必将有师法之化，礼义之道（导）"，才能抑制人的这种天生恶性，"然后出辞让，合于文理而归于治"②。这就是说，因贪财贪色而发生争讼，是自有人类社会以来就有的。谁的这种动物般的恶性没有得到彻底改造，谁的道德教化不够，谁就会好争讼；哪个时代不注意对人们进行道德教化，就肯定会产生许许多多的争讼。

古时的思想家们关于争讼产生原因的最典型解释，一个是性善论的解释，一个是性恶论的解释。前者认为人类生来就有动物所不具备的"善种"或"良知良能"，后者认为人生来就像别的动物一样好吃喝玩乐、好逸恶劳。两者对人性的看法虽然不同，但在解释争讼产生的原因时，竟然达成了一致：争讼是道德败坏的表现或结果，是人的固有善端丧失了或固有恶端没有得到改造的结果。而且，关于争讼的发展趋势，他们的意思也不约而同：愈古的人们道德水平愈高，讼争愈少；愈往后来，人们道德愈卑下，讼争愈炽烈。

当然，在古代中国，对争讼问题持客观理性态度的也有，只是很少。如清代考据家崔述说："自有生民以来莫不有讼也。讼也者，事势所必趋也，人情之所断不能免也。传曰：饮食必有讼。"又说："两争者，必至之势也，圣人者其然。故不责人之争，而但论其曲直。"③这些见解，比起那些头脑冬烘的道德先生当然要理性得多。在这里，他所做

---

① 《荀子·性恶》。
② 《荀子·礼论》。
③ （清）崔述：《无闻集》卷二，《争论》《讼论》。

的仅是一个事实判断,而不是价值判断,这是比较公允的。他认为,对讼争行为本身不应评论其是非优劣,只应该就争讼的事实内容做是非曲直判断,亦即事实判断加价值判断。

古人眼中的"讼"

"讼"是道德衰微的结果。因此,古代中国人眼中的"讼",几乎就是不光彩的同义语。于是,他们说到诉讼行为及参讼者时,常常要加上一些明显含有贬义的前缀或后缀词,以示鄙弃。这些词,如"滋讼""兴讼""聚讼""讼棍"等,厌恶、贬抑之情,溢于言表。特别是这个"滋"字尤为刺耳。"滋讼",在古人那里,就是"挑起纠纷""惹是生非"的意思。正因如此,"讼师""讼棍""好讼之徒"等,便成了十足的贬称,且简直可释为"道德败坏之徒"。在古人心目中,他们大多是"獐头鼠目""尖嘴猴腮""鬼头鬼脑""皮笑肉不笑"的面目可憎之辈。正因如此,"讼学""讼术""讼辞"等也成为十足的贬称,简直可以释为"道德败坏者的卑鄙伎俩""害人之术"。而"滋讼""兴讼""聚讼""争讼""健讼""好讼""包揽词讼""打官司"等,几乎都成了"干道德败坏的勾当"的同义语。这些观念,与今日的"诉讼权利""律师""法律学""正当程序"等观念不知相去几万里!正因如此,古人才一再倡导"无讼""去讼""贱讼""息讼""止讼";官吏们才会把"辩讼""决讼""断讼"不仅仅看成解决民间纠纷的日常公务,而且看成维护道德、弘扬道德的伟大事业。

反映这类观念的事例很多。

早在春秋时期，中国最早的"律师"邓析，就被视为卑鄙可恶的小人，被国家的当权者杀害。据史书记述，邓析的全部"罪行"，不过就是教老百姓打官司之术，还帮人代理诉讼并且收取报酬。据说，因为他在"讼学"方面知识渊博，于是"民之献衣襦袴（献长衣、短衣做学费）而学讼者，不可胜数"，他于是开起了私人诉讼培训班。此外，邓析还私自起草法律，企图取代国家不完善的法律。①荀子说邓析"不法先王，不是礼义，而好治怪说、玩奇辞……持之有故，其言之成理，足以欺愚惑众"②。《吕氏春秋》说邓析"以非为是，以是为非"③。很明显，他们把邓析描写成了一个道德败坏而又诡计多端的"讼棍"并加以唾弃。这说明那时的道德家们就以诉讼为耻，就认为诉讼是只有卑鄙狡猾的有文化的小人以及愚昧无知未经道德教化的老百姓才干的下流勾当。

汉代的人们也是这么看的。《后汉书·陈宠传》记载，东汉人陈宠在主政西州之前，那里有三大现象："西州豪右并兼，吏多奸贪，诉讼日百数。"在他主政后，"讼者日减，郡中清肃"。史书明确地把诉讼多视为与豪右兼并土地、官吏贪污一样的丑恶现象。

王安石变法时，为了给国家培养专门的司法人才，设立了一个新的科举专业门类——"明法科"，相当于今之高考在文、理科之外加一个法科。这一科考，要求士子们学习了当时的法律知识后前来应试。此事遭到了当时保守派的强烈反对，如司马光说："礼之所去，刑之所取，为士者果能知道义，自与法律冥合；若其不知，但日诵徒流绞斩之书、习锻炼文致之事，为士已成刻薄，从政岂有循良？非所以长育人才，敦厚风俗也。"④在司马光看来，法律知识及司法审判技术，只不过是讲怎

---

① 参见《左传·定公九年》及《吕氏春秋·离谓》。
② 《荀子·非十二子》。
③ 《吕氏春秋·离谓》。
④ 《司马温公传家集·起清科场札子》。

样陷人于法网、怎样对人搞"逼供信"、怎样对人施以刑罚的伎俩，不是什么好东西。它只会使人道德败坏，使人良心丧失，并不能使人变成"循良"的官吏。这就是他眼中的"讼"。

南宋人陆游也说："纷然争讼，重为门户之羞"，"纷然争讼，重为门户之辱"。①认为讼是有辱家族脸面的大丑事。元人周密在其《癸辛杂识》中也以极鄙弃的口吻记载了江西人好讼："江西人好讼，是以有簪笔之讥。往往有开讼学以教人者，如金科之法。出甲乙对答及哗讦之语，盖专门于此，从之者常数百人。"②簪笔，《辞源》释曰："古代朝见，插笔于冠，以备记事。"盖以插笔于冠，有似妇人插簪于发髻，故称簪笔。簪笔之讥，大约是讽刺那些好讼者对于讼学太专注，犹如随时握笔在手准备记录他人过失，挑他人毛病，钻他人的空子，随时准备状告他人似的。

明人吕介儒说："两家词讼……是大损阴骘（阴德）事"，因为诉讼要"仰人鼻息，看人面孔，候人词气，与穿窬之心何异？"③就是说，参与诉讼就如做贼一样，尊严丧失还不以为耻，说明廉耻感早已没了，道德败坏了，所以诉讼是有损阴德的事。明人王士晋更明确地说："讼事有害无利：要盘缠，要奔走，若造机关，又坏心术。"④就是说，人只要一陷进官司中，就老是要盘算着路费呀、行贿呀、走门子呀、钻对方的空子呀等，必然导致良心败坏。

清代文学家袁枚也这样看待诉讼。他为知县时，有兄弟三人争父亲遗产，父死刚满七天（旧礼上称"终七"或"满七"）就投状县衙。袁知县见状大怒，挥毫批道："父尸未寒，挥戈涉讼，何颜以对祖父于

---

① 《陆游绪训·戒子录》。
② 《癸辛杂识·讼学业觜社》。
③ 《先正遗规·吕忠节公署门七则》，该书为清雍乾时人陈宏谋编。
④ 《得一录·宗祠条规》。

第十二章 "贱讼"：因噎废食的评价　　189

地下，何颜以对宗族于人间！"①并立即对三兄弟治以"不孝"罪。很明显，这位才子知县所愤怒的，不是兄弟三人中有人竟想独占或多占遗产，而是这种"父尸未寒"就"挥戈涉讼"的"不要脸"的行为本身。在他看来，平常诉讼本来就不太光彩，而父丧之际涉讼，尤为道德败坏。如果诉讼不被视为不道德的事，那么人们又有什么理由去责备呢？在这种"父尸未寒"的悲痛时刻，只有做坏事才会被责备。

不仅士大夫如此，就是普通老百姓，也十分讨厌打官司。在清代顺天府宝坻县的刑房档案里，凡是百姓向官府请求息讼的呈状，尽是这类语句："乡农之人，以无事为荣"，"永断藤葛，实不敢再劳天心"，"仰体天台息事安民之至意"，"素仰天台爱民如子、息事宁人之至意"。②

美国学者德尔克·波德所指出："（儒教）传统认为，兴讼是道德败坏的标志，而这些人（指讼师）就明显被视为社会稳定的敌人。"③近代著名法学家梅汝璈先生也曾指出：西方法学家们认为是一切法律秩序基础的"权利之争"，在古代中国的思想里根本不存在。"在中国人看来，对于原则的固执或对于权利的争持，和肉体的殴斗是同样的下流、可耻。……妥协、调和是莫上的德性。"④这实实在在地揭示了"讼"在中国人心目中的形象、地位和性质。一般参讼者就被视为道德败坏，以策划诉讼混饭吃的人当然就更被视为无耻之尤。"讼棍"这一贬称长期被人使用就是一个明证。

以当今法治时代的眼光来看，诉讼行为本身只是一个实现权利的方式，对它不可做价值判断，它本身无所谓道德不道德。可以做价值判

---

① 《袁子才判牍·兄弟争产之妙批》。
② 转引自曹培：《清代州县民事诉讼初探》，载《中国法学》1984年第2期。
③ 〔美〕德尔克·波德：《清律中的老小废疾》，载《On Chinese Legal Tradition》论文集，纽约1980年版。
④ 梅汝璈著：《中国旧制下之法治》，载吴经熊、华懋生编：《法学文选》，上海会文堂新记书局1935年版。

断的，是这些程序、方式或手段背后承载的内容，即：为什么打官司，诉讼的动机目的是什么？如提起诉讼的目的、动机是诬告、陷害他人或诽谤他人，或想不正当地夺取他人合法财产等，那当然是不道德的，当然要谴责甚至痛斥。但是，如果动机、目的是保护自己或他人的合法权益，那当然是道德的，丝毫不应谴责，不管其在什么悲痛哀戚的时候。古人在谴责那出于卑鄙动机的诉讼行为时，不分青红皂白地把诉讼这个澄清是非曲直的正当形式本身也否定了，真是因噎废食！

讼与"面子""族望"

诉讼行为本身既被视为不道德、不光彩的事，于是，参讼者就当然被众人认为丢了"面子"，也就是丢了脸。一人诉讼，使自己的家族受辱蒙羞，这就叫作"有损族望"，也就是给整个家族丢脸。

"面子"大概是中国人特有的概念，它既不可释为尊严、荣誉、名声，也不可释为虚荣。在我们看来，它是综合上述多重含义的一个复杂概念。这个概念有一个极有趣的特点，即：它是以别人（而不是以自己）的立场为出发点而赋予含义的。与"面子"（外表）相对的是"里子"（内实）。"里子"的好坏，自己完全可以判断；"面子"的好坏，正如脸上有无污点，如果不借助镜子，自己并不知道，只有待别人作判断。中国人素来格外重视"面子"，也就是格外重视别人对自己的评价，甚至把"面子"看得比"里子"还重要。典型的例子是：传统的中国人在中止或终止某些不道德行为时，理由常常不是"我良心（或理性）上认为此事对他人、对社会有害，因而不能做"，而是"怕人看见""怕人说闲话""怕人有意见""怕在别人面前抬不起头来"等。这完全是以他人的评价作为自己存在的那个坐标系的O点。

地方长官们审理案件的批词、判词，非常显著地体现了对"讼"的这种认识。光绪年间，陕西秦中某地一官员刚刚去世，其遗孀就投状官府，状告亡夫前妻之子不孝，要求分家析产。被告（孀妇之继子）亦呈词申辩。知县樊增祥受理案件后，立即在被告呈词上批道："士族涉讼，且系男女涉讼，男女而又系母子涉讼。此等官司，本县所不忍问也。既称吕李二人（调解人）多次管说，便可勿庸过堂，致伤颜面。……该氏孀妇跪堂，大不好看。伊即不为现在之子顾声名，亦当为已故之夫留体面……"在原告的呈词上，他也批道："况翁氏又系体面人家，两造到堂，母子对讦，成何事体？！"①在另一对举人互讼案件中，樊增祥批道："尔与宋继唐，文武两举人，平日名声俱好……构成讼案，本县深为不悦。公庭跪质，有何体面？……试思同科同乡，俱为人望，一时挟忿，构讼成仇，何以为后来相见之地乎？……尔两造不比寻常百姓。"②在这位知县大人看来，诉讼使人的体面丧失殆尽；体面人家就不应该诉讼，应尽量回避诉讼。不体面的人如农夫、商贾、倡优、仆役之类，打打官司倒无所谓，因为他们本来就没有什么"面子"，故无所谓丢面子；名门大族、官宦世家、书生士子是绝对不可涉讼的，因为诉讼可使他们名誉扫地。

古时整个家族的成员间"荣辱与共"，"一损俱损、一荣俱荣"，所以争讼或打官司所丢的"面子"，当然不仅是当事人个人的"面子"，而且也有损整个家族的大"面子"。正因如此，南宋人陆游才说争讼是"门户之羞""门户之辱"。所以，古时常有家族在修族谱时，刻意标榜"阖族和睦，历久无讼"。争讼，在中国古代的社会生活中，

---

① 《樊山全集·批判二》。
② 《樊山全集·批判四》。

很少被人视为个人的正当权利或个人的正当行为。

恶讼的有趣逻辑

在上列言论中，我们可以发现，古人认为诉讼丢面子、丢名誉、失尊严，主要是从程序手续角度上去讲的。就是说，要进行诉讼，就难免要在大庭广众之下受法官呵斥、受衙役杖击，跪在众目睽睽之下，又受旁观者嘲弄，且可能成为街头巷尾的话柄。还有，在跪庭对质之前，又难免要去求讼师，受讼师的颐指气使或愚弄……诉讼所必经的这些程序手续，都有一个共同特征，就是损害人的尊严，使人名誉扫地，使人显得十分下贱，给人以耻辱感，使人蒙羞。说"讼"丢面子的人，多半是从这个角度或这些理由出发的。这些都是从诉讼的程序问题而言的，而很少是从诉讼内容、实质的角度出发而言的。这些都说明了"面子"具有以他人的评价为中心的性质。如果不是以他人的评价为坐标系的中心点，如果是以自我的理性自觉或判断为中心，如果从诉讼的内容、实质而不是仅从程序角度出发，那么所谓"讼丢面子"说的理由就应该不是这样的。如果讼者自省"我自己道德这么低下——竟与人诉讼！企图造成别人的不利，来满足自己的利益，实在问心有愧！我还有什么（道德）资格跟大家站在一起呢"等等，而不仅仅是以"跪质公堂""受人呵斥""千夫所指""仰人鼻息"或"从此以后被人瞧不起了"等理由来贱视诉讼，那才是真正的贱讼——以讼为道德上的贱事。"讼"和"面子"，从在别人面前失去了体面这一意义上，联系在一起了。古人"恶讼""贱讼""息讼""止讼"，大多是从这一角度出发而立论的。把握了这一点，才算是把握了中国古代"贱讼"观的真谛。也就是说，古人的真意是："讼"会带来上述一系列可恶的后果，程序手续上必然使人体面扫地，如果有人仍敢做，可见这种人不要脸皮了；连脸皮都不顾的人，道德当然败坏。

这实际上是倒果为因地推出的一个判断，在逻辑上当然是错误的。反过来，如果是从原因（即争讼的内容实质）的角度来"贱讼"，那就是另外一种逻辑了。

古代中国的"贱讼"逻辑，其实并不是真的以诉讼为贱（卑鄙）事，不过是因为诉讼所必然遭受的麻烦、耻辱、痛苦程序而心生恐惧、厌恶而已。所以，实质不是贱讼，而是恐讼。

这种逻辑，当然不只是我们的推论和发挥。明人王士晋手撰劝本族子弟息讼、止讼的《宗祠条规》早已把这一心态（不自觉地）表达得淋漓尽致了：

> 太平百姓，完赋役，无争讼，便是天堂世界。盖讼事有害无利：要盘缠，要奔走，若造机关，又坏心术。且无论官府如何廉明，到城市便被歇家撮弄，到衙门便受皂吏呵叱；伺候几朝夕方得见官，理直犹可，理曲到底吃亏；受笞杖，受罪罚，甚至破家。忘身辱亲，冤冤相报害及子孙。[①]

王士晋列举了应该贱讼的六条理由。六条理由中，只有"若造机关，又坏心术"一条多少有些道德自省的性质，其余全都讲的是客观后果。简言之，诉讼会带来那么多不利后果，就是"有害无利"。依照他的逻辑，如果不是客观上会带来这一系列于己不利的后果，如果是"有利无害"，那么"讼"即使损人利己也就没有什么值得谴责的，也算不上什么不道德行为。

---

① （明）王士晋：《得一录·宗祠条规》。

清代曾任江苏巡抚、两江总督的大臣裕谦曾专门写了《戒讼说》一文，更体现了这一逻辑。他在文中列举了诉讼的十大坏处，如"坏心地""耗资财""伤天伦""结怨毒""损品望""招侮辱""失家教"等，劝人们百般忍让、不要兴讼。①在这十大坏处中，除"坏心地"以外，其余全部是列举对自己不利的客观后果而已。不是道德评价，仅仅是利害评价！

按照中国传统伦理评价应算是"损人利己"行为的"讼"，为什么在古代中国社会生活背景里却事实上没有得到道德或价值上的否定评价呢？

这是因为，以儒家思想为核心的中国传统道德伦理，几乎都是对熟人（自己人）而言的，是为熟人设计的伦理。中国古代的全部社会关系，就是儒家所设计的君臣、父子、夫妇、兄弟、朋友等"五伦"，这是熟人之间的"五伦"。其中就是没有"群己"（个人与群体）之间一伦，也没有"路人"或陌生人（"生人"）之间一伦。

中国的"贱讼"逻辑，尤其体现了熟人道德尺度。在中国的血缘伦理中，熟人（"自己人"）与生人（"外人"）是有很大差别的，"诉讼"基本上是对生人的行径。即使原来是熟人的，只要一打官司，就相互之间"视若路人"，亦即互相视为陌生人了。对于陌生人，就可以视为自己排泄"垃圾"的对象，在大庭广众之下互相揭短，互相痛斥甚至辱骂，互相设计让对方受损失，熟人（"自己人"）之间岂应如此？

正基于这个逻辑，所以孔子、孟子才主张"父为子隐，子为父隐"——只顾保全自己的亲人和家庭，而不管受害人所受痛苦的弥平。特别是，孟子要作为天子的虞舜不去支持司法官制裁犯了杀人罪的父

---

① 《勉益斋偶存稿》之《戒讼说》和《饬发戒讼说檄》。

亲，而是"弃天下如敝屣"地"窃父而逃"（实为劫囚、窃囚）①更体现了这一逻辑。

孟子反对复仇杀人的理由，也可以间接地帮助我们认识以血缘伦理（"自己人"或熟人伦理）为基础的"贱讼"逻辑。孟子说："吾今而后知杀人亲之重也；杀人之父，人亦杀其父；杀人之兄，人亦杀其兄。然则非自杀之也，一间耳。"②他不赞成复仇杀人的理由，不是说为报仇杀了别人而别人的亲人会像自己一样为失去亲人而悲痛，而是说：你杀了别人的父亲，别人反过来又杀你的父亲；你杀别人的兄弟，别人又反过来也杀你的兄弟；这不跟你自己杀自己的父兄一样吗？他的意思是，杀人对自己没有最后的好处，所以不划算，干不得。荀子对"私斗"行为的否定，同样间接地帮我们认识中国的"贱讼"逻辑。荀子说："夫斗者，忘其身者也，忘其亲者也，忘其君者也。行须臾之怒而斗，终身之祸，然乃为之，是忘其身者也；家室离散，亲戚被戮，然乃为之，是忘其亲者也；君上之所至恶，刑法之所大禁，然乃犯之，是忘其君也。"③这里的逻辑更清楚：不是因为会造成对他人的伤害或对社会秩序的破坏而反对私斗，而是因为会带来一系列不利于自己的后果而反对私斗——因为斗殴可能与人结下终身冤仇，闯下终身之祸，可能使自己坐牢并株连亲属，且因藐视君上的法律而得罪君主。总之，斗殴有害无利，万万干不得。这个"有害无利"的逻辑，正是王士晋所持"讼事有害无利"逻辑的源头。二者是相贯通的。虽然诉讼在性质上与"斗殴""杀人"有所不同，虽然诉讼事实上并不与那两类犯罪一样给他人、社会带来明显且直接的危害，但是在中国古代的社会条件下，在给

---

① 参见"法理篇"第五章"司法：屈法律以全道德"一节。
② 《孟子·尽心下》。
③ （汉）刘向：《说苑·贵德》引荀子语。

行为人本身带来不利后果这一点上，诉讼与那几类犯罪却是相类似的、相通的。所以难怪大家都要贱视之、止息之。只要捞不到最后的、真正的好处，只有傻瓜才干。

讼与政绩

讼不仅跟"面子""族望"有关联，而且还与官吏的"政绩"好坏紧密联系在一起。古时朝廷对地方官进行定期考绩，有一个主要项目就是"决讼""息讼"。所谓考绩"决讼"，大约是看地方官吏在任期内是否侦破判决了从前久拖未决的重大刑事案件，是否合理裁决了久拖不决的重大民事纠纷。如果在这方面有成绩，就是"能吏"，就能获提升。所谓考绩"息讼"，大约就如今天统计各地方的发案率和调解率。如果某官吏任期内辖区发案率明显下降，或虽有发生很快被调息没有造成较大社会影响，或某官吏很有一套使百姓打消告状念头或使讼消亡于萌芽状态的好办法等，如是这样，该官吏堪称贤良，可获晋升。相应地，在"决讼""息讼"两方面都乏善可陈，特别是出了重大冤假错案，或是有大案久拖不决，或是诉讼层出不穷、积案如山等，这样的地方官就叫作"罢软"或"不能"，是要罢免或降职的。可见讼之一事，跟官吏的名声、乌纱息息相关，无怪乎古时官吏们以断狱听讼为居官第一功夫。

作为皇帝对新任地方官的训示，清代《钦颁州县事宜》告诫地方官："州县为民父母，上之宣朝廷德化，以移风易俗；次之奉朝廷法令，以劝善惩恶。听讼者，所以行法令而施劝惩恶者也。明是非，剖曲直，锄豪强，安良懦，使善者从风而向化，恶者革面而洗心。则由听讼以驯致无讼,法令行而德化亦与之俱行矣。"①可见,官吏的最大职责就是对老百姓进行教化。听狱断讼只是作为"德化"的辅助时才有意义,只是作为达到无讼的必要手段时才有意义。也就是说,是为了息讼、无讼方才听讼;否则,为断狱而听讼(仅满足于解决眼下的问题),不是一个好官吏所应为。清人刘礼松说:"夫听讼而使民咸惕然内讼以致于无讼,此守土者之责也。"②这说的都是一个意思,即:息讼、止讼等,都是考核地方官吏能力优劣和政绩好坏的重要标准,"无讼"就是政绩最好的象征。

古代中国以"息讼""无讼"为官吏政绩,有着悠久的传统。据说孔子在鲁国做大司寇时,善于息讼解纷,使鲁国几乎达到"让畔让居让长"的"无讼"境界。③古籍中记载了许多颇有政绩的文官的事迹,大多离不了善于劝讼息讼、调解纠纷这一条。如东汉著名循吏吴祐为"胶东相"时,"民有争讼者,必先闭阁自责,然后断讼,以道譬之,或亲到闾里重相和解。自是争讼省息,吏人怀而不欺"④。又如西汉人韩延寿为东郡太守,以德为治,三年之间,"令行禁止,断狱大减,为天下最"。民间有讼,他动辄自己"闭阁思过",关门反省自己,弄得诉讼双方都"深自责让",郡内二十四县"莫复以辞讼自言者"⑤。这,就是这位太守的最大政绩。再如东汉人鲁恭为中牟令时,"有讼人争田,累守令不能决,(鲁)恭为平理曲直,(讼者)皆退而自责,辍耕相让"⑥。这当然也是了不起的政绩。北宋人赵清献为监察御史出察青州时,痛念"一人入狱,十人罢业;株连波及,更属无辜",十分怜惜,

---

① 《钦颁州县事宜·听断》,顺治朝。
② (清)李钧:《判语录存》,刘礼松序。
③ 参见《孔子家语·相鲁》。
④ 《后汉书·吴祐传》。
⑤ 《汉书·韩延寿传》。
⑥ 《后汉书·鲁恭传》。

乃令人马上"飞吊监簿查勘",也就是速调各地监狱统计材料、档案来查看,"以狱囚多少,定有司之贤否。行之期年,郡州县属吏无敢妄系一人者,邵尧夫(邵雍)每称道其事"[①]。包拯之名垂后世,众口皆碑,当然不仅仅是敢于决讼,也因为他善于息讼,在他的辖区常有"夜无犬吠""夜不闭户"之象。海瑞,这位明朝著名的清官也是如此,他也特别重视息讼,主张重惩兴讼特别是诬告者。他到一地任职,常常立即发布《示府县严治刁讼》《示府县状不受理》[②]等文告,特别热衷追求刑措或无讼的效果。明代哲学家王阳明任地方官时,以息讼有方著名,政绩显著。他推行了"十家牌法":十家之内有争讼等事,同甲(之人)即时劝解和释,劝解无效的才见官。息讼、止讼是"十家牌法"的最重要宗旨。他反复告诫辖区百姓:"自今各家务要父慈子孝、兄爱弟敬、夫和妻随、长惠幼顺,小心以奉官法,勤谨以办国课,恭俭以守家业,谦和以处乡里。心要平恕,毋得轻意忿争;事要含忍,毋得辄兴词讼……"[③]据说,他每到一地任职,那里马上秩序井然,争讼大减,人人相让。

今天看来,以息讼率、止讼率(即今之所谓调解率)作为官吏政绩的依据之一无可非议,但作为最主要的依据则大有问题。因为一个地方在一个时期发案率低、诉讼少,有多种决定因素,并不一定都跟官吏的才能特别是息讼解纷之才能或努力联系在一起。

[①]《宋史·赵清献传》。
[②] 见《海瑞集》上卷,中华书局1962年版。
[③]《王文成公全书》之《十家牌法告谕各府父老子弟》。

《戒讼说》

讼既在传统的中国人心目中如此可恶，于是古时"忧国忧民""以天下为己任"的"为民父母""为人师表"者们，便写了很多劝人息讼、止讼的文章，谆谆地教导老百姓，真正做到了苦口婆心、诲人不倦。

明人王士晋的《宗祠条规》（见前引），便是一篇极好的劝民止讼文。他一口气列举了诉讼的六条害处，的确叫人触目惊心。明人朱柏庐亦反反复复地劝家人"居家戒争讼，讼则终凶"。宋人范公偁（范仲淹曾孙）所撰《过庭录》一书中载，当时有位叫范峫的老学究曾作过一首《戒讼诗》为众人所传诵："些小言词莫若休，不须经县与经州，衙头府底陪茶酒，赢得猫儿卖了牛。"这都是说讼终无好果，所以劝人一定要戒讼。甚至有专门以代理诉讼混饭吃的讼师也写文劝人止讼避讼。如《刀笔菁华》载乾隆四十三年（1778）江苏吴县讼师诸轼作《解铃人语》说："事情无论巨细，既已涉讼，长官必须和而息之，庶可免人胜负不休，此亦断讼之一道也。在涉讼者亦宜得休便休，不可固执不化。……历阅古今智士，岂能万举万全？如有无为之争，悉凭亲友劝谕；即**有些微委曲，务宜容忍**，则亦临崖勒马，江心补楫之一道也。"清康熙帝（玄烨）曾作"圣谕十六条"，告诫全国人："敦孝悌以重人伦，笃亲族以昭雍睦，和乡党以息争讼，重农桑以足衣食，尚节俭以息财用，隆学校以端士习，黜异端以崇正学，讲法律以警愚顽，明礼让以厚风俗，务本业以定民志，训子弟以禁非为，息诬告以全良善，诫窝逃以免株连，完钱粮以省催科，联保甲以弭盗贼，解仇怨以重身命。"[①]这十六条最主要的精神（灵魂）就是要息讼止争，使人人安分守己。

---

① 《清圣祖实录》康熙九年冬十月乙酉朔。

地方官吏对此尤为注意，因为这直接关系到他们的政绩和乌纱帽。如清代曾任江苏巡抚、两江总督的裕谦曾专门写了《戒讼说》一文，他说诉讼违背了"五常"："人既好讼，则居心刻薄，非仁也；事理失宜，非义也；挟怨忿争，非礼也；倾资破产，非智也；欺诈百出，非信也。"他将此文印为小册子发给辖区内百姓，令州县官们广为宣传，并且多次重刊，"以期兴仁讲让，俗美风淳，勉副本府劝民无讼之至意"。①

有的地方官吏想出了更高明的息讼招数。如宋人吴自牧著《梦粱录》记载："临安府治前（有桥）曰州桥，俗称'懊来桥'。盖因到讼庭者，到此心已悔也，故以此名呼之。"其实，这"懊来桥"之名也许是州官有意取的，旨在息讼，用心可谓良苦。

直到今天我国的台湾地区，专以诉讼为业的律师，甚至仍持贱讼、息讼观念。如1979年台湾中华书局出版的《当代名人录》载：台湾著名律师朱舜耕自"开业之初，誓以'三不'为办案基本原则：离婚案不办，刑事原告、将入罪于人者不办，显无理由者不办。十余年来，一秉初衷，凡事先行沟通、疏导，防杜未然，**以清讼源**"，真不愧是中国的"贱讼"文化传统的继承者！

---

① 《勉益斋偶存稿》之《戒讼说》《饬发戒讼说檄》。

第十二章 "贱讼"：因噎废食的评价

第十三章
"息讼"：以不变应万变

在古人看来，"讼"就像瘟疫一样可恶可怕。它极易传染，败坏社会风气也迅速而剧烈，必须竭力控制；"无讼天堂"虽是那样美好，但又可望而不可即。在那个"礼崩乐坏""民心浇薄"的时代里，除了书呆子，大概谁也不敢设想几年之内复归无讼社会。于是，明智的"牧民者"首先所应考虑的，当然不是如何使人人都成为尧舜，如何使"刑设而不用"，而是在现有条件下如何尽早平息争讼，以免讼端恶化造成更大的恶果，并减少诉讼发生率。正如清代有贤臣循吏所主张的："不能使民无讼，莫若劝民息讼。"①退而求其次，这是当时最可能做的。为了止讼、息讼，古人用了很多招数。但归纳起来，不外三种：第一是道德感化以绝讼源，第二是多方调解以消讼意，第三是惩罚讼徒以儆效尤。

德教感化以绝讼源

古人认为讼之源在于道德堕落，所以息讼的上策就是对争讼者进行

---

① （清）黄六鸿：《福惠全书》卷十一。

道德感化，使其良心自觉，使其自省自责，这是正本清源的方法。古时的贤臣循吏大多是以善用此方法而闻名于世。一个好的地方官，同时应是一个极好的道德教师爷，因为他不仅能堵塞其"流"，而且能杜绝其"源"。

以道德教化息讼止讼的事例，在古时的确是太多了。清官的故事，大多与息讼解纷有关，是中国百姓最喜欢传颂的，能给受尽苦难的百姓带来一点点心灵的安慰。古代的清官故事，最主要的是三大类：一类是讲清官敢于摧折豪强权贵；一类是说他们不动刑具便能洞察真相侦破案件；一类是说他们善于化解争讼，最后使争讼各方都感恩涕零、皆大欢喜，亦即善于巧妙地寓德教于决讼过程之中。

据说孔子就擅长以教化息讼。据《荀子·宥坐》载，孔子为鲁司寇，有父子相讼。孔子拘之，三月不问。直到其父请止讼，孔子才将他们释放了。据说，孔子还专门为百姓有父子相讼而闭门思过："不教其民而听其狱，杀不辜也。……罪不在民故也。"此事的原委大概是父亲告儿子不孝。孔子将他们拘留起来，关在一起，三个月都不加审问，自己去反省"不教其民"之过，其实就是为了让这对父子在囚禁室里相对而坐，各自反省自己的错误。看来效果达到了，告状者主动要求止讼。这无声的教诲，竟感化了争讼者，孔子此举真可谓"万世师表"。后人对此事越传越神，说孔子将这对父子释放出来时，父子相拥而泣，父子感情就此得以恢复且加深了，并发誓终身不讼。

孔子的故事不管是真是假，都引来了许多"父母官"去效法，听说收效都不小（当然收效小或完全无效的，谁还愿意记载下来呢）。例如，东汉人仇览做亭长（汉时十里一亭）时，亭人陈元之母告（陈）元不孝，（仇）览以为教化未至，亲到（陈）元家与其母子对饮，为陈说人伦孝行，与《孝经》一卷，使诵读之。（陈）元深自痛悔，母子相向泣，（陈）元于是改行为孝子。又如唐代况逵为光泽县尹，有兄弟争田，逵援以《诗经·伐木》之章，亲为讽咏解说。于是兄弟皆感泣求解，知争田为耻。这些都是父母官亲自上门进行道德说教，与争讼双方"促膝谈心"，以解纷"息讼"的例子。这都是有声的教化，其精神无疑是源自孔子。东汉人吴祐为胶东相时，"民有争讼者，必先闭阁自责，然后断讼"。这是直接效法孔子，先闭门反省自己"不教其民"使民道德堕败之过失。并且"以道譬之"，就是把道德的原理用通俗易懂的方式讲给老百姓听，"或亲到闾里重相和解"，就是亲自下乡，到百姓家里进行教育。自此以后，胶东地方"争讼省息，吏人怀而不欺"，就是官民都互相爱护、互不欺诈、不打官司了。①

还有的地方官更有高招。若有民争讼难决，他们就做出打算"引咎辞职"，以谢自己不能"化民成俗"之罪的样子，不惜摘下乌纱帽去感化争讼者，使争讼者自感过意不去，对不起父母官，而自动息讼。如西汉人韩延寿为左冯翊太守时，有兄弟因田争讼，延寿大为伤心，说："我的职责应该是为本郡的表率，却不能宣明教化，至令民有骨肉争讼，既伤风化，又使得当地乡官长老蒙羞，责任在我，我应当先辞职谢罪。"于是当天称病不办公，闭门思过。这样一来，弄得争讼者所属的那个县"一县不知所为，令丞、啬夫、三老亦皆自系待罪"，全县官绅都不知所措，大为感动，也纷纷反省自己之过。讼者方面呢？"讼者宗族传相责让，此两昆弟深自悔，皆自髡肉袒谢，愿以田相移，终死不敢复争"。据说自此以后，该郡下属遍二十四县"莫复以辞讼自言者"。②可见这种无声教化的效果何等之大！

还有东汉人鲁恭也因采取同样的办法息讼而著名。鲁恭为中牟令，

———

① 参见《后汉书·吴祐传》。
② 《汉书·韩延寿传》。

专以德化为理，不为刑罚。如有诉讼，经他判决后仍有抗拒执行者，他就喟然长叹："是我的教育感化工作没有做到家啊！"于是"欲解印绶去"，就是欲交出官印，摘下乌纱，以示辞职谢罪。古时的那些驯良的老百姓，哪里经得起"父母官"这一番表演的撞击啊，他们马上就被俘虏了，觉得为了个人利益让"父母官"如此痛心，于心不忍，马上"皆退而自责，辍耕相让"。① 在这样好的父母官面前，即使丢了点田地也心甘情愿这就是言教加身教的威力。古时父母官们断讼的一般程序就是："人有斗讼，必（先）谕以理，启其良心，俾悟而止。"②

还有更奇特的教化息讼的手法，有人在这一方面堪称有创造发明。如清康熙年间，曾官至四川道监察御史的陆陇其在任某地知县时，有兄弟二人争夺财产，告状到县衙。接到案件后，这位陆知县根本不用正常诉讼程序加以讯问，不查谁是谁非，"乃不言其产之如何分配，及谁曲谁直，但令兄弟互呼"，"此唤弟弟，彼唤哥哥"，"未及五十声，已各泪下沾襟，自愿息讼"。③ 这样做，其实就是要兄弟二人在互相呼唤对方的称谓（"名"）的过程中，各自明白"兄弟之名"背后的"分"（道德义务）"实"，让他们想起兄应该"友"于弟、弟应该"悌"于兄的道德伦理。这对兄弟互相呼唤了四十多声后，大概明白了县太爷的用意，自愿息讼。"父母官"得了"仁慈""不用刑"的好名声，诉讼虽然撤回了，但争讼双方的是非曲直（财产权利）还是一笔糊涂账！

这种奇特的审判程序，陆知县大概还无权申请专利，此前似乎已有人发明过了。在陆陇其之后，也有地方官附庸风雅，动辄"但令父子互

---

① 《后汉书·鲁恭传》。
② （元）黄溍：《金华黄先生文集》卷三十五，《叶府君碑》。
③ （清）襟霞阁主编：《陆稼书判牍》之"兄弟争产之妙判"条。

第十三章 "息讼"：以不变应万变　　205

唤""但令夫妇互唤""但令叔侄互唤"等,也闹出了许多笑话。许多父子、兄弟、夫妇、叔侄互相呼唤了五十乃至五百多声,仍然不知所以,根本不生"悔讼之心",继续"相讼如故",给街头巷尾徒添笑料。

法官对争讼者以及其他百姓的教化,当然不仅仅表现在上述这些有些"作秀"的形式上,而且表现在裁决文书、公告中,也就是注意"寓教于判",是为了使境内百姓都重温判决书上所讲到的这些伦理道德,为了今后更好地止讼、息讼,亦即所谓"决今日讼,以止明日讼"。

唐代书法家颜真卿为抚州刺史时,当地有位叫杨志坚的读书人,"嗜学而居贫"。其妻因嫌志坚贫穷,乃要求与志坚离婚。案到颜刺史手里,他挥毫判曰:"杨志坚早亲儒教,颇负诗名,心虽慕于高科,身未沾于寸禄。愚妻睹其未遇,曾不少留。靡追冀缺之妻,赞成好事;专学买臣之妇,厌弃良人。污辱乡间,伤败风教,若无惩戒,孰遏浮嚣?妻可答二十,任自改嫁,杨志坚秀才饷粟帛,仍署随军。"[①]这份判决书,是一份多么典型的道德教化文告。它首先赞扬了贫居苦读的被告,宣扬了儒家"万般皆下品,唯有读书高"的道理;然后愤怒地谴责了原告,谴责她道德堕落,重钱财不重人才的市侩目光,责备她不学习那不耻贫贱在丈夫贫寒之际仍旧相敬如宾的冀缺(春秋时晋国人)之妻,而专学那在丈夫贫贱时厌弃丈夫的朱买臣(西汉人)之妻。并认定原告犯了"污辱乡间,伤败风教"的罪名,除给严厉的道德谴责外,并施以"答二十"之刑罚,最后还不忘将被告录用为公务员。我们可以看到,这份判决书,根本不曾引用法律条文,完全是凭着一般的道德伦理来判决。

---

① 《太平广记·卷四百九十五》。

清人陆陇其就那桩兄弟争产案件所做的判决书也是一份道德教化文告："夫同气同声，莫如兄弟；而乃竟以身外之财产，伤骨肉之至情，其愚真不可及也。……所有产业，统归兄长管理，弟则助其不及，扶其不足。……从此旧怨已消，新基共创，勉之勉之。"①这份判决书，其旨意与前者一样，不仅是为了使原被告双方知悉、诵读、理解、践行，更重要的是为了影响治所之内的所有百姓。正因此故，古时官吏在写自传或为他人写传、作墓志铭时，常标榜其为官断案的判词"一郡诵读""百姓争睹""人人争相传抄"。这样的判词，既达到了对老百姓进行道德教化（"寓教于判"）的目的，又炫耀了官吏本人的学问才华。因此，古时常有所谓诗判、词判，即判词（判决书）本身便是一首诗、一首词（如"西江月""踏莎行"之类）。②从这里我们也就更容易理解为什么古时退休官吏那么热衷于编印出版自己在任时的判词（《×××判牍》之类）的书不可胜数）。因为既能表明该官吏深通孔孟之道的伦理道德大义，又能表明他颇有文才，还能间接地炫耀自己昔时的"政绩"，且能"藏之名山，传之后世"，垂誉将来，立自己身后之碑，一举而四得。

清人魏息园曾编《不用刑审判书》，专为善于以教化息讼者树碑立传。所谓"不用刑审判"，有两重含义：第一是用教化的方法使争讼双方自愿息讼，第二是法官以其出众的智慧巧妙地得到了案件实情而不用刑讯逼供。史书所称道的绝大部分是前者，即是说，所谓"不用刑审判"主要就是"以教化息讼争"。

---

① 《陆稼书判牍》之"兄弟争产之妙判"条。
② 仅举一例。清代《坚瓠集》载，宋人王刚中为监察御史出巡福建时，有书生陈彦臣与邻居之女静女偷情，被女方母亲现场抓获。依宋刑统，无夫奸也要判一年半徒刑。但王刚中十分同情他们，有意成人之美，便挥毫写成一首七绝，是为判决："佳人才子两相宜，致福端由祸所基，判作夫妻永谐（偕）老，不劳钻穴隙相窥。"

多方调解以消讼意

调解息讼是古代地方官们的最主要职责之一，与教化息讼方法略异。教化息讼特别注重讲清孔孟之道的大道理，使人知耻、感悟而在讼前消除讼意或在讼争刚起时自愿息讼；而通常讲的调解息讼，虽也不免讲道理以感化争讼双方，但更多是在讼争进行中通过当"和事佬"去"和稀泥"——通常是回避案件中的是非，只要能息事宁人便罢，并且常有社会各方面的力量参与其事。

古时的调解大约有三种形式。

一是民间调解，明清时称"私休"。即有争讼者先找亲邻、宗族、乡保解决，不送官府。或者有一方已告官，宗族乡里抢先调处成功，即请求销案，泯纠纷于乡党宗族之内。总之是民间的所谓道德权威或"同意的权力"①取代官府的决讼功能，而且是采取了相当和缓、体面的方

江西婺源李坑古镇申明亭。明初乡间违法处理及纠纷解决之场所，国家在全国各地专设里老或耆老负责乡间申明亭事务。

---

① 费孝通语，见《乡土中国》，三联书店1985年版。

式。这种民间调解，一方面是民间宗族、村社、寺观等为了维护自己团体的体面而采取的主动积极的行动，另一方面也是朝廷及各级官府的有意鼓励。当然，争讼者也常希望这样体面地终讼，而主动寻求民间势力调解。

民间调解由来久远。近代出土的周代钟鼎铭文中，似乎就记有"宗子"（族长）调处纠纷的案例。先秦古籍中有不少民间调解的记载，汉唐民间调解更得到了长足发展。到了明代，法律明确规定："各州县设立申明亭。凡民间应有词状，许耆老里长准受，于本亭剖理。"[1]所谓耆老、里长，都是乡里德高望重之族长、士绅。他们"受理"案件，并"剖理"，当然只能算民间调解，尽管法律一度赋予他们小的惩戒权。康熙帝的"圣谕十六条"中，有"和乡党以息争讼"一条，正是想充分利用"乡党"即民间道德势力来化解争讼。

明清时期的地方官吏深知充分利用民间势力调解息讼的好处，并在所治区域竭力做到这一点。如曾官至总督、大学士的清人陈宏谋主张："慎选房长族正，分别劝惩。敬宗即所以睦族，立教不外乎明伦。临以祖宗，教其子孙，其势甚近，其情较切，以视法堂之威刑，官衙之劝戒，更有大事化小、小事化无之实效。……昔于江西酌定祠规，列示祠中，选立祠正，予以化导约束之责。族中有口角争讼之事，传集祠正秉公分剖，先以家法劝戒。当时已觉悚动，若久久行之，自能去其积习，以收远效。"[2]清人张海珊也曾主张："凡劝道风化，以及户婚田土争兢之事，其（族）长与（族）副先听之，而事之大者方许之官。"[3]

古时地方官们深知，宗族、士绅等民间势力在调解息讼过程中往往

---

[1]《大明律集解附例·刑律·杂犯》"拆毁申明亭"注。
[2]《皇朝经世文编》卷五十八《礼政》，陈宏谋：《寄杨朴园景素书》。
[3]《皇朝经世文编》卷五十八《礼政》，张海珊：《聚民论》。

比官府更有权威和效率：没有森严的衙门、执棒的衙役、可怕的刑具、烦琐的程序文书，没有隔阂感和恐怖感，使争讼双方易于接受，长老们的道德名望也使争讼双方更相信调处结果的公平。陈宏谋所说的"其势甚近""其情较切"，就是说那些乡间权威与争讼人朝夕相处、互相感到亲切，他们最易于明白讼者争讼的要害所在，他们最易于"批评在理"或"说到点子上"。

古时民间自行调处的模范事例相当多，清代更盛。如清嘉庆年间，顺天府宝坻县孀妇孙张氏诉故夫堂兄孙文降霸占了她的土地，投状县衙。知县尚未升堂问理，原、被告双方的六名亲友就主动出面调停，表示"不忍坐视"宗族因诉讼而"损族望"。于是他们先邀争讼双方到一起，自行查明详情并化解了纠纷。他们经询问详情并查看地契，方知有争议的八亩地原系孀妇之故夫典给了堂兄孙文降，直到死时还无力赎回。于是，这个"调解委员会"向孙张氏说明了原委，她自知无理，自愿息讼。此案本来至此可以终结，但"调解委员"们又觉得孀妇可怜，遂劝被告量力资助一下孤儿寡母。被告听了众人劝说，大发慈悲，表示

江西婺源江湾萧江宗祠。宗祠为旧时宗族内祭祀祖先、道德宣教、处理失范、调解纠纷之公共场所。

210　　　　　情理法与中国人

"念系一脉，骨肉相关"，情愿将原告故夫出典的土地白白让原告收回为业，并新立字据，表示以后"各守各业，永无争执，均敦族好"。一场纠纷就这样和和气气地平息了。六名亲友又联名上书知县，请求"仁天老父台太老父俯念事经讲解，施恩免讯，以全骨肉"。知县乐得当即批了"准销案"三个大字，省却了父母官多少麻烦事！[1]

费孝通先生在《乡土中国》（首版于1947年）中记述了他曾目睹的乡村调解过程："在乡村里所谓调解，其实是一种教育过程。我曾在乡下参加过这类调解的集会。……负有调解责任的是一乡的长老。最有意思的是保长从不发言，因为他在乡里并没有社会地位，他只是个（代官府征收钱粮的）干事。……差不多每次都有一位很会说话的乡绅开口。他的公式总是把那被调解的双方都骂一顿：'这简直是丢我们村子里脸的事！你们还不认了错，回家去！'接着教训了一番，有时竟拍起桌子来发一阵脾气。他依着他认为'应当'的告诉他们。这一阵却极有效，双方时常就和解了。有时还得罚他们请一次客。"[2]从这里我们可以看到乡绅"道德权力"在调处解纷中的重大作用，而国家的"法律权力"则相形见绌矣！

二是官批民调。即法官接到诉状后，认为情节轻微，不值得传讯，或认为事关亲族关系，不便公开传讯，便采取了授权民间处理的解纷模式。他们一般是在呈状上批道："着乡保（或着族长、亲友）调处，毋使滋讼！"随即将诉讼状纸转到乡保、族长处。后者接状后，立即召集原、被告双方进行调解，最后要上呈状说明事情的真实原委及处理意见，请求批准销案。

---

[1]清顺天府宝坻县刑房档案，转引自倪正茂等著：《中华法苑四千年》，群众出版社1987年版，第414页。
[2]费孝通著：《乡土中国》，三联书店1985年版，第56页。

三是官府调处。如上节以教化息讼的例子中,大多是官府的调解。如韩延寿、仇览、况逵、吴祐、鲁恭等官员之所为,正是官府调处。宋人陆九渊知荆门军时,百姓有争讼,则多方劝解。其中有些父子兄弟之间的纠纷,他总是以儒家的纲常礼教的道理来开导启发他们,最后往往使他们感动得自己把状子撕掉,重归于好。① 又如清同治年间任江苏长洲知州的蒯德模(字子范),很善于调处纠纷。有人状告姊母因借贷未成而打了他。蒯德模验得原告伤甚轻微,婉言劝道:"像你这样的贫苦人家,你姊子还来借贷,说明她比你更穷。一经提讯,不仅你姊子要受累,你也要在县城守候。衙门胥吏差役要钱是现在之急,田地荒芜是将来之苦,何必为了争一口气而绝了两家的生计呢?"说罢赏了原告两千文钱,让他回家,其人感泣而去。据说他办案常"不惜己囊平此两造"。② 他的所谓调处,的确主要是在和稀泥。案情虽轻,是非曲直还是有的。但他竟不闻不问,只求息事宁人。

又如清人姚一如为成都知府时,曾受理一个兄弟争产讼案。开庭前,一绅士来谒,馈金六千两,嘱护其兄。姚佯许之。及开审,两造到庭,该绅士亦在侧。姚乃谓其兄弟二人曰:"尔系同胞,为手足,我虽官长,究属外人。与其以金援我,何如一家相让!今金俱在,尔等自思。兄有亏还尔六千金,弟有亏受此六千金,俱可无讼。"于是"两人感悟,投地饮泣"。姚知府又对那绅士训道:"尔系伊家至戚,昆季(兄弟)奈何分彼此而辄上下其手?平时不能劝导,又欲宵(夜)行嘱托,陷我于不义。今他弟兄已和好,以后稍有龃龉,即惟尔是问!"③ 这又是典型的"和稀泥"。以金赂官固然不对,但兄弟争产总有是非曲直

---

① 参见《宋史·陆九渊传》。
② 参见(清)蒯德模编:《吴中判牍》。
③ 参见(清)诸联:《明斋小识》。

应辨明,岂能如此敷衍了事?

我们说古时民间调解、官府调解都以"和稀泥"为特征,一点也不冤枉那些"青天大老爷"们和那些"德高望重"的族长士绅们,他们自己的确就是这么主张的。曾长期为幕宾并为多地州县官的清人汪辉祖所著《学治臆说》说:"勤于听讼善已。然有**不必过分皂白**可归和睦者,则莫如亲友之调处。盖听断以法,而调处以情。法则泾渭不可不分,**情则是非不妨稍借**。……或自矜明察,不准息销,似非安人之道。"[①]所谓"皂白",就是指案件中的是非曲直。法官竟公然主张不要过分弄清是非曲直,亦即不要特别明确法律上的权益,此即"是非稍借"。这样的"调处以情",不是"和稀泥"又是什么?

惩罚讼徒以儆效尤

既经道德教化,又经息事宁人的调解,如果有人还不"觉悟",还想纠讼到底,那么就不能客气了,就要给他点厉害看看,甚至大刑伺候。这也是古时地方官们的一般看法或做法。

这里所说的"讼徒"大概包括三种人:一是职业讼师,二是事不关己而幕后唆使他人诉讼之人,三是因自己的利害得失纠讼不已、没完没了的人。

在古代中国人看来,以代书诉状并给争讼者出谋划策为职业的人是最可恶的。古人认为,他们是一些善于挑起事端并火上浇油的猥琐小人,是读书人中的败类,所以必须严加惩治。清人汪辉祖《学治臆说》

[①] (清)汪辉祖:《学治臆说》卷下,"断案不如息案"条。

第十三章 "息讼":以不变应万变

云:"唆讼者最讼师,害民者最地棍,二者不去,善政无以及人。"①这种认识,就是美国学者德尔克·波德所言讼师在古代中国"明显被视为社会稳定的敌人",因为他们破坏了人际的"和谐关系"。②

正因如此,所以古人常劝人"不可听讼师棍党教唆"③。我们在看许多古代案例选编时,常常见到县太爷在审问原被告时,喋喋不休地追问原告、被告背后有何人指使,何人出谋划策,何人教唆。一待问出幕后助讼之人——主要是"恶讼师",则立即"着实打来",以示惩戒,目的是使其将来再也不敢"唆讼"。

清人石成金著《笑得好》二集载:一秀才善辞令,惯于帮人诉讼,县官憎恶之,训斥道:"为士者,只应闭门读书,因何出入衙门,如此举动?"竟令衙役将这位秀才讼师押到一个大粪坑旁,罚其站在那里闻臭气。这事真真假假,无法证实。但古时那些县太爷们这样做既不违法,也不违反道德,是完全有可能的。

除惩罚讼师之外,古时官府还特别注意惩罚那些对"不干己"之事热心助讼,教唆诉讼,并企图获得不正当利益的人。如清乾隆五十七年(1792),贵州有位叫许朝开的老人因在某重大诬告案中"教唆词讼"被判处流刑。待执行时,此人年已七十岁。依律,年满七十岁者,除因犯"十恶"被处绞、斩以外,流罪以下应准予收赎,即交纳现金抵刑。但因此案重大,贵州巡抚不敢擅自依例准赎而上咨刑部。刑部回复说:"遵查年老之人,律准收赎者,原因其精力已衰,不致复犯,故特加原宥,以示矜全。至(于许朝开)以毫不干己之事教唆诬告,其年虽老,智虑未衰,若亦准予收赎,幸免治罪,仍得扰累乡愚,似非所以儆刁健

---

① 〔清〕汪辉祖:《学治臆说》卷下,"地棍讼师当治其根本"。
② 〔美〕德尔克·波德:《清律中的老小废疾》,载《On Chinese Legal Tradition》论文集,纽约,1980年版。
③ 〔清〕王士晋:《得一录·宗祠条规》。

而息讼端也。"①结果可想而知：不准收赎，特示严惩。

　　为防止有人怂恿、教唆他人诉讼，古时官员们甚至在规劝有讼者"以忍为尚"之外，还注意训令有讼者"亲友亦不必代言"②，尽量不让当事人亲友卷入其中（但允许并鼓励参与斡旋调解息讼工作）。特别注意劝人不要"多事"，不要管"闲事"。又如前引《明斋小识》所载兄弟争产案中，法官姚一如不责备原、被告双方，却重重责骂那位帮助争讼双方兄长一方的绅士，判定今后那对兄弟如再有争讼，"即惟尔是问"，意即只追究唆讼者的责任。

　　此外，古时"父母官"们还十分注意严惩那些在诉讼上纠缠不休的人。据清人汪辉祖《学治臆说》自记，汪氏在宁远做知县时，"邑素健讼"，即是说那个地方的人特别好打官司。"上官命余严办"，就是命其严惩好讼者。"得数名（好讼者），时时留意，两月后有更名具辞者"，就是说有人时隔两月又去诉讼，因恐被县太爷发觉是"屡讼者"，乃更改姓名投状告诉。不幸被这位细心的知县发觉。汪知县怎么惩治这些"健讼"者呢？他"当堂（将更名再讼者）锁系，一面检其讼案分别示审，一面系之堂柱，令观理事。隔一日审其所讼一事，则……杖惩，系柱如故。不过半月，（更名屡讼者）惫不可支。所犯未审之案，亦多求息。……后无更犯者，讼牍遂日减矣"③。这里根本就没有查明那人屡次投诉的案件中各自是非如何，而仅仅把屡次诉讼本身当成犯罪加以惩治。这种"锁系""杖惩"，都非清律所载用以惩"屡讼"之刑罚，律中也无"屡讼"之罪。

　　最后特别值得一提的是，古时官府还特别注重严惩"惑众构

---

① 《刑案汇览》卷四，乾隆五十七年说帖。
② （清）陈宏谋：《从政遗规》卷下，《吕忠节公署门七则》。
③ （清）汪辉祖：《学治臆说》卷下，"治地棍讼师之法"条。

第十三章　"息讼"：以不变应万变　　215

讼""聚众构讼"者,大约是因为这些人煽风点火,造成群体事件,危害最大。如清光绪十一年(1885),六品官员静山奉派前往黑龙江呼兰"发放改换地照",大约是重新进行户籍及土地登记等,趁机敲诈了一些老百姓的钱财。农民裴佃甲等"倡首邀会""界民二百余人,拥入呼兰副都统衙门呼控",即集体控诉贪官污吏。但因"聚众"深为朝廷所忌,朝廷乃判裴佃甲"聚众构讼,照光棍例,为首拟斩立决,罪上量减一等,拟杖一百,流三千里"①。这种"聚众构讼"常常是"官逼民反""大家一齐上梁山"的先兆,无怪乎官府要对倡首者施以那么沉重的打击。

惩罚讼徒的目的是以儆效尤,所以古时法官在严惩讼徒的判词中常常有"告尔乡民,以斯为鉴,不得再行滋讼""特示严惩,以为滋讼者戒""若再有唆讼者,则更加严惩不贷"一类的语句,以教训百姓。无论何时,他们还是没忘了"寓教于惩"的宗旨。

"各打五十大板"之理

"各打五十大板"的决讼方式特别值得一提,因为它在古代中国也可以看成息讼方式,这是一种以"决讼"为息讼手段的方式。它既不属于一般的调解息讼,也与一般意义上的惩治讼徒息讼不同,这就是"各打五十大板"的"决讼"方式。这种方式,与其说是断决或调处,毋宁说是法官懒惰,以懒人的办法息讼。②当然,这里所说的"各打五十大板"既是从事实意义而言的,也是从象征意义而言的。即是说,包

---

①《新增刑案汇览》卷十二,光绪十一年黑龙江将军奏。
②这些评判,今天看来,相当肤浅而偏颇。其实,古人的各打五十大板的选择,原因远远不是"懒惰"所能简单概括的。——修订注

括确确实实地真打——物理意义上的"打"以及经济意义上的"打"（罚），还包括其他名誉、精神上的制裁。只要是原、被告双方受到差不多相等的处罚，就是"各打五十大板"。

清独逸窝退士所编《笑笑录》载：清时，某知县初到任，上堂审理一案。原、被告各执一理。此知县老爷乃道："你们的话，本县都不明白。今先据原告的话，打被告二十板子；那被告的话，也还有理，再把原告打二十板子，这件事就可结案了。"此案的判决结果是双方败诉。这种事，姑不论是真是假，古时以"和稀泥"为原则的地方官们是可能做得出来的。

另据《海瑞集》载，海瑞任监察御史出巡地方时，特别反感有的地方官吏断疑难案件时的"四六分问"的"止讼"原则。"问之识者多说是词讼作四六分问，方得息讼。谓与原告以六分理，亦必与被告以四分。与原告以六分罪，亦必与被告以四分。二人曲直不甚相远，可免忿激再讼。"要判原告六分理，同时也须判被告四分理；定原告六分罪，同时也须定被告四分罪。这实质上就是典型的"和稀泥"或"各打五十大板"。这种"和事佬"的办法，为廉洁公正有名的海瑞所反感。他说："然此虽止讼于一时，实动争讼于后。"为什么？因为"理曲健讼之人得一半直，缠得被诬人（好人）得一半罪，彼心快于是矣"。他痛斥："四六之说，非和事老（佬）人乎？"[1]这正击中要害，"各打五十大板"正是"和事佬"的办法，也正是昏官惯用的办法。

古人为什么要故意这样判案？为何不打49∶51（仅从象征意义上理解）？谁理亏谁理足，其实一般法官凭其智力稍加查问便大致可知，为何还惯于不特别帮助理足者也不特别惩罚理亏者呢？其中的缘故，当然

---

[1]《海瑞集·兴革条例·刑属》。

不能仅仅解释为法官昏庸。在大多数情况下，法官用这种"和事佬"的"皂白不分"的方式结案，其实旨在"以儆效尤"防止更多的诉讼。就是说，连有理或理足的一方也不能给予过多的保护，不能让他尝到诉讼的甜头——哪怕一方仅仅比另一方多一分甜头！多一分甜头就是对诉讼者的鼓励。对理亏者予以处罚可能迫使其将来更老老实实、远离诉讼自不必说，对理足者也予以处罚大约是为了使其觉得即使有理也打不赢官司，有理也捞不到什么好处，将来就会更加畏讼、贱讼、息讼。这就是"各打五十大板"的理由。因此，古时法官们在提原、被告过堂时，常常未及讯问就先把原告痛打一顿，并训斥道：大胆刁民，不好好种田，竟敢滋讼！就是说，敢提起诉讼本身就成了一项该罚的罪行。

以不变应万变

讼事是千变万化的：没有两个情节完全相同的案件。且随着时代的发展，人们日益变得"狡伪"，诉讼的水平越来越高，作案的花样日益翻新。这在传统中国，的确是件令"牧民者"们十分头痛的事。

如何对付这些"瞬息万变"的诉讼呢？古人一再倡导"以不变应万变"。所谓"不变者"，无疑是指孔孟的纲常伦理之教，这是"万古不易之常道"，是"天地之常经，古今之通义"，是"天不变，道亦不变"的。古人认为，再复杂的讼事，只要用"父为子纲，君为臣纲，夫为妻纲""仁义礼智信"等"不变"之准则去衡量，马上"是非立判""皂白立分""曲直立决"。他们认为，绝不可为了顺应讼的千变万化而不断地更新是非标准、审判标准。为什么？因为你一"以变应变"，马上就会引起"恶性循环"——"滋讼"的方式方法就会以更快的速度和更令人烦恼、令人目眩的内容和方式迅速翻新,那也就等于鼓励百姓不断地更新、改进兴讼的手段、方法、途径、技巧,鼓励他们心灵日益"刁诈"。那样一来,后果将不可收拾。"以不变应万变",虽有些被动,但仍不失为息讼止讼之"良方"。前文所提到的道德教化以清讼源也好,多方调处以息讼意也好,严惩讼徒以儆效尤也好,全都贯穿着这个"不变",亦即都贯穿着"三纲五常""四维八德""三从四德""十义"之类"不变"的"天理"内容。

第十四章

"辩讼"："名分之前无是非"

"名分"一语，在现代社会，的确无法找到一个对应语去翻译、解释。"名"即名称，"分"即"应得""应然"。从词义上讲，"名分"，就是"依名称而应然应得"。这样的解释多么生硬！不如说，名分就是封建时代所有的人在社会生活（包括政治、经济、文化、宗教生活）中所处的地位及依此地位而被分得的"正当的"权益。"分"是由"分"（动词）字之义而来。名分，有时也可说成"名义"。即是说，

河南内乡县衙二堂（琴治堂），为县官处理一般案件特别是民事纠纷的场所。

"分"就是"义"（"义者，宜也"），就是封建的思想体系中"合情、合理、合法（'合礼'亦即'合法'）"的权益。

如果用今日民法的术语，简直可以把名分翻译为"法定的身份权益"，或者直接把"分"和"义"译成"所有权"或"法定权益"。当然，这个"法定"，是指"天理、国法、人情三位一体"那种意义上的"法定"，而不是指一般成文法条意义上的"法定"。同时，此"所有权"不仅指对物的所有权，而是包括对一切利益（名誉、身份、主祭地位、爵位、官职……）的"所有权"。

名分，是古时民事法律关系的准据，是一切法律的基石。法官决狱断讼，首先必须特别分辨清楚的就是名分，其次才是分辨是非曲直。或者说，名分本身就是古代中国最根本的、真正意义上的是非曲直标准，而平时说的事实意义上的是非曲直在审判中只是次要问题。

纷繁"名"与"分"

古代中国社会关系中有多少种"名"？谁也没有统计过。我们可以简单地分为几类列举一下。

第一类是亲属关系之"名"。其中有血亲之名，如祖父母、父母、子女、兄弟、姐妹、叔伯、甥侄、外祖父母、外孙、舅、姨母、姑母、堂兄弟姐妹、表兄弟、表姐妹等。有姻亲之名，如岳父母、公婆、女婿、儿媳等。第二类是政治关系之"名"，如君臣、官吏、公侯伯子男、亲王等爵位，以及无以数计的官称如宰相、大臣、刺史、县令、县丞之类，还包括啬夫、亭长、廷掾、三老、地保、乡绅之类，或应包括宗教中的长老、住持、寺主、道长、女冠、尼姑之类，封建帮会中的种种名称如堂主、团头、师兄、大哥之类，似也应入此列。第三类是经济社会关系之名，如士、农、工、商、军、倡、优、皂、隶之类（当然也间接表示政治地位）。

这些"名"，在古时成文法律上虽无明确规定，但其各自的权利义务（"分"），却是不言而喻的。其"分"依其"名"之千变万化而有千万种差异。"名"稍有一点差异，"分"就随之发生一些变化，尽管这些变化有时如不特别留意还不一定马上感觉到。所以，这些"名"的不同绝不仅仅是称谓不同而已，而是不同主体不同权利义务在法律上的公告或标示。在古代中国，"名"意义重大。如果有人与其堂兄弟、表兄弟发生财产纠纷，控诉侵占其家财。一般法官审判时，如审得情况属实，自然会对表兄弟处罚更重，对堂兄处罚可能稍轻。为什么？因为"名"不同而决定了"分"或"义"有别：堂兄属于"本家"（堂者，本宗之堂），表兄属于"外家"（表者，外也）。古时处理财产纠纷案向来"内外有别"，故结果当然不应一致。

外国人学汉语，常埋怨中国的称谓太多太复杂。其实，这不仅仅是一种语言上的差异，而是文化深层结构上的鸿沟。他们不知道，如果没有这些千变万化、各不相同的称谓（"名"），中国传统社会中那一套比任何外国更周密、更精致的宗法血缘等级结构体系就都不复存在了。在英语中，aunt一词可以表示婶母、姑母、姨母、舅母等等，brother可以表示兄、弟，cousin可以表示堂兄弟姐妹、表兄弟姐妹，niece可以表示所有侄女、甥女，grandmother可以表示祖母、外祖母。这些称谓，中国人感到好笑，简直一团乱。近代史上初译英文的人们常因此而讥笑英美国家的人"无长幼之分""无男女之别""无内外之别"，说他们是"没有教化的民族"，有如当时孟子指责墨子"无父无君，是禽兽也"一样。其实，中国人之所以要特别区分亲、堂（从）、表兄弟姐妹和婶、姑、姨等等[①]，要特别区分"内外"，特别区分父系和母系，特别区分嫡庶，绝不是没事找事，而是为了表明他们在法律上的权利义务有所不同。所以，这些称谓简直可以看成民事主体术语。

最典型的是brother一词。西人认为兄、弟仅有出生时间先后之差，此外一无所别；中国人则认为兄弟不可不别，故有"兄友（良）弟悌"之义，有"弟卑兄尊""弟必从兄"之教，故在争讼中常常要"助兄屈弟"（详后）。"悌"，从"心"从"弟"，即是说为弟者的根本道德，就是要从心底里发出一种做弟弟的真纯感情，敬爱兄长，服从兄长，毕恭毕敬。正因为我们是"兄""弟"而不是"brother"，所以才有兄、弟各自不同的道德上的、法律上的权利、义务，也就是各自不同的"分"。所以说，有多少"名"，就有多少"分"。"名"是"分"的标签或宣示，"分"是"名"的实质内涵。得其利如无其"名"，则是"非分之利"，就是"不义之财"；如无其名而慕其利，就是"非分之想"，就是"僭越"。凡做事合其"名"，就是"分内之事"；如不合其"名"，就是"分外之事"。"过分""非分"，则为众所鄙弃。所以，古时的社会教育，第一教义就是要人们"安分守己""不慕分外之物"。"非礼勿视，非礼勿听，非礼勿言，非礼勿动"[②]，实际上这个"礼"就是"分"。"礼者，所以定分也"，"礼所以正名定分，以止争夺"，这是古人的一般认识。

[①] 古代中国特别注意区分所谓"三父八母"，就有强调权利义务不同的意思。同居继父、不同居继父、随继母改嫁之继父，合称三父；嫡母、继母、养母、慈母、嫁母、出母、庶母、乳母，合称八母。《元典章·礼部三·丧礼》有三父八母服图。这些区分，主要是为了确定不同的丧服等级，实际上就是为了确定与丧祭承继相关的权利和义务的细微差别。原书没有提到古代中国真正典型的复杂"名分"区分——"三父八母"，显系重大疏忽。——修订注

[②]《论语·颜渊》。

权利、义务生于名分

中国古代几乎没有今天意义上的权利义务观念，只有名分或"分"的概念与之相近。"分"主要指义务，但也含有权利。但在本节里，我们姑且把古人认为依礼依法所应得或所可为者称为"权利"，把他们认为依礼依法所必须为、不应为、不应得者称为"义务"。

中国古时人们的权利义务依名分或名位而来，此即《左传》所云"名位不同，礼亦异数"[1]。孔子讲"正名"，强调"君君臣臣父父子子"，其实也可以理解为想特别强调厘清不同社会成员所具有的不同权利义务。有什么样的名分，才有什么样的权利义务。无此名必无此权利义务，有此权利义务必要求此名。

我们简单地列举几种"名"及其相应的权利义务（"分"），以为说明。第一是"夫"。有夫之名分，必有夫之权利义务，否则夫将不夫。《白虎通》云："夫妇者，何谓也？夫者，扶也，扶以人道者也。"[2]《朱柏庐治家格言》云："盖夫唱妇随，乃持家之定理。……万不可偏听妇言。……古人闺阁之内，严于朝廷；夫妇之义，要在有别。书云'牝鸡司晨，惟家之索'，不可不永以为鉴。"[3]这里讲的就是夫的权利义务。就是说，夫是一家之主，有决策之全权，妇只可顺从。又《大清律·户婚》"出妻"条云："若妻背夫在逃者，杖一百，从夫嫁卖。"就是说，丈夫又有卖妻子之权利，妻只不过是丈夫支配下之一物。在中国伦理中，夫似乎没有什么单独的义务。《礼记》"十义"中

---

[1]《左传·庄公十八年》。
[2]《白虎通义·嫁娶》。
[3] 这一段文字，当时未注明出处。今查不是《朱柏庐治家格言》原文，亦不见于其他家训。当时不知自何处查得，未加详注，惭愧。这一段话大约是清人对《朱柏庐治家格言》的注释文字。现一时查不清出处，又不忍舍弃，暂留存疑于此。——修订注

有"夫义妇听","夫义"勉强可以理解为夫的义务。但什么叫"夫义"?从来没有明确的解释。法律上也没有关于"夫义"的规定,夫除直接触犯有关罪名外,若仅仅道义上"不义",也没有法律制裁。

第二是"父"。有父之"名分",就有一连串相应的"父权",也有一些相应的义务。这里的"父",指的是一家之中辈分最高的男性尊长。《唐律疏议》云:"凡是同居之内,必有尊长。尊长既在,子孙无所自专。"又曰:"若卑幼不由尊长私辄用当家财物者,十匹笞十,十匹加一等,罪止杖一百。"①这是说家长(即"父")有家庭财产的最高支配权。司马光说:"凡诸卑幼,事无大小,毋得专行,必咨禀于家长。"②这是说家长即父有家政的最高决策权。同时,父又有将子女作为财产出卖之权,如汉高祖尝颁法令,允许百姓卖子。③《汉书·严助传》如淳注云:"淮南俗卖子与人作奴婢,名曰赘子。"此外,父还有主婚权,即子女的婚姻完全由他决定。如《唐律疏议·户婚》"尊长与卑幼定婚"条云:"诸卑幼在外,尊长后为定婚,而卑幼自娶妻,已成者,婚如法;未成者,从尊长。"《大明令》及《大清律例》都要求,嫁娶皆由祖父母、父母主婚。④至于父的义务,大概就是"十义"中的"父慈"。什么是"慈"?大概就是要求对晚辈慈爱一点。但这也似乎只是道义上的义务,不是法律上的。如"不慈",也不受法律追究(构成杀、伤除外)。反过来,子女对父"不孝"是最严重的犯罪。

第三是"君"。有"君"之名分,必有"君"之权利义务。君之权利或权力就是"礼乐征伐自天子出",就是"君要臣死臣不得不死",就是"权势独制于君",就是"普天之下莫非王土,率土之滨莫非王

---

① 《唐律疏议·户婚》"卑幼私辄用财"条。
② (宋)司马光:《书仪》卷四,《居家杂仪》。
③ 《汉书·食货志》。
④ 参见瞿同祖:《中国法律与中国社会》,中华书局1981年版,第17—18页。

第十四章 "辩讼":"名分之前无是非" 225

臣"等等。至于"君"的"义务","十义"中有"君礼臣忠"的要求,要求"君"礼遇臣子,不可过分轻侮。但这也是道义上的义务。君如"不礼"臣下,法律也无可奈何。

以上就是传统中国秩序中的"三尊"("三纲")之君、父、夫的名分及其相应的主要权利、义务。我们当然是择其要者而略述之,无法一一列举。下面我们再来看"三卑"的名分及其相应的义务、权利。

首先是"妇"。有"妇"之名分,必有妇之义务、权利。但"分"对她来说,首要的是义务,是顺从,是"夫为妻纲",是"在家从父,出嫁从夫,夫死从子"①,是"妇人以夫为天"②,是"无违夫主"等。《白虎通》说:"妇人有三从之义也……妇者,服也,服于家事,事人者也。"③古人有时也说夫妇(妻)在名义上是相等的。《说文》:"妻,妇与己齐者也。"《释名》曰:"夫妻,匹敌之义也。"但事实上,"齐"者,"匹"者,在法律上都无相应的规定和保障,倒刚好有相反的规定。如《大清律例》规定:妻根本没有家庭财产的支配权,必须从夫,妻不得有私产。甚至改嫁时不但不能带走夫之财产一部分(今日夫妻共有财产),连其从娘家带来的妆奁(嫁妆)亦由夫家作主。④观念上更是如此,如《列子·天瑞》云:"男女之别,男尊女卑,故以男为贵。"《孟子·滕文公下》记载,女子出嫁之时,父母必戒之曰:"必敬必戒,无违夫子。"《礼记》"十义"中规定"妇顺",即妻子必须听夫的话。《尔雅·释亲》云:"妇之言服也,服事于夫也。"《孔子家语·本命解》说:"女子者,顺男子之教而长其理者也,是故无专制之义。"这些其实都是讲妇女的义务的。至于妇女的"权利",

---

① 《礼记·郊特牲》及《孔子家语·本命解》。
② 《唐律疏议·户婚》"匿父母夫丧"条。
③ 《白虎通义·嫁娶》。
④ 参见《大清律例·户律》及《户役》"立嫡子违法"条。

古时法律曾规定在三种情况下可以理直气壮地拒绝丈夫的离婚要求，即《孔子家语》所云：有所取无所归（指无娘家可归），与夫一起为公婆守过三年丧，先贫贱后富贵。此均为唐宋以后法律所肯定。除此之外，别的几乎再也没有了。另外，"妇"有"主内"之权（男主外，女主内），也就是全面掌理家务之权。这是什么权利呢？是"教令不出于闺门，事在供酒食而已"①。是"男不言内，女不言外"②。就是说，妻只管做饭洗衣服之类，对丈夫权限之内的决策事宜不得插嘴。这与其说是权利，不如说是片面义务。

与妻（"妇"）相关的是妾，其义务比妻更多更苛刻，而权利更少。《唐律·户婚》规定，在父母及夫丧期间嫁娶者，徒三年，但如只是纳妾而已（不是法定正式婚姻）则减三等处罚，并"各离之"，即强令解除婚姻。为何纳妾罪轻？《疏议》曰："妾既许以卜姓为之，其情理贱也，礼数既别，得罪故轻。"妾的法律地位，在家里完全同于奴婢，故不存在婚礼及离婚问题，弃之若逐一仆；她不但得服侍夫，也得服侍夫之正妻。古时甚至有夫杀妾而法律不闻不问之情形。

夫与妻妾的权利、义务的差别，实际上是"男女有别"所致，而非仅由夫与妻妾之名分差别所致。《唐律·户婚》规定，在某些由家长（父、夫）单独担责的犯罪中，妻、妾、女并不连坐。理由是："妻妾及女，理不自由，故不并坐。"就是说妇女从来都得由男人来支配，不管其名分是"母""妻""妾""女"等。"夫死从子"典型地说明妇女没有独立的人格权。

其次是"子"。有"子"之名分，即有子之义务、权利。"为子为臣，惟忠惟孝"。子的最大义务就是"孝"，就是绝对服从父亲，就

---

① 《孔子家语·本命解》。
② 《礼记·内则》。

第十四章 "辩讼"："名分之前无是非"

是"三年无改于父之道"①。所谓"父为子纲",就是说父亲是子女的主宰。甚至有"父要子死子不得不死"之义务,这就是为子之"分"。《唐律·户婚》规定,诸祖父母、父母在而子孙别籍异财者,徒三年。《大清律例》注云:"祖父母、父母在,子孙不得有私财……若遂别立户籍,分异财产,均为不孝。"这都是说子孙(包括未嫁之女)都没有任何独立财产权。此外,子孙的婚姻,须遵父母之命、媒妁之言,自己毫无决定权。这都是由子之"名"生出来的义务。至于其权利,我们尚未找到一条关于"子权"的明显法律规定。

再次是"臣"。由"臣"之"名"生出了忠的义务,也生出了类似"讽谏"等道义上的"权利"。臣之待君,犹子之待父,必须绝对服从。《韩非子》云:"人主虽不肖,臣不敢侵也。"②即是说,即使是一个笨蛋做君主,臣子也不得违抗。孔子说臣子最大的权利就是反复"谏之而不听则去",就是有逃离昏君之权。《孟子·万章下》说贵戚大臣有"反复谏之而不听,则易位"即推翻暴君之权。但这些权利后世都没有得到法律的承认。实际上臣只有绝对的义务,而无法定权利。总之,君臣关系,绝对不可视为今之雇佣关系。

这里我们初步列出了六种"名"及相应的"分"(权利、义务)。其他还有许多"名"如兄弟、叔侄、舅甥、姐妹、翁媳、官民、良贱……以及它们相应的"分",无暇一一列举。并且,我们已列举的此六者,也只是择要而举之。

权利、义务出于名。名尊、高、贵者权利多,义务少;相反,名卑、低、贱者权利少,义务多。这一点,是古代中国的法律精神,也是处理民事法律关系的原则,它贯穿于一切民事案件的审理活动之中。

①《论语·学而》。
②《韩非子·忠孝》。

现代法律中也区分居民的身份，也区分不同类别的权利义务主体，但比起昔日伦理的烦琐规定，简直简单透顶。现代法律，在政治性法律上，无非是区分全权公民、不完全公民（如未满法定选民年龄者及依法剥夺某些公民权利者）。在民事性法律中，无非是区分亲等、直系旁系血亲、姻亲等，且这种区分就是为了一个目的，即解决权利拥有和继承问题，这与古代中国区分"名"的目的大不相同。这些区分，其实可以视为现代之"名"，其相应权利、义务也可以视为现代之"分"。但古今名分相较，其差别不啻天壤。古代的"名"和"分"，有千万重意义，今日则简化为几种了。这是因为今日是崇尚人格平等的社会，无须用那复杂的名分去构筑一个等级森严、层级过多过密的社会生活秩序。

如此说来，权利义务生于名分，古今也有相通。

仅就亲属之名分而言，名分的等次、远近亲疏怎么表示、计算？古罗马人发明了他们的亲等计算法；中国人发明了"丧服计算法"[1]——就是根据为死者服丧悼念时依礼应穿戴什么样的守丧服饰、哀悼期长短、表达何等程度的悲戚样子来确定亲属关系的亲疏远近等级：斩衰、齐衰、大功、小功、缌麻、袒免亲、无服亲……这就是古代中国社会生活中通常所说的名分中的主体部分。

在以血缘伦理为基准的社会生活里，非亲属关系也大致是换算为亲属关系的名分后才能确定实际权利、义务的。如臣同于子，奴仆等于子，生、徒等同于子，寺观主持亦视同"三纲"，江湖同伙视同兄弟之类。

在古代中国的民间诉讼审理时，官员们一般都特别重视名分。名分的重要性甚至超过事实本身，直接决定谁能胜诉。在亲属圈中，斩衰亲等最近，名分上最亲、最高，当然权利更多，且能更好地受保护；齐

---

[1] 参见本书刑事篇第九章《服制与刑罚：准五服制罪》。

衰次之，大功、小功又次之，缌麻更次。如有亲属关系的人之间发生斗讼，系斩衰亲等者，则卑幼罪恶最严重；而愈往下几个亲等，罪恶愈轻；缌麻亲属之间斗讼，卑幼罪责更轻；无服亲属斗讼，卑幼罪责同于凡人。在遗产继承、婚姻家庭、契约等民事法律关系中，五服之名分（亲等）尤有重要意义。君臣之分也好，公侯爵位之分也好，良贱区分也好，男女之分也好，五服亲等之分也好，都是为了一个目的，就是区分不同等级、不同层次、权利义务不等的法律关系主体身份，就是为了强调从来就没有权利完全相等的权利主体，就是为了排斥所谓法律权利平等的观念，就是为了建立一个"贵贱有等，长幼有差，贫富轻重皆有称"[①]"衣服有制、宫室有度、人徒有数、丧祭械用皆有等宜"[②]的等级生活秩序。

名分本来是阶级压迫、等级压迫的产物，是统治阶级既得利益的保护网。这当然不仅仅就"五服"之名而言，而是就君臣、父子、夫妇、主仆、尊卑、嫡庶、贵贱、长幼、内外、男女、官民、朝野等所有名分而言。名分的这种保护统治阶级既得利益秩序的意义，古代秩序的卫道士们一般是不承认的。他们一定要把名分秩序说成是天理、自然，不是人为的。如明代丘濬云："名分之等，乃天下自然之理，高卑有不易之位，上下有一定之分，皆非人力私意之所为者也。"[③]他的意思是，名尊分优的人们的特权待遇，以及名卑分劣者的悲惨待遇，都是天定的，不得怀疑，不得企图改变。

[①]《荀子·礼论》。
[②]《荀子·王制》。
[③]《大学衍义补》卷二，《定名分之等》。

"名分之前无是非"

海瑞,是家喻户晓的明代著名清官。在辩讼时,他特别注重考虑名分。他曾说:"凡讼之可疑者,与其屈兄,宁屈其弟;与其屈叔伯,宁屈其侄;与其屈贫民,宁屈富民;与其屈愚直,宁屈刁顽。事在争产业,与其屈小民,宁屈乡宦,以救弊也;事在争言貌,与其屈乡宦,宁屈小民,以存体也。上官意向在此,民俗趋之。为风俗计,不可不慎也。"①

这是这位著名清官所总结的自己办理疑难争讼案件的经验,很值得我们玩味。②他的意思是,有些疑难案件,在事实上的是非曲直尚无法弄清,而又不得不结案时,就应以伦理或礼教上的名分作为是非标准来决断。在兄弟相讼、叔侄相讼、官绅与小民相讼中,如事实无法弄清,那么就应依兄尊弟卑、叔(伯)尊侄卑、官绅尊小民卑的伦理原则来做判决。所以,宁可让名分上卑贱的弟、侄、小民受些委屈,也不能让名分上尊贵的兄、叔伯、乡宦受委屈。海瑞说这是为了"存体","体"就是"礼",就是"贵贱有别"的封建伦理。保护这个"大体",这比弄清事实上的是非曲直、厘清不同民事权益更为重要,所以马虎不得。因为依伦理道德,名分卑贱的人竟敢与名分尊贵的人打官司,这本身就是罪过,就该受一定的责罚,这就叫"名分之前无是非"。

名分大于是非,这倒不是海瑞先生的发明,其实孔子早就这样教导人们了。据《论语·子路》载:当时有位叫叶公的人对孔子说,我们

---

① 《海瑞集·兴革条例·刑属》。
② 海瑞的这些经验,现在被朱苏力教授命名为"海瑞定理"。他认为,海瑞的"与其屈……宁屈……"论述中抽象出有关司法的两个定理——公平定理和差别定理,并从理论层面和社会历史层面逐一论证其合理性和正当性。比较有意思,其实也可以参照以理解名分的法律权利义务含义。——修订注

那个地方有个正直坦率的人——他父亲偷羊，他则去证实此事。孔子听后大不以为然地说：我那个地方正直的人倒与他刚好相反——父亲为儿子隐匿犯罪，儿子为父亲隐匿犯罪，而正直就体现在这种行为中。在这个例子中，叶公所说的"直"，是事实上的直，是忠于事实真相；孔子所说的"直"，是伦理道德上的直，是忠于伦理道德的要求，也就是名分的要求。很明显，孔子主张事实之直应服从伦理之直，名分或伦理重于事实上的是非。明明为父者偷了人家的羊，孔子却不允许为子者去作证，因为伦理名分要求"子为父隐"。合乎这一点，才算真正的正直，否则就不算——名分上卑贱的人竟想置名分上尊贵的人于不利之境地，这是违犯伦理道德的，这怎么能叫作"直"呢？①

自孔子开了这个头以后，后世的法官们无不或多或少地仿效，各朝代法律甚至也做这样的规定。古时所谓"原心（情）论罪"，有相当一部分是"原名分定罪"，即依据名分决定有罪与否与罪行大小。而事实上的是非，经常被忽视。

《礼记·王制》云："凡听五刑之讼，必原父子之亲、立君臣之义以权之。"就是说，决狱断讼首先就是要用"君臣""父子"这些名分去衡量，而不是首先追查事实情节。清人徐栋所编《牧令书辑要》说，（审理诉讼）凡（事）关宗族亲谊，必须（先）问明是何称呼、系何服制。②然后再去问讯事实之是非。《大清律例》规定，祖父母、父母有将子女送官府请求惩处之权利。最重者可以请求官府处其子充军。父母如认为子孙"违犯教令""忤逆不孝"，即可送惩。法律并明文规定：

---

① 这种评价，今天看来，未免幼稚、肤浅、武断。但为真实反映当时的认识水平，未改。——修订注
② 《牧令书辑要》，《刑名》上，《审理杂案》。

232　　情理法与中国人

"父母控子，即照所控办理，不必审讯。"①就是说，如祖父母、父母到官府控告子孙"不孝"等，不管是不是事实，都应依其控告判处子孙以刑罚，根本不必去究问事实上的是非曲直。因为从名分（伦理）上讲，祖父母、父母是家中之尊贵者，对子孙这些卑幼者有完全支配权，子孙只有被支配、被处置的份（或"分"），根本没有与尊长争论事实上是非的资格、身份。因此，在伦理上，父母总是对的，总是"直"的，此即所谓"天下无不是的父母"。这个"是"，当然是伦理之"是"，而不是事实之"是"或科学之"是"。

同治八年（1869），顺天府宝坻县有一乡民扭送其子到官府，控其不孝、不赡养并打伤父亲，要求惩处。官府验伤后批道："验伤痕，不过危词耸听，理应不准"，但考虑到"父子之义"，即为子应"孝"之名分，仍"准呈送子不孝，候拘究"。②这就是说：此子无罪，唯"子"其罪。③本来事实上无罪，但因为名分上是儿子，所以在父母生气而加控告之情形下当然就有罪了。

又如前曾引过的陆陇其审兄弟争产案，乃不言产之如何分配及谁曲谁直，但令兄弟互呼，这也是先讲究兄弟间之名分（兄友弟悌），后论是非曲直（甚至根本不论），也就是"名分之前无是非"。

对这一原则，在理论上阐述得最清楚的是明人吕坤。他"曾见尊长与卑幼讼，官亦曲分直用刑"，认为此乃"愚不可及"："不知（法律规定）卑幼讼尊长，尊长准（算）自首"（因而减免刑罚），"卑幼（则）问（其）干名犯义（之罪）"，"遇有此等，即（便）尊长**万分**

---

① 《大清律·刑律·诉讼》"子孙违反教令"条判例及《斗殴》"殴祖父母、父母"条乾隆四十二年判例。
② 清顺天府宝坻县刑档，转引自曹培：《清代州县民事诉讼初探》，载《中国法学》1984年第2期。
③ 此乃谐春秋时"匹夫无罪，怀璧其罪"之典故。——庶民本来无罪，但因为曾接触过"和氏璧"这个天下至宝，所以就纷纷有罪了。

第十四章 "辩讼"："名分之前无是非" 233

不是，亦宜宽恕；即（便）言语触官，亦不宜用刑。（如若因此用刑）人终以为因卑幼而刑尊长也，大关伦理世教"。①

自《唐律》以后，直至《大清律例》，都有"干名犯义"之罪名。其规定，卑幼揭发、控告尊长，不管所控是不是诬告，不管事实真假，不管尊长最终是否因此被判罪，子孙都要受处罚，仅"十恶"中严重的国事犯罪除外。所谓"干名犯义"，就是"干犯"了名分的要求或伦理的要求。"干"，也就是"犯"的意思，"义"即分或名分之意。子孙以卑幼而控尊长，当然是不安分，当然有罪。

清人戴震曾愤怒地控诉这种"名分之前无是非"的原则，至今听来，仍觉"字字血、声声泪"："尊者以理责卑，长者以理责幼，贵者以理责贱，虽失，谓之顺；卑者、幼者、贱者以理争之，虽得，谓之逆。于是下之人不能以天下之同情（众人所同之情）、天下之所同欲达之于上。上以理责其下，而在下之罪，人人不胜指数。人死于法，犹有怜之者；死于理，其谁怜之？"②简单地说，死于"理"就是死于名分，死于礼教。的确"名分之前无是非"的原则，是一个扼杀卑贱者人格的原则，是一个吃人的原则。

---

① 《实政录·刑戒》"三莫轻打"条。
② （清）戴震：《孟子字义疏证》卷上。

第十五章
"决讼"（上）：伦理关系重于财产关系

伦理关系，主要体现于古代中国的人身非财产关系，当然也在财产关系上有部分体现。现代民法上的人身关系概念，在古时中国除名分外没有对应语。古时的一切人际关系都可以归入君臣、父子、兄弟、夫妇、朋友"五伦"之中。人身关系的全部准则，就是这"五伦"之理，亦即儒教经典所宣讲的那些道德伦理，而不是什么法律上权利、义务的规定。关于财产关系与人身关系二者之轻重，古人"重义轻利"一语几乎可以全部概括认识。"义"，既指名分（"义者，宜也"），又指有关道德准则，是故古时名分"名义"二词常相通用。"重义"，即重名分。为了维护人们之间的名分（伦常关系），牺牲任何财产关系上的是非、利益都在所不惜。当然，在财产关系与伦理关系（人身关系）不存在多大冲突时，财产所有权、债权等利益是会得到一定保护的。但是，二者一旦冲突，人们就会毫不犹豫地选择保护伦常秩序而牺牲物质权益——这就叫作"舍鱼而取熊掌"也。

古人亦有所有权观念

孔子说："不义而富且贵，于我如浮云。"[1]言外之意是：如果能以合乎道义的途径得到富贵（特别是物质利益），还是应该的。这就是他所怀有的关于财产与伦理之间关系的观念，说明他在一定程度上承认合情合理合法的财产所有权或私有权。所以，如果说古时中国人没有财产所有权或私有权观念，说他们不关心财产关系只关心人身非财产关系，显然诬枉古人了。对于此两者，古人只做轻重之分，并不是做有无的选择。

清人蒲松龄著《聊斋志异》讲过这样一个故事：某甲怀五千钱自外地返乡，因不小心，被某乙抢夺而去。某甲畏其悍，不敢反抗，乃尾随某乙至某乙之家。某乙乃把某甲抓了起来，诬指为小偷，捆到新郑知县石宋玉那里。石知县因知证据不足，乃决计另辟蹊径，于是佯称甲、乙二人都无证据，斥退他们，以使真正盗贼麻痹而暴露。不久某乙果然无意中自己泄露天机。起初当石知县斥退甲、乙二人出堂之时，旁观百姓均十分气愤，"皆谓官无皂白"。而后来使五千钱归于原主，众人又颂之"皂白分明"。[2]

这里的"皂白"观念，指的正是确认财产的合法所有权并加以保护的观念，实际上就是强调把法律上的财产权益弄清楚，而不是继续含糊下去。又，清代观弈道人著《槐西杂志》载，当时山西某商人行商于外，将其资产托其弟代管。此人后来在外地娶妻生子。过了十几年，妻病死，自己又老了，乃携子而归。其弟恐其索还资产，乃诬其兄之子系

---

[1]《论语·述而》。
[2] 参见《聊斋志异·新郑讼》。

抱养异姓子（法律规定收养异姓子不得承父业），企图以此成为兄产的唯一合法继承人。兄弟间争纷难决，竟鸣于官。最后官府下令以滴血法验证此子确系其兄之子，乃判弟将所寄托资产尽数归还其兄。众人拍手称快。[①]这个案例，既说明古时人们有即使是兄弟关系仍应区分各自财产权的观念（所以有"亲兄弟，明算账"语），有受寄托财产不可侵占的权利观念，有较明确的财产继承权观念。

又据宋人桂万荣《棠阴比事》的"章辨朱墨"一章载，宋侍御史章频任彭州九陇知县时，眉州大姓孙延世，伪造契约，企图强夺同族某人之田产。官府长期不能辨认契约之真伪，案子拖了很久。章频以及后继者华阳知县黄梦松先后承审此案，审得孙延世伪造契据实情，众人称颂。孙延世受惩，同族某人的田产所有权受保护。黄知县也因明断而晋升监察御史。这个案例说明，即便是有血缘亲属关系的同族之间，对于标志私人财产所有权之存在与转让的法律依据——契约也仍须辨明真伪，以确认田产所有权的归属。所以说，古代中国人是有财产所有权、私有财产权观念的，他们在一定程度上关心财产关系。如果有人仅仅依据"重义轻利"的逻辑推下去说中国古代的人们没有私有财产权利等观念、不关心财产关系，那就未免太武断了。兄弟之间尚且讲究合法财产之所有权，何况其他情况？

财产权不仅仅是观念问题，古时法律就有明确的保护私有财产权的规定。如《大清律·户律》"擅食田园瓜果"条律注云："**物各有主**。他人田园瓜果之类，不告于主而擅食之，**于己非分**，于人有损。故计其食过所值之作坐赃论。"就是说，擅食他人田园瓜果被视为盗窃他人合法财产并予惩处。我们特别要注意"物各有主""于己非分"八个字，

---

① （清）纪昀：《阅微草堂笔记》卷十一《槐西杂志》。

第十五章　"决讼"（上）：伦理关系重于财产关系

就是对物权的表述。"物各有主",系指物皆有所有权人(合法所有人);而"于己非分"一语更加阐明了名分概念中包含的物的合法所有权的成分。

财产所有权或私有权观念,与民事关系中的财产关系紧密联系在一起。应该承认古时中国人有此财产权观念,也在一定程度上关心财产关系,只不过表达方式与西方人有些不同而已。

伦理关系重于财产关系

古时中国人没有西方人那种绝对的(或接近绝对的)财产所有权、私有权之类的观念,法律也从不把所有权绝对化,而是对它加以种种限制,尤其是以伦常关系的原则去限制。古代法律强调礼法合一,相当一部分就体现在以伦常原则来限制财产关系的规定上面。据《折狱龟鉴》载,东汉人钟离意为会稽北部督邮时,有乌程男子孙常与其弟孙并分家,各得田40顷。后来孙并早死,又值饥荒之年,孙常乃稍以米粟救济弟媳及侄儿。这些米粟,他自己都做了账、折了价,后来竟夺弟之田作为偿还。侄儿长大后,控告伯父夺产。初审官吏都说这位做侄子的不是:你小时常遭饥饿,幸赖你伯父救济才长大成人,现在竟然控告起恩人来,"非顺逊也"。但钟离意独持异议:孙常身为伯父,理当抚济孤儿寡母。他稍稍给了一点救济,便想吞弟之田产为抵押,"怀挟奸诈,贪利忘义"。于是,他建议"夺其(孙常)田畀(给)(孙)并妻、子","众议为允",大家都觉得这样判决公平合理。从这个例子中我们可以看到,无论是初审结论还是钟离意的终审结论,都是以原被告之间的伦理关系、伦理义务为标准的,都是从维护叔侄、兄弟之间的人身关系（伦常关系）的立场出发的，都是以每个人在伦常关系中应负的义务（"分"）为衡量其行为是非的标准的。不管是说为侄的"忘恩负义"告曾救济过自己的伯伯"非顺逊也"，还是说为伯的理当救济弟媳侄儿，而不应趁机"贪利忘义"欺负孤儿寡母，两者都是从特定人身关系的伦理出发，而不是仅仅从财产关系上的是非出发的。事实上，初审官之判从晚辈应孝顺伯叔的伦理出发，过责其侄，过祖其叔，显然不公平；而钟离意的终判，从长辈应保护孤寡的伦理出发，过责其叔，过祖其弟媳侄儿，也显有偏颇。

两个判决结果虽然有天壤之别，但其依据却一致：伦常。可见以伦常确定财产关系上的是非是何等荒谬，真可谓公也有理婆也有理。如仅以财产关系上的是非而论，此案中的伯伯（孙常）确有企图多占之嫌——稍稍资济一下米粟，何须以40顷田地作偿还？而侄儿确有赖账之错——困难时吃了伯父的救济粮，伯父又未明言是赠与，当然应该偿还。钟离意恨为伯者有贪占之心，竟不顾当时的法律规定，把孙常原有的土地也夺来给了其弟媳侄儿，这实在是对当时"法律保护的土地所有权"的践踏。可怜这位为兄者，因稍有些缺德之贪心，不但借贷未追还，竟连自己原有家产一并被剥夺——今日看来，真是岂有此理！从这一案例可以看出，古人是多么重视人身关系（伦常关系）而轻视财产关系。①

类似的例子很多。清顺天府宝坻县刑档中有个案件很能说明伦理原则对财产关系的作用。光绪二十一年（1895），有位寡妇控其故夫之

---

① 今天看来，这一段评论失之偏颇。第一，"夺其田畀（孙）并妻子"，也可以理解为仅仅夺回被伯（孙常）乘机侵吞的土地，不能只理解为包括剥夺孙常自己原有的土地在内，尽管"夺其田畀"四字很容易让人作这样的理解。第二，依伦理原则判断财产关系上的是非，不能说没有任何理由，不能说完全荒谬，因为这种伦理原则本身就是中国古代财产关系形成的指南之一。——修订注

兄与她争地亩,而真正的事实是她因向夫兄"借贷未允"而捏词诬告。知县不问皂白,乃依"兄应接济弟之孤寡"之伦理道义,劝令其兄"量力资助";弟媳亦在官府具结"永不滋扰"之保证书。于是,兄遵判资助弟媳钱财若干。但弟媳仍不满足,几个月后又抢割其兄佃客地里的庄稼,兄无奈状告于官。官府又断令他再次"义助"弟媳。于是他"念兄弟之情",遵判再拿家产供弟媳"用度",并帮她置了几亩地;弟媳再具"永不滋扰"的保证而结案。但不久,弟媳又自食其言,继续到兄长门上寻衅滋事。兄万般无奈,于是再次状告于官,官府只是再次断令双方各具甘结,"互不滋扰"。①在这个例子中,法官在财产关系与伦理关系(人身关系)的天平上,只知道把砝码往伦理关系这一头加,至于财产关系上的皂白是非、正当财产所有权应否保护,在他们心里似乎无关紧要。

著名的清官樊增祥曾严厉地批判了这种过分轻视财产关系上的是非而过分迁就伦常关系的做法:"往往无理者薄责而厚赉,有理者受累而折财。问官之自命循良者,于被讹之家,(往往)劝令忍让,曰**全骨肉**也;于诬告之人,酌断(以)财产,曰**恤贫寡**也。此等断法,几乎人人如是。"②这种批评是颇切中要害的。"全骨肉"主要是强调亲属间的血缘伦理名分的保护,"恤贫寡"主要是强调"扶弱济困"的伦理人情。他认为,那种过分践踏财产所有权以维护伦常或人情的做法(判决),只会奖励无情、无义、无赖之人,而制裁真正老实、勤俭、安分之人。这一批评是非常有见地的。

还有一例,很值得一提。清人陆陇其任嘉定知县时,有黄仁、黄义兄弟俩争夺祖宗遗产,久讼不决。陆知县接案后,乃不问是非由来,

---

① 转引自曹培:《清代州县民事诉讼初探》,载《中国法学》1984年第2期。
②《新编樊山批公判牍精华》卷三。

不究曲直，挥毫判曰："鸟也知道哺喂幼雏，也知道仁；蜜蜂见花而聚众，鹿见羊而呼群，也知道义；雁飞行时有行有列，雎鸠也知有长幼之别，说明它们也知道礼；蝼蚁也知衔土堵水，蜘蛛也知结网捕食，这也是智；公鸡不是黎明时决不报晓，这就是信。这些毛虫蠢物，尚且有'五常'。人为万物之灵，岂无一得？你们兄弟俩，名字叫'仁'而不知'仁'，名字叫'义'而不知'义'：**以祖宗之微产，伤手足之天良**。为兄者虽然藏读礼义经书，却不知如何教育弟弟；为弟者虽出身科举之门，熟读经书，竟有伤兄之心。你们二人都实在可恶。古人说：同田为富，分贝为贫。你们兄弟连古时楚国的那位深明大义的乡村妇女田氏都比不上，应该感到羞愧；你们应该学习那连仅有一床棉被也与兄弟共享的姜公。你们的过错，要狠心地改；如果不改，则按律治罪，绝不宽恕。"①

这与其说是一份判决书，不如说是一份道德教化文告。说实在话，如果我们是黄氏兄弟，这份文告也足以让我们无地自容。但是，平心而论，父祖遗产，子孙继承，自古皆然，历代法律都明文保护。既允继承，哪能保证没有争议，哪能保证每次遗产分割都百分之百公平、保证各个继承人百分之百满意？所以，争议、诉讼本身根本算不上坏事，说不上是什么违反"仁义礼智信"的行为，说不上是道德败坏。我们看到，陆知县在这份判词里谴责的正是**争讼行为本身**，他并未特别关心厘清争讼背后隐藏着的事实真相、是非曲直。然而，陆知县在当时这样做是对的，是合乎中国"礼法"的。如果他仅仅局限于事实上的是非曲直和法律规定的权益，说不定还要受到"狃于法条""不知权变"之舆论讥评。因为，他的做法符合中国当时重视人身关系轻视财产关系的传统

---

① （清）襟霞阁主编：《陆稼书判牍》之"兄弟争产之妙判"，仅系译文，非原文。参见第十三章"德教感化以绝讼源"节。

第十五章 "决讼"（上）：伦理关系重于财产关系　　241

思想，应合了经义的要求，保护了"兄友弟悌"之人身伦常关系。虽然以牺牲合法财产继承权上的是非曲直（比如，依法律规定，依各自贫富状况，兄弟应各得遗产几何）为代价，但比起古人认为比生命还重要的伦常关系来说，这代价实在是太轻太小了。

"通财合食"

在以婚姻为基础而形成的血缘亲族团体①中，每个成员、每个小家庭（夫妻及未婚嫁子女）的财产，有时被视为整个亲族团体共同财产的一部分。在此团体内，无所谓个人财产所有权或私有权；成员之间互相周济：有钱同花、有饭同吃、有衣同穿、有田同耕。每个成员控制下的那一部分财产，人人都享有**道义上的使用权、处分权**（但除家长外，这些权利不能个人单独行使）。如果谁对自己个人或小家庭的财利斤斤计较、匿之箧箧，如果谁过分与亲属们在财产上区分"你我他"（也就是说，谁的私有观念较浓），那么马上就会被斥为"忤逆"或"见利忘义"。任何家族成员获得的收益，都是全家族的共同收益，应与众共享，绝不敢独吞。这，就是古代中国道德伦理所奖励的家族"通财合食"的情形。登峰造极者是五世、七世乃至九世不"别籍异财"，还在同一个大锅里吃饭，还是同一个家庭经济核算。历代所传颂的"多世同堂"（最高为"十世同堂"）故事，是它的最高体现。这，也是古人重视人身伦常关系而轻视财产关系的体现。

晋时，济北人氾稚春家族七世同居，"儿无常父，衣无常主"②。就

---

①团体组成者的血缘关系范围大小（亲疏）不一定，有大有小。参见瞿同祖著：《中国法律与中国社会》，中华书局1981年版，第一章第一节。
②《晋书·儒林传·氾毓传》。

242　　情理法与中国人

是说，"人不独子其子"，而把本家族所有晚辈都当成儿子加以照顾，给他们衣食。北魏时，华阴人杨播、杨椿兄弟一家五服内亲属"百口同爨（意为'烧火煮饭'）"，即五代百口人同锅吃饭。杨椿曾教戒子孙说："只要我们兄弟几个还活着，全家（百口人）必须同盘而食……但愿直到我们兄弟都去世时为止，不分家，不析产。"①一族百口同居同财、同锅吃饭，没有什么私有财产和小家庭财产。南唐至宋时江州陈氏"聚族千口"，十几世同居，"每食必众坐广堂"，吃饭时以敲锣为号。其后族中人口激增至3700余人。②这大概是历史上的最高纪录了。又据《旧唐书·孝友传·刘君良传》载，唐人刘君良"累代义居，兄弟虽至四从（即隔了四重叔伯兄弟关系），皆如同气，尺布斗粟，人无私焉"。即是说，四五世百余人同居，没有一尺布、一斗粟为个人私有财产，这是何等了不起的家族共产关系境界！

这种以累世同堂、"通财合食"为美的道德观，在中国的确由来久远，且根深蒂固。孔子云"不患寡而患不均（安），不患贫而患不安（均）"③，这应是这一道德观的最有力的依据。古时法律也有意鼓励这种累世同居、"通财合食"的情形。《唐律疏议·户婚》"子孙别籍异财"条规定，诸祖父母、父母在而子孙别籍异财（即分家析产）者，徒三年。该条"疏议"曰："称祖父母、父母在，则曾（祖父母）、高（祖父母）在亦同。"又规定："若祖父母、父母令别籍及以子孙妄继人后者，徒二年，子孙不坐。"这就是说：法律公然强制人们四世、五世同堂——若高祖父母在，则五世子孙不得分家析产，必须同居共财。祖父母以上尊长在世，子孙擅自分家析产要受处罚，父祖强令子孙分家

---

①《魏书·杨播传》。
②参见《新五代史·南唐世家》及《宋史·孝义传·陈兢传》。
③《论语·季氏》。

析产也得受处罚！这是一种什么宗旨的民事法律啊！

用今天的眼光看来，一个大家庭里分不分家，析不析产，关国家什么事，完全是私人的事。法律去管这么多闲事，真是岂有此理！然而古代中国正有此理，此理是中国传统道德的重要一环。因为中国古时家、国被视为一体，家是缩小了的国，国是放大了的家。家事国事原为一事，二者之外再无所谓社会，无所谓个人隐私、家庭私事。

除法律的这种公然鼓励、保护外，社会道德也特别赞誉这种抹杀个人或小家庭财产私有权界限的行为。历代史书多有孝友传，将累世同堂、"通财合食"者载入史册，欲使其"流芳千古"。历代大家族之家谱，也以"累世同堂"相自矜。地方官甚至皇帝也特别重视奖勉这种情形，动辄授以"义门"牌匾。皇帝甚至亲幸"义门"宗族，接见该族众，与之欢宴。一族若有此殊荣，当在宗谱上大书特书。一个"通财合食"的和睦家族，总是一个地方官治下的"治安模范"。秩序好，纠纷少，父母官当然十分喜欢。族中知书达礼之人（士绅）也常制定义门规范、宗祠条规之类的乡规民约去约束、教训族众，年高德劭者主动担负起对子侄晚辈进行"传统和伦理教育"的责任。

这一切，都是围绕着一个目的、一个中心：就是要淡化个人的私有财产观念或所有权观念，以维护与所有权观念有着或多或少矛盾冲突的伦常关系、伦理观念，这就是传统中国宗法社会生活的一般情形。

在我们的家乡湖北英山，一直流传着一个故事：古时某家族百口同居、合族和睦，无一人存有私财；每有收获，大家分享，无人多占。有外人不信此家族果有如此崇高道德，乃以一极小之珍禽相赠，想看看他们如何公平分食。家长受之，乃以此鸟投入大锅，熬之成汤，人各一勺，极其均平。试者不服，乃又以一个梨子相赠。家长受之，一人独吃了。试者奇怪，问其为何不均分。家长说："我们家族永不分梨（离）。"从这个故事我们可以推知，古代中国人追求"多世同堂""通财合食"，虽然有抹杀个人权利或私有财产权的动机，但也有防止剥削压迫、追求社会平等和社会保障的动机。

"违禁取利"

古时中国人轻视财产关系，轻视私有权，特别反对绝对财产权，也体现在法律禁止人们取得不合伦理道德的经济利益这一方面。

古代中国人很早就反对高利贷，法律也很早设有高利贷禁令。如果放贷人索取利息超过一定额度，就叫"违禁取利"，不仅法律禁止，亦为舆论唾弃。这正是古时道德及法律对个人财产所有权的又一限制，是财产关系伦理化的又一体现。因为高利贷违反"五常"中的仁、义、信三常，是"乘人之危"，是缺德之举，故必加以限制打击。历代王朝"重农抑商"，常包括打击高利贷者。中国古时绝对不允许"绝对财产权"观念的产生和蔓延，打击"违禁取利"便是重要措施之一。

古时的法律条文明文规定打击"违禁取利"者。如雍正朝编写的《大清律集解》律注说："放债典当以通缓急之用，**取利之中有相济之义**。然必（有）乘人之急而罔利无度者，亦必有迟欠违约负赖不还者，故立此禁限也：凡民间私放钱债及典当钱物者，每月取利并不得过三分。如借当银一两，每月止许出利银三分。年月虽多，不过一本一利。如借银一两，按每月三分取利，积至三十三个月以外则利银已满一两，与本相等，是谓一本一利。虽年月之多，不得复照三分算利……违者笞四十，以余利计赃重者坐赃论，罪止杖一百。"

很明显，《大清律集解》在这里所特别重申的是"相济之义"——

就是强调"仁"和"信"的伦常关系。"取利"是财产关系,"相济"是伦理关系。为了后者,可以竭力限制前者,打击违禁取利。

从古时法官的判词中,我们也可以看出"父母官"们打击"违禁取利"的司法努力。如《陆稼书判牍》载,陆陇其任某地知县时,有县民李辛斋放债盘剥厚利,又因此企图奸污债户王德标之妻。"王妻贞节成性,不堪其辱,投环毙命"。案到官府,陆陇其怒判曰:"放债之利,每两只该三分;偿债之家,年多不过一倍,古例为然,今犹可援。李辛斋以七两之数,贷于王德标,历年(已)还过六十两。稍具天良(者),亦可效冯谖之市义,而将借券焚矣。(彼)乃嗜欲难填,仍逼令王德标再写十两笔据一张。以七两之本,而付十倍之银,不惟子大于母,抑且发重于身,此是何等利息!此是何等盘剥!即有郭家金穴、邓氏铜山,亦不能厌(满足)其无厌之殊求也。然而李辛斋之良心,犹以为不足……"①

陆知县对李辛斋这位高利贷者的斥责,到了"怒发冲冠"的程度;他的怒斥所依据的正是伦理纲常。他认为李某放高利贷十倍取息并逼奸他人之妻系天良丧尽所致。他认为放债与借贷这一民事法律关系中,双方应遵守的伦理之"义"是周济贫困之义及偿还本息之义,绝不应见利忘义、乘人之危地剥削敲诈。他主张,"一本一利"过后的债权人应该效法"冯谖市义"焚毁债据,而不应继续无休止地勒索。这就是伦理大义的要求。②

---

① (清)襟霞阁主编:《陆稼书判牍》。这里只引用其怒斥高利贷部分。
② 原书此处的分析,有一段话明显歪曲了陆陇其判词原意,认为陆陇其指斥高利贷者就是主张"放债者应不计利息,甚至连本钱也不追回,也就是把本钱无偿地给债务人,以换回债务人(穷人)的赞誉、爱戴,而财产上的得失原本是不值得计较的"。这一段话实在是鲁莽武断,可笑可恨。其实,陆陇其主张放贷人应烧毁债券以"市义"是有前提的,前提是本案中的放贷人已经收回了十倍利息这一事实。陆陇其根本没有我理解的那些意思,是我把自己的误解强加给了陆陇其。今天看来,实在惭愧。现必须删去,不能厚诬古人,不能以讹传讹。——修订注

246　　　　　　　　　　　　　　　　　　　　　　　　情理法与中国人

酌情偿债[①]

在债务纠纷案或侵权损害案中，古时官员们一般很注重作出"酌情"赔偿或补偿判决。所谓适当赔偿或补偿，就是说在考虑多方面的情节后才决定该如何赔偿，而不都是机械"一刀切"地判决照数赔偿。这里的"酌情"实际上就是依据道德伦理的标准来判断。

我们在这里随便举几个例子说明古时法官们在处理民事案件时是如何"酌情"的，是如何责令赔偿或补偿的。特别看看他们在办案时实际上"酌"（考虑）了些什么"情"。

在某些情形下，他们会责令债务人全额或几乎全额偿还。这些情形主要包括：加害人比较富有而受害人贫穷可怜；加害人动机十分恶劣而又有赔偿能力，同时实际损失数额不太大且受害人索赔要求十分强烈不甘罢休。曾为知县的清人樊增祥曾受理过这样一个案件：寡妇贺阎氏控告当铺主人某氏（也是寡妇）企图侵吞她从前寄存在该当铺的三百金，控该当铺主人欲赖昧此笔钱财。原告呈控，却无契据；被告否认，但其账簿上"疑窦亦多"。到底有无寄金昧金之事，实难辨清。樊知县乃判当铺主人某氏出百金给原告，令其"遵断息争"了事。但被告（当铺主人）不愿，又通过代理人刘德胜（因妇女不得出庭）再次呈控。樊知县复怒判曰："（前次令你出金百金息争一判，实为）本县为尔息争，不肯加尔以昧赖之名；且**勉尔以恤孤之义，情理兼尽，待尔不薄**……以为尔必能了此讼端。乃断结半月有余，复假内东（以女主人之名）来函，抗官违断，实属不顾体面。……来函云：'贺阎氏是寡妇，该氏（当铺

[①]这一节的讨论原来有明显的错误。本节所讲案件，多为债务纠纷的案件，而非侵权损害案件，故原标题"酌情赔偿"是不对的，现改为"酌情偿债"。正文开头一段基于"侵权损害赔偿"而说的那些话均应删去。——修订注

主人）亦系孀孤'，本县不应为彼害此。此真讼师笔墨也。夫寡妇与寡妇不同：有寡而富者，有寡而贫者。**损富济贫**，实具消息盈虚之理。**寡妇而能开当铺，令出百金，有何大害？**……仰仍遵原断，限三日内交银百两，饬领完案。如违，责押比追不贷！尔此次所请讼师，写此不通之信，于该当铺丝毫无益，不必给钱！"①

这份判决书很值得注意，简直只讲伦理没有法理。原告指控当铺主人侵占了自己寄存的三百两银子，却没有任何证据；被告否认自己侵占尚有账簿为凭（虽有"疑窦"，勉强算有点凭据）。但结果，尚有点证据的被告仍被责令出百两银子给原告，以换取息讼。这里所"酌"之"情"是什么"情"呢？实际上就是考虑到了原告穷而被告富、原告态度好而被告态度不好等情节。这里所依据的，就是"损富济贫""扶贫助弱"的道德伦理。特别注意判词中"令出百金，有何大害"一语：樊知县在判令损害赔偿之价额时，首先考虑的不是受害人实际上受到了多大多重的损失、应予多少赔偿才能恢复其财产和精神状态，而是首先考虑加害人（被告）有无赔偿能力，有多大赔偿能力，出钱赔偿会对她未来生活造成多大影响等——这正是息事宁人的原则，正是重视伦理关系而轻视财产关系的原则。

在有的情形下，又可能全部免除债务人的偿还责任。这同样是运用伦理原则以息事宁人。依同样原则，判决结果南辕北辙，实可注意。

还是樊增祥处理的一个案件。教书先生党逢辰，早年受聘在郝氏家里教书，曾借郝氏主人一百六十两银子。除当时陆续偿还外，至其故世时尚有七十两未还。党逢辰之弟党见邦承继了此项债务，唯因家贫拖延至三十余年未还。郝氏子弟乃上党氏之门恶闹要求连本带息偿还三百

---

① 《樊山判牍》，《批判》三，《批当商刘德胜呈词》。

两,并以"奸计缓推"(即想赖债不还)之罪名呈状控告党见邦。对于此一呈控,樊增祥判曰:"查……党逢辰,先年在尔家教书,郝氏子弟率相受业。……(尔乃以区区七十金恶闹并控告先生之弟)待先生者固如是,**其忠且敬乎**?夫以七十金之债而尔累算(利息)至三百余金,即施之于平人,犹当以盘剥治罪,**况施之于已故之师长乎**?本县因尔糊涂已极,不屑教诲;而尔世叔(老师之弟)又自愿还钱,是以仍照七十两原数断,令流朝(缓期)措还。而尔在公堂犹敢负气忿争,本应痛加扑挟(鞭杖),因念尔兄现系职官,稍留体面。讯得尔郝氏子弟在党逢辰门下进学者,前后凡三四人,无一毫谢礼,(尔竟)尚敢逼讨前欠,事之不公无有逾于此者。是以将(党氏所欠)七十金作为谢仪,谕令不得措还。……以为薄待师门者戒。"①

一个拖欠债款的官司就这样了结了,这在今天或许出人意料,在古时却理所当然。师与天、地、君、亲并列为"五尊",为区区七十金而讼其师,本属道德败坏;以七十金计高利贷本息达三百余金而讼其师,更是丧尽天良!是故樊知县怒斥原告为"无知之物",根本不是人。为维护"师道尊严",维护师生间类似父子之伦理,区区七十两欠债必须免除(算作对老师的谢礼)!这点牺牲算得了什么!

还有一个真假难辨的有趣判决。据清人李逊之编《三朝野史》载,宋人马光祖在京口任地方官时,福王府诉附近百姓"不还房廊屋钱"(房廊乃官建房屋,招民租住,分等级收租金),马光祖受案后乃挥毫判曰:"晴则鸡卵鸭卵,雨则盆满钵满,福王若要屋钱,直待光祖任满!"这一判决虽真假难辨,但极符合古人的伦理逻辑。马光祖的判决是说:你福王(贵族)租给百姓住的是些什么破房子("晴则鸡卵鸭

---

① 《樊山判牍》,《批判》三,《批郝克栋呈词》。

卵"是指房瓦破了阳光射进地面，光点如蛋状；"雨则盆满钵满"是指下雨时用盆子、钵子接漏水都满了），还好意思要租金；本官判令百姓不给租金；你在我的任期内休想从承租人那里得到一点租金！

这个判决贯彻的同样是损富济贫、息事宁人的伦理。马光祖基于救贫扶弱的侠肝义胆，竟敢抗忤朝廷的亲王，实在令人敬佩。不过，敬佩之外，我们不能不说，这个判决丝毫不问债务关系上的是非，在法律上讲是不妥当的。福王房破不修，只一味催租金（也许租金过高）固然不对，但总不致因此而将其应得的租金收入一笔勾销吧？如果判福王因房旧失修而降低租金标准，并判令百姓按降低的标准交纳，应是法律和情理的最好结合。但古时"熟读圣贤书"出身的"父母官"们，习惯于认为富人大多是"为富不仁"，认为其财富多为"不义之财"，而殊少"合法财产""合法所有权"之观念，当然也就不关心适当保护合法所有权、债权了。损"不义之财"以济贫，这是难得的侠义，体现了儒家"均平"道德！

还有一些情形下会酌情判令债务人减少赔偿数额。又是樊增祥所判一案，案中原告控告被告借了七百五十串钱而久拖不还。经调查属实，樊知县乃判曰："惟此借票一张，的的确确，是尔自贻伊戚。照理而论，七百五十串自应如数偿还。而本县恐尔无力措还，遂以远年账债，断令只还一半。复于一半之中，酌减二十五串，仅令还三百五十串而止。事之轻爽便易（宜）宁有过于此者乎？此事若不遇本县，尔等蔓讼正不知何时得结。……仰即遵照原判，予限三期交还钱三百五十串，以结蔓讼，勿再借词推延，自贻苦累。"[①]

这个案子中所"酌"之"情"更不令我们奇怪了，就是"重义轻

---

① 《樊山判牍》，《批判》三，《批邹增焱呈词》。

利"伦理及原、被告双方的经济状况。同时也多少有一点"各打五十大板"以息事宁人的企图：原、被告双方在经济上各负一半责任。结果是谁也没有捞到真正的好处，谁也没有受到真正的惩罚！

第十六章
"决讼"（下）：情、理、法兼顾

法律多元，伦常一贯

大家都知道"乔太守乱点鸳鸯谱"的故事。乔太守的判决正体现了古时法官决讼虽运用多重标准但贯穿儒家伦常的主要特征。

宋仁宗景祐年间，杭州人刘秉义有子刘璞病重，想早些将早已聘定的媳妇、孙寡妇之女珠姨娶过门"冲喜"——图个吉利并促痊愈。刘家的邻居李荣向与刘家不睦，探得刘家之计，报知孙家。孙寡妇乃将计就计，命其子玉郎男扮女装前去代姊过门（而玉郎早已聘定徐稚之女徐文哥为妻）。花烛之夜，刘璞仍卧床不起，刘秉义乃命其女慧娘伴"嫂"（玉郎）而眠（慧娘早已许配给裴九老之子裴政为妻）。不料玉郎、慧娘情投意合，竟成好事。迨刘璞痊愈，玉郎恐事情败露，急要回家；慧娘不舍，难忍分离，二人相抱痛哭，为刘母察觉。邻人李荣探知，又飞报裴九老。于是烽烟四起，几家人扭打到官。杭州府乔太守受案后，将孙、刘、裴、徐四家一齐传到公堂，问明了原委后，当堂三下五除二解决了这一复杂的婚姻纠纷。他的判词曰：

弟代姊嫁，姑伴嫂眠，爱女爱子，**情在理中**。一雌一雄，变出意外……夺人妇人亦夺其妇，两家恩怨，总息风波以；独乐乐不若与人乐，三对夫妻，名谐鱼水。人虽兑换，十六两原是一斤……已经明断，各赴良期。①

乔太守戏曲题材好故事的真假我们暂且不论，从法律人的特有眼光看，他的这一判决是当时所能做出的最完善的判决，是一个情理法兼顾的最好判决。

依明代法律，玉郎、慧娘属"无夫奸"，应处徒刑；而且法律又不允许"先奸后婚"。故依法应先断二人之罪，并使慧娘还归裴政。但是，依据儒家伦理纲常或"礼义"，妇女有从一而终之义。若将慧娘断还裴政为妻，是有意使人再失贞节，是故意使其"有二夫"，显然违"礼"。同时，此案中各方家长之所作所为，是出于爱子爱女之心，"情在理中"，即合乎情理，而后果实在出乎他们意料。若对他们重责以"纵子女犯奸"之罪，显然又不合情理。

基于上述考虑，乔太守做出了这个"将错就错"的判决，合情、合理、合礼，又不大背乎法！特别是，若严格依法律的逻辑，本案中玉郎、慧娘的"无夫奸"之罪也不一定能够成立。因为"无夫奸"一般是双方主动、故意而为，但此案中玉郎、慧娘"相奸"纯系偶合，无任何事先故意或道德败坏为之预备。故如果拘泥于律文而罚之，显然也失立法之本意。

现今法治国家一向标榜司法依据一元化。就是说，从理论上讲，法官判案，只应依现行有效的成文或不成文法律（含判例法），而不能依法律以外的任何准则。但古时中国法官则不然，他们一向以运用多重标准——理、情、礼、法——断狱决讼为骄傲，对斤斤计较于成文法条规

---

① 此故事最初出于何书，已无从查考，现见明人冯梦龙编：《醒世恒言》第八卷。

定或机械依法判决的官员相当鄙视。有人把这种现象称为古时中国法律的多元化或多元决讼标准。

能说明中国古时这种多元决讼标准的例子太多了,仅再举一例说明。

道光年间,有贵州百姓周四,在父亲丧期娶同村周氏为妻。他的行为既触犯刑律"居丧嫁娶"之条,又犯了"同姓相婚"之罪。依法,当然应判决离异。但刑部对此案的批复却是:"**律设大法而体贴人情。居丧嫁娶虽律有明禁**,而乡曲小民昧于礼法,违律而为婚者亦往往而有。若必令照律离异,(反而)转致妇女之名节因此而失。故例称:揆于法制似为太重或名分不甚有碍,听各衙门临时斟酌,**于曲顺人情之中仍不失维持礼法之意**。凡属办此种案件,原可**不拘律文**(断令离异,而应)断令完娶。若夫妻本不和谐,则此种违律为婚,既有离异之条(可据),自无强令完娶之理。所有该司书辨周四居丧娶周氏为妻一案,自系临时斟酌,**于律例并无不合**,应请照办。"①

在这个案例中,我们看到,法官们实际上援引了三重决讼准据:一是"礼"或"理"。依此,他们才不同意机械地依法律条文判令离异,因这样会使妇女"失名节"。二是人情。若夫妻和谐,感情好,即使是"违律为婚",如依法强令离异,则是棒打鸳鸯,不合人情,于心不忍。他们强调只有夫妻不和时,方可将此类违律婚姻依律解散,就是特别重顺人情。三是法。如果不是因援引法律"居丧嫁娶"之规定而有争议,则此案根本提不到公堂,也根本不会因为"难决"而呈报刑部审批。尽管最后没有完全依法办事,但法(作为特别法的例)在此案中作为准据之一显然起了重大作用。例既允许法官在此种情形下以"不碍名

---

① 《刑案汇览》卷七。

分""曲顺人情""维持礼法"为原则而"临时斟酌",故此案也算是依法(例)办了事。这才真是叫作情、理、法兼顾。

这两个案例都说明古时法官决讼时实际上奉行着多元的决讼标准,这是毫无疑义的。但是,多元标准绝不等于混乱,因为多元决讼标准之间有"一以贯之"的东西,这就是**伦常**,就是"三纲""五常""十义"等。它们才是古时法官所真正据以决讼的准则。一般说来,如果仅仅依据律例条文断决就能完全符合伦常,则直接依法办事;如机械依律例条文有不合伦常之处时,他们就会转而依理或礼来断决;如果既依法又依礼仍不能合乎社会大众评价或民心,则应更依"人情"而断决。因为"法不外乎人情",伦理的最后渊源也应是"人情"。

这个"一以贯之"的不变伦常,在上述案例中都表现无遗。法条、礼规,在作为精神原则性的伦常面前,自然居于次要地位。

这多元决讼标准中,还有三者特别值得一提:一是乡野之俗(风俗、习惯),二是少数民族之习惯,三是宗规族法。它们应归于"礼"类、理类,还是情类、法类?这里不好简单认定,因为它们本身性质特殊、成分复杂。

乡野之俗,包括各地方的特殊风俗、工商行业特殊习惯等。甚至即使其中有些被大人先生们以为"陋俗",然乡众如此,法不责众,故仍依俗宽容之。如《大清律例增修统纂集成》云:"同姓为婚,礼所禁也。穷乡僻壤,娶同姓者,愚民之所恒有。若尽绳之以律,离异归宗,转失妇人从一而终之义。"[①]这就是说,法官在断"乡愚"所犯案件时,可以考虑尊重乡野之俗,包括陋俗。

至于少数民族之俗,即使包括汉人以为"陋俗"者,朝廷钦派至

---

① 《大清律例增修统纂集成》卷十,《户律·姻》。

民族地区的官员也常不得不尊重，而不是简单依国法，此在元明清三代尤然。如蒙古之俗，父死，子可娶继母或父妾。此在汉人之律乃属大逆不道、天良丧尽、十恶不赦，但在蒙古地区是一般惯例，故明清法律并不责之，且承认其合法。又如西藏之藏族，云南贵州之彝族、白族、侗族、傣族，有许多风俗，于汉人之律视之，都属违律，然派驻当地的汉族官员一般均宽容之，而不加罪责。特别是明清时期，法律禁止中表姻亲，而湘鄂西土家、苗家及部分汉族地区竞相以兄妹、姐妹之间交换其子女之婚约为快事，当地法官一般也以"俗所不禁"为理由置之不问。

宗规族法，有时干脆简称"家法"。因为族不过是一放大了的松散的家。古时国家常承认家法的地位。这种承认有几种方式：一是已经家法惩处者，国家（官府）一般不再惩处，此即间接承认家法、祠堂可以取代国法、公堂；二是法官直接引用犯者所属宗规族法作为对其决定惩处的依据之一（不是全部）；三是官府将犯者责付其家族惩处；四是官府批复宣布某家族所制定的家法有效。

现仅举第四种情形为例加以说明。清嘉庆十二年（1807），桐城祝姓宗族制定宗族法，呈请官府批准。县令接呈文后当即批示：

祝姓户族人等须知：尔等务须入孝出悌，崇俭饬华，秀读朴耕，安分守业，听从户尊长等开列条规，共相遵守。如有不遵约束者，许该户长据实指名赴县具禀，以凭惩治，各宜凛遵毋违。①

这三种特殊情形是否也是伦常一以贯之呢？我们认为，除被视为"陋俗"而官员做出妥协断决之外，绝大多数旁引乡俗习惯、少数民族习惯、宗规族法的情形都是贯穿了儒家伦常的。但是，就对"陋俗"的

---

① 《祝氏宗谱》卷一《家规》。转引自朱勇著：《清代宗族法研究》，湖南教育出版社1988年版，第174页。

让步而言，必须视为官员在法、理、礼之外施恩，是无可奈何的宽免，这是法外的一种特殊衡平。

依"礼"决讼

《礼记·曲礼》说："分争辩讼，非礼不决。"这大概是说，"礼"应是审理民刑诉讼的主要依据。"礼"存于何处？它常存于"经典"中。于是，依礼决讼常成为依"经典"决讼，此即历史上历久不衰的"经义决狱"之类。

元人陈澔《礼记集说》云："理有可否则争，情有曲直则讼，惟礼为能决之。盖分争者合于礼则可，不合于礼则不可。有礼则直，无礼则不直……"又说："凡人意气相凌而不相下，则有争有讼。争讼者，起于人之不能以礼自持也。今欲分其争辩其讼，亦在乎断之以礼而已。礼一明而曲直之情判……"[1]清人汪辉祖自述为官断狱理讼时，常引"三礼"（《周礼》《礼记》《仪礼》）断讼，时人称他是"治法家言，议论依于仁慈"，"远近称平允"。[2]

有一个引"礼"断决婚姻纠纷的案例，很能说明古人的观念。清朝末年，有位叫许文濬的知县，收到士绅宋国源的呈控，要求判决其女与他人的婚约无效，"请予取消，追回庚帖"。理由是，他的女儿容贞才20岁，而媒人介绍的未来女婿张德云已达32岁，"年纪相悬，何能匹偶"？他指控，媒人廖太康在婚约订立前一直有意隐瞒男方的年龄，使其受骗而同意将女儿许配。许知县审明原委后判道：媒人隐瞒男

---

[1]（元）陈澔：《礼记集说》卷二，《四库全书荟要》，民国嘉业堂。另《古今图书集成·明伦汇编·交谊典》之《忿争部》引蓝田昌氏语，亦雷同。
[2]（清）汪辉祖：《病榻梦痕录》，自序。

方实情固然应追究责任，但是，律例仅仅规定"男女婚姻惟老幼废疾须两家（事先）明为通知"，"今张德云既无废疾，而男年三十二女年二十亦与老幼相悬不同"，故不属于事先通知的事由。"即以年（龄）论，汝两家此段婚姻亦正与古礼相合，所谓'男三十而娶，女二十而嫁'是也"。他这里引用《礼记·昏义》为依据。接着，他详细地在判决书上论证了古人定此三十而娶、二十而嫁之礼的四条理由，皆引经据典，无非是想千方百计地说明古礼正是针对眼下这类的案件而制定。他说，古礼之所以定三十而娶、二十而嫁，是因为"知早婚之不宜而古礼之不可易也。夫谓三十而娶，二十而嫁，亦约举之辞耳。男必于三十，女必于二十，凑合安得如此之巧？三十内外皆三十也，二十内外皆二十也……"[①]最后判决，此项婚约合礼，不得取消。

这份判决书，既引用了礼作为判决依据，又依自己的理解解释和发挥了古礼或经义——这，正是古时以礼决讼的最大特色。以礼决讼，首在维护名分。此案中无法律列举的重大悔婚理由，所以如果准许悔婚，必有违于女"从一而终"之"礼义"。于是，法官决意维持婚约。

依"人情"决讼

据明末清初李逊之撰《三朝野史》载，宋人马光祖任某县知县时，有位穷书生翻墙与邻人家的处女幽会，被人发觉，捆送官府。依据宋代的法律规定，"无夫奸"者应处"杖八十"之刑。但马知县认为，穷书生与村女逾墙幽会，都是少男少女之常情；虽然为道德所谴责，但算不了什么大不了的事，相反倒颇有点浪漫诗意，不如干脆依"人情"成全

---

① （清）许文浚：《塔景亭案牍·指令》"宋国源呈批"。

他们好了。于是,马知县乃以"逾墙搂处子"为题,令该书生作诗,并说如作得好诗,就判令无罪。这位风流才子当堂提笔作诗一首:"花柳平生债,风流一段愁;逾墙乘兴下,处子有心搂。谢砌应潜越,安香计暗偷[①];有情还爱欲,无语强娇羞;不负秦楼约,安知漳狱囚;玉颜丽如此,何用读书求?"马知县读罢此诗,十分高兴,乃当场挥毫填词一首以为判决:"多情爱,还了半生花柳债;好个檀郎,室女为妻也不妨。杰才高作,聊赠青蚨三百索;烛影摇红,配取媒人是马公。"[②]

这个判决,真正是古今中外的一份杰作。那对犯了"无夫奸"之罪的少男少女,不但没有依法受到惩罚,相反,马知县还赏了他们三百两银子,在公堂为他们做媒,促使这对有情人成了眷属。马知县此判,为时人所传颂,众人都夸他"通人情"。于此可见"人情"在古时司法中的作用。

类似的例子太多了。清大诗人郑板桥为知县时,有一对和尚、尼姑通奸,众人执之以报官。《大清律·户律·婚姻》规定:以僧道犯奸,加凡人和奸罪二等。而凡人(常人)相奸杖八十或徒二年。依律,这对"六根未净"的佛门子弟当受重罚。然板桥先生见那年轻和尚唇红齿白、聪明英俊,见那尼姑眉清目秀、楚楚动人,禁不住动了"恻隐之心"(此正是"人情"),萌发了成人之美之念。于是,他即兴题诗为判,判令二人皆还俗,并结为夫妇。判曰:"一半葫芦一半瓢,合来一度好成桃;从今入定风规寂,此后敲门月影遥;人性悦时空即色,好花没处静偏娇;是谁了却风流案?记取当年郑板桥。"[③]据说,苏东坡为官时也受理过类似的案件,作出过同样"人情味"十足的判决。

---

① 此处应是"韩寿偷香"典故。
② 民国人曹绣君编:《古今情海》第五卷又说此事出于元人林坤的《诚斋杂记》。
③(清)曾衍东:《小豆棚杂记》。

第十六章 "决讼"(下):情、理、法兼顾依"人情"决讼与依礼决讼不同。"人情"不一定合乎礼（经义），礼是绝对不允许少男少女相奸的。"父母官"们做了这样的判决，显然违反了礼，但却为众人称赞，这说明其判决合乎人之常情：第一，少男少女，情欲冲动，难免犯禁，责之可也，重罚显然不合人情。第二，此少女既与此少男相奸，则已失贞节。如不嫁此夫而将来嫁他人，则显然有违"从一而终""守贞"之义。使其成婚，既合人情，又保全了其名节，亦保全了体面。如果依法棒打鸳鸯，又依法不准相奸者成婚，那实在是于情于理不合，于人心不忍。

依"理"决讼

南宋皇都风月主人编《绿窗新话》载，开封有位叫葛楚娘的漂亮姑娘，因父母之命、媒妁之言，嫁给了一位"胡须满面难寻口，眉目粗顽不似人"的村夫。楚娘大不悦，村中恶少又老是以"可惜羊肉拌冬瓜""泥中淹郁一丛花"之类的话取笑她。于是，她请求离婚，其夫不允，乃告于官府。县太爷判曰："夫有出妻之条，妻无退夫之理；糟糠古不下堂，买臣之妻可耻；且饶根究私情，二人押回本里。"[①]此案中，妻子以丈夫相貌难看为理由请求离婚，当然不会被允许。县太爷断此案，既无法律明文规定可据，又无礼或"经义"可依，于是只得依据"道理"或"理"，也就是伦常的根本原则来决讼。

依礼决讼与依"理"决讼，本质上是一回事。只是前者尚能直接引据"经典"上的文字、教义；而后者不能，只得根据伦理纲常的基本原则，运用逻辑推理，作为决眼下之讼的依据。本案中，当然难从"十三

---

① （宋）皇都风月主人编：《绿窗新话》，古典文学出版社1957年校对本。

经"中找到一条文字依据不许妇女以丈夫胡子满面且难看为理由离婚，但既然纲常中有"夫为妻纲""从一而终"之原则，当然可以推出楚娘必须跟她那位讨厌的大胡子丈夫过一辈子的判决。如果这位姑娘还不识相，还想离婚，那么就要追究"私情"，看看是不是有第三者插足，是不是有通奸了！——这就由民事案件（离婚）上升为刑事案件了。楚娘后来有没有再闹，不得而知。

王法、家法及其他

家有家规，国有国法。古代中国法律秩序素来把家规视为国法的附加成分或辅佐。"刑罚不可弛于国，犹鞭扑不可废于家"，就是家国法律秩序一体化的最好概括。朱勇博士认为，中国封建社会的法律呈家法、国法"二元法律结构"，此论极有见地。我们认为，古时的家法，即国法的一部分或变种，有如今日某些基本法规配有实施细则一样（当然适用范围有广狭之异），不过是把细则的制定权默许给民间宗族组织了。家族组织实际上担负着国家基层行政组织的责任，因此宗规族法当然起着国法的补充作用。朱勇兄考证，清代家族法在内容上与国法无异，只是在处罚上与国法有些不同。他总结各地宗规族法中的处罚规定，归类出训斥、罚跪、记过、锁禁、罚银（这些都像行政处罚或治安处罚）、革胙、出族、不许入祠（近于剥夺政治权利）、鞭笞、处死（相当于刑罚）等，比国法的处罚名堂更多。[1]古人以国、家二字相提并论——家完全像一个缩小的国，家有"为国行政"的责任，这一点特别从历代法律规定的家长权力和责任中可以看出。于是，宗规族法和家族

---

[1] 参见朱勇：《清代宗族法研究》，湖南教育出版社1988年版，第99页。

> 徐氏宗譜 卷 宗規垂訓 三 敬本堂
>
> 定生理
> 居家以治生爲理庶民生理惟士農工商賈醫卜入事生理不
> 治正孟子所謂救死不贍奚暇治禮義吾宗爲父兄者須責子弟
> 材賢於八事各治一業以爲俯仰之資不可縱其遊情
>
> 敬師友
> 發明義理指引塗轍者師之功也漸摩誘掖忠告善道者友之力
> 也人生五倫賴師友而明可不重歟故凡宗其德行宗其學業法
> 其藝術皆謂師匕之卽當敬之尊之終身不可怠慢凡同窻同業
> 昔謂友匕之卽當敬之愛之終身不替如非其人而慎師之所當
> 早達而禮不可失也友務慎擇不可苟交匕而復絕悔之晚矣爲

浙江临安徐氏族规，载《潜川徐氏宗谱》。族规或宗规是旧时民间法的典型形态。

审判常常主动地、抢先一步地代替国家司法、行政机关职权，以保全宗族声誉。自古至近代，有多少可怜的男女青年，死于家法之下！

原版后记

我们三人出生于同一块土地——湖北省英山县，就读于同一个学院——中国政法大学研究生院，攻读同一个专业——中国法律史，并且事先互不相识。入校之初，老师和同学们咸以此为奇事。自那时起，我们就发愿合写一本书，以记载我们共同研究的结晶，也附带志此奇遇。由于很简单的原因，本书的出版一再延误，困阻之际真的体会到了"写书不如卖书"的滋味。今有幸得到了中国人民大学出版社的垂爱，本书才得以与读者见面。我们的感激之情，是无法言喻的。

在本书的写作过程中，我们得到了曾宪义、杨鹤皋等先生的指导和帮助，在此深致谢意。在出版过程中，我们得到了中国人民大学出版社熊成乾副编审的关怀和帮助，在此深表谢忱。此外，中国人民大学出版社编辑刘志同志为本书加工润色，使本书增色不少，我们也深表感谢。如无上述老师和朋友的批评、指正、帮助，本书不可能问世。

北航方久豪同学（现已去湖北十堰工作）为本书抄写了近半手稿，并纠正了其中几处笔误，在此并致谢意。

本书"法理篇"由范忠信执笔完成，"刑事篇"由郑定执笔完成，"民事篇"由詹学农提供部分卡片资料及第一次简纲，由范忠信执笔完成。全书最后由范忠信、郑定修改定稿。

愿我们的这本小册子为有兴趣研究中国传统法观念的人们提供一块铺路石。

作者
1991年冬
于北京西郊机场

附录

《情理法与中国人》：蹒跚学步法史路

2010年版修订说明

中国传统法律文化的现代性价值及其传承

《情理法与中国人》：蹒跚学步法史路
——我的第一本书

范忠信

我少时就喜欢写作，总觉得谁的文章印成铅字被众人传阅，就很了不起。小学、中学时，我的作文每每被当成"范文"，在课堂上宣读，并抄在墙报上展览；以至于同学们一听到老师说"下面宣读范文"时，就认为是要宣读我范某人的作文。因为作文写得好，早在小学时代我就开始拿"稿酬"或"润笔"了——有同学写不出作文或检讨来，哀求我帮他写；写完了，他们总是拿我最喜欢吃的芝麻烤饼（大约5分钱或一毛钱一块）来谢我。在那饥饿不堪的时代，这"润笔"真的很诱人，叫我拒绝当"枪手"也很难。在当"枪手"的过程中，不断享受写文章的"快感"，也偶尔解决"饥肠响如鼓"，还锻炼了写作能力。这一举三得的好差事，那时我是没有拒绝的觉悟的。

1980年上大学后，我仍然心烦手痒（不是技痒），不停地写作，到处投稿。先是写小说、散文、诗歌、杂文，除了在校报上发表了两篇散文和一首小诗外，其他都是泥牛入海或退稿。后来，我发现自己不是文学料，又手痒痒写时政评论和学术论文。在大学四年里，到底写了多少评论或论文，我自己也记不清，反正不停地写；尽管一篇也没有正式发表，也没有灰心，不知疲倦。读研究生后，我开始收缩战线，写主题比较专一的文章，于是天天写法律史论文，还构思学术专著。我那时总觉得，既然是研究生，是高层次人才，就得成为研究家，就得"著书立说"，就得显示点学问。

我的研究习作《情理法与中国人》，就是在这样的背景和心态下"炮制"出来的。今天回想起来，婴儿学步，蹒跚跟跄，未免可哂。

（一）

1984年秋，我刚满25岁，从西南政法考入中国政法，跟随张国华、杨鹤皋、饶鑫贤、高潮、林中等老师（张、饶二师为北京大学教授，虽为兼职导师，但均正式讲授一门课程）研习中国法律思想史。在研究生二年级的时候，在杨老师指导下，我确定以"中国古代法律与道德关系论的反思"为毕业论文选题。与此同时，兼职为我们讲授中国近代法制史的曾宪义老师命我跟他一起参与张友渔先生主持的"学术研究指南丛书"之一的《中国法律思想史研究通览》的编写。这两大任务的进行，促成了《情理法与中国人》一书的产生。

为了写硕士论文，又为写《中国法律思想史研究通览》，我几乎阅读了1905—1985年的所有研究中国政治法律思想史的著作。自梁启超的《中国古代法理学发达史论》、陶希圣的《中国政治思想史》，到杨鸿烈的《中国法律思想史》，直到张国华、饶鑫贤先生的《中国法律思想史纲》，我大约阅读了中国政治法律思想史著作70余种、论文150余篇。

在阅读过程中，我逐渐发现，中国古代政治家、思想家们谈论法，几乎都是谈法理问题，而不是谈法律问题；其所表达的观点，几乎都是肤浅全面而不容置疑的主张。过去的法律思想史著作或教科书，只注意

中国人民大学出版社
1992年初版

韩国一潮阁
1996年韩文版

北京大学出版社
2011年修订版

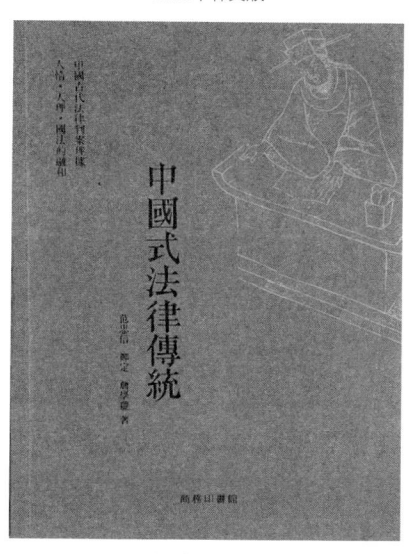

香港商务印书馆
2013年繁体版

按照"人头"或"学派"梳理叙述中国古代法律思想观点，没有总结出中国古代法律思想的主要旨趣、特征和规律，也没有对貌似肤浅的中国古代法律思想深入分析解读，很是遗憾。于是，我雄心陡起，干脆大胆超越只写一篇3万字左右的硕士论文的原计划，一鼓作气"往大了做"，直接构思写一本《中国古代法律哲学》。

这本《中国古代法律哲学》，从1985年秋动笔，到1987年夏就大致完成了。这部书稿，我是以中国古代思想家们言论所及的主要法理学问题为线索，系统整理叙述并分析了古代中国关于法的定义和本质、法的渊源和形式、法的作用和目的、法的起源、法的价值、法的变革、法律与道德的关系、法与权力的关系、法与礼的关系、德与刑的关系、贤人与良法的关系等20个基本问题的思想主张，这是继杨鸿烈《中国法律思想史》一书对中国古代法律思想问题史所作的初步梳理之后[1]，首次全面系统地梳理解说"中国法理问题思想史"。这部约20万字的书稿，至今仍躺在我的抽屉里，没有出版（其中6章后来改写成了《情理法与中国人》的一部分，这是后话）。

这本书稿，起初只是我一个人在写。后来，1983级师兄相自成君将他的硕士论文《论汉初黄老学派的法律思想》交给了我，授权我适当改编作为《中国古代法律哲学》的一编。我很快完成了改编任务，使该书稿变成了由"关于法的内在问题的理论""关于法的外在问题的理论""关于黄老学派的法律思想""关于法的几个特殊问题的理论"等4编共15章构成、总字数达25万字的"大制作"了；书的作者也就由一人变成了我和自成两人。

"女儿"打扮好了，得赶快嫁出去。我和自成兄先是拿着书稿去

---

[1] 参见拙文《杨鸿烈先生对中国法律思想史学术的贡献》，载杨鸿烈：《中国法律思想史》校勘版（范忠信、何鹏校勘），中国政法大学出版社，2004年版，第1—5页。

找他的同学李江的夫人苏绣芳女士（在时事出版社工作）。那时学术界正在"文化热"中，时事出版社正在组织一套"传统与现代"丛书，要我们把书稿改成黄仁宇先生《万历十五年》那样的"学术散文"般趣味性、思想性兼备的读物；我们不愿意改，也没有那样纵横恣肆的文字能力，只好放弃。接着，我们又找到刚刚成立几个月、尚在简易工棚办公的中国政法大学出版社，通过刚刚进社工作的编辑李传敢兄介绍，书稿到了总编辑方昕先生手里。方先生读后，起初还有点兴趣，曾答应列入出版计划，还约我和自成谈了半天。不过没几天又告诉我们：此书不能出；新建的出版社，经济效益更要紧。后来，贺卫方兄说梁治平兄正在依托上海三联书店筹划一套文化史丛书，帮我把大纲和样章转给了治平兄，争取列入该丛书出版。后来不知是该丛书计划取消还是人家没有看上我们的书稿，反正不了了之，最后一切申报材料都通过卫方兄退了回来。此间，我还直接将书稿大纲寄送给中国社会科学出版社、学林出版社等多家出版社，希望他们"慧眼识珠"，结果都是泥牛入海无消息。为了寻找奥援，我还将书稿大纲呈送给李光灿先生、张国华先生、曾宪义先生、包遵信先生，希望他们帮忙作序并推荐出版；除了曾宪义先生，其他老师都没有正面答复。

让这本书稿起死回生的是曾宪义先生。大约1988年初，曾先生把书稿大纲和样章推荐给了中国人民大学出版社熊成乾副编审和责任编辑刘志。他们起初同意出版，并列入出版计划，登《社科新书目》征订，据说返回的订数只有一千多，所以不能出版。他们说，出版社领导同意，如果赞助12000元或者包销3000册，则可以考虑出版。我和自成当时一个月只有100多元的工资，于是只好作罢。后来，曾宪义先生再度帮我们向出版社求助，熊、刘二位答应再帮我们想办法。他们说，如果我们同意做大幅度的变动，将书改写成当时市场流行的"大众学术漫谈"文体，使订数达到3000以上,就可以考虑出版。

(二)

这一建议,催生了《情理法与中国人》——以《中国古代法律哲学》为基础扩充而成的另一本书。

这本新著作,作者是范忠信、郑定、詹学农三人,这是当时中国政法大学研究生院内同学们戏称为"英山三杰"的"法史梦幻组合"。

在《情理法与中国人》的"后记"里,我们记录了当时视为传奇的一则佳话:

> 我们三人出生于同一块土地——湖北省英山县,就读于同一个学院——中国政法大学研究生院,攻读同一个专业——中国法律史,并且事先互不相识。入校之初,老师和同学们咸以此为奇事。自那时起,我们就发愿合写一本书,以记载我们共同研究的结晶,也附带志此奇遇……

我们三位英山同乡在入学之初的确曾想过合写一本法律史著作,但是久久没有启动。现在有了人大出版社的建议,我和郑定、詹学农商量,大家一拍即合,决定合写一部介绍中国传统法律文化的"大众学术漫谈"之书。这大概是1989年初的事,从《中国古代法律哲学》完稿到当时,快两年了。

我们商定,这本新书应该从法理观念、刑事法观念、民事法观念三大角度讲述中国传统法律文化(观念)的一些基本特征。这一构架,正好契合我们三人的硕士论文选题:我的选题是《中国古代法律与道德关系》,郑定的选题是《中国古代刑事责任理论》,詹学农的选题是《中国古代民法渊源和权利》,我们的研究积累正好涵盖法理、刑事、民事三大领域，这也算是上述"三杰"传奇的延伸。所以，我们的书正好由"法理篇""刑事篇""民事篇"三大部分组成。

方针既定，我们就分头动手写。我以《中国古代法律哲学》一书稿为基础，取了其中关于"法的概念""法的作用""德刑关系""礼法关系""法律与道德的关系""贤人与法律的关系"等6章，尽量以通俗性、大众性、幽默的说法取代从前的学术性表达，改写成了"天理、国法、人情三位一体——法的概念""家长的手杖——法的作用""牧师与刽子手——'德'与'刑'""良心与后果的权量——法律与道德"等6章（总篇幅大约占全书的二分之一）。我搜肠刮肚，几乎穷尽黔驴之技，仍觉语言干涩枯燥，怎么也生动不起来。半年后，郑定也拿出了"刑事篇"4章初稿，我将其做了一定加工。詹学农因为毕业后去了一家公司，实在无暇写作，他承担的"民事篇"直到1990年初还没有拿出初稿来。后来，学农因为实在没有时间，只好把他的写作简纲（3页纸）和几十张卡片资料交给了我；我干脆自查数十种资料，执笔完成了"民事篇"6章。这就是这本书的制作过程。书稿大约在1990年春全部完成，定名为《天理、国法、人情：中国传统法律文化探微》。

书稿再一次交给人大出版社，曾先生再一次推荐，并为我们作了序。郑定就在人大工作，有时一个月就三番五次跑到出版社，催促列入出版计划。大约1991年夏天，郑定告诉我，出版社办过征订，效果还是不好，只回来2000订数。于是，出版社要我们对该书再次作"大众性""通俗性"修改，我们只好遵命。这次修改，我们连书名都改了，改为《情理法与中国人：中国传统法律文化探微》。此后，出版社再次进行征订。这次征订改在《首都图书信息报》进行，特别注重"第二渠道"，列入了向私营图书发行商们发布的彩页广告。在征订时，为了扩大订数，书名只标为《情理法与中国人》，带有学术性的副标题"中国传统法律文化探微"字样没有标出。这次带点"欺骗性"的征订的结果，让出版社大受鼓舞，订数一下子跃升至8000左右，这坚定了出版社的出版信心。大约1992年初，这部孕育了多年、"分娩"了5年、数次"变性""整容"的书稿，总算正式付样了。①

15年过后，我如此不厌其烦地介绍这本书的写作、审读、征订、出版的坎坷历程，实在是借题发挥、抒发感叹：几个年轻学子的法史习作出版之路，也在某种程度上证实了学术研究的艰辛。我们没有坚持以纯学术著作的风格出版，这是一个遗憾。当时有几家出版社明白告诉我们：出版纯学术的书，要么作者是学术名家，要么能出大笔赞助费，要么是惊爆冷门填补历史空白的课题，而我们三者都不是。其实，即使是这本经反复"变性""整容"的所谓"学术随笔"，设若没有曾宪义先生反复力荐，那就死定了；设若不是郑定反反复复到人大出版社叮促，那也早就丢到垃圾堆了；设若不是从"第二渠道"征订回来的那个大订数，也死定了。当然，更为重要的，设若不是一股强烈的"著书立说"的虚荣心支撑，我们也坚持不了那么久，可能经两三次碰壁就灰心放弃了。

《情理法与中国人》于1992年7月正式出版。我拿到样书时，正是我办手续从北京调往苏州之时。这本书第一次印数是11000册，这是一个很可观的印数，我们三个作者一共拿到了4500多元的稿酬。后来听说加印了两三次，总印数应该在20000以上，但我们再没有拿任何印数稿酬。对我们来说，没有要我们出赞助费，就已经万幸了。

---

① 与此同时，我和郑定分别协助曾宪义先生编写的《中国法律思想史研究通览》《中国法制史研究通览》，因为列入张友渔先生主编的《学术研究指南》丛书，早在1989年初就出版了。

（三）

这本书出版后获得的一系列关注，是我们始料不及的。

1994年秋，该书经人民大学出版社推荐，参加北京市某精神文明图书奖评选，据说获了奖，详情不知。

1994年夏，该书申报江苏省普通高校人文社会科学优秀成果奖。经代表苏州大学出席评审的杨海坤教授据理力争，该书在几百份参赛作品中出线，被评为二等奖。

1995年春，该书被人大出版社选送参加第七届全国"金钥匙"图书奖，是当时该社提名的几本书之一。虽没有正式得奖，但"提名"荣誉已经够"过奖"了。

1995年秋，该书在参加北京国际图书博览会时，被韩国一潮阁出版公司相中。该公司当即与人民大学出版社签订了翻译出版韩文版的协议，并委托时在北京大学留学的韩国汉阳大学讲师李仁哲先生担纲翻译。

1996年夏，《情理法与中国人》的韩文版正式出版，人大出版社分给了我们三位作者外文版权转让费400多美元。未与我们商量，韩文版更名为《中国法律文化探究：情理法与中国人》，不过这倒更像是一本严肃的学术著作。我们特别注意到，他们把原书副标题中的"传统"二字去掉了，这当然同样是为了扩大读者面和发行量。后来，我的同学李井枃博士（现为韩国釜山大学国际研究生院和法学院教授）告诉我，该书已经被韩国十几家大学列为"中国法教学参考书"，这大概多少也与书名中去掉"传统"二字有关。

1998年秋，该书申报第三届全国普通高校人文社会科学研究成果奖。虽然只获得三等奖，但能在全国上千种参选著作论文中脱颖而出，最后成为20余项获奖成果之一，也算是很幸运的。

　　这本书，是三个法律史新手的研究习作，是我们蹒跚学步的见证。数年创作的劳苦，阅读数百本专著论文，制作上千张资料卡片，抄写两三公斤手稿，这都不算什么；但五年的反复"变性""整容"取悦于人的过程，的确让我们首次领教了学术事业的艰辛。这本书最终能出版面世，不能不承认得益于不断"变性""整容"。但我们也不能不承认，这本书学术含量不高，也与不断"变性""整容"有关。

　　这本学术含量并不高的小册子能获得如此多的关注和荣誉，的确是出乎我们意料的。我们从来就没有认为获奖是对本书学术成就的肯定，顶多认为是两者：第一，是对我们蹒跚学步法史路时不惧跌撞、锲而不舍的精神的肯定；第二，幼稚的学术评奖机制可能使幼稚的作品当选，我们有自知之明。

（四）

　　这本书出版已经15年了。15年来，同行们给予她的关注，后学们给予她的厚爱，大大超出了她本身的质量和价值。

　　多少年来，我们在许多场合听到法科学子们谈论她，说这是引导他们喜爱中国法律传统文化知识的最好入门读物之一。

　　报考法律史专业研究生的学子们还将她作为重要的考试阅读参考书之一，以至于北京有两家地下书店专门复印出售这本书（我的学生就邮购过几本），我也懒得去跟他们争论侵权问题了。

　　在各大学图书馆参观时，我看到这本书比其他同时出版的书更厚更黑更蓬松了，我们还是多少有些自豪感的，说明她经过了许多学子的翻阅之手。

在德国的萨尔大学，在希腊的雅典大学，在意大利的比萨大学，在台湾大学，在香港大学，在他们的图书馆里，我都看到了这本书，有的学校还将其自加了精装外套。

2000年秋在上海出席一个法理学国际会议，2005年秋在开封出席"中国文化与法治"国际学术研讨会，我先后遇到参加会议的韩国学者崔钟库、郑垦植（汉城大学教授）等人。他们一问明我的姓名后就说："在韩国早就读过你的书，算是早就认识了！"

2003年，法国埃克斯–马赛第三大学教授史曼慈（Christine Chaigne）博士打听到我在武汉工作，万里迢迢委托武汉大学留学生教育学院的李忠星老师向我求购该书，我手里只有一本，于是只好从朋友那里要回过去的赠本，转赠给该教授。2005年10月在开封的"中国文化与法治"国际学术研讨会上，一位西洋女教授坐在我身旁，听说我来自武汉，就问我认不认识范忠信教授。原来，地球如此之小，这位女士就是当年索书的史曼慈博士！

鉴于这本书后来的效果和影响，当年的责任编辑、现为人大出版社副总编的刘志先生几年前就表示希望我们对该书做些修订，列入人大的"人文丛书"再版。我起初答应了，但后来因为教学、科研、学科建设事务格外繁忙，竟至无暇动笔修订！

幼学稚子的法史路，蹒跚学步，踉踉跄跄，跌跌撞撞，《情理法与中国人》就是一个最好的见证。这，大概就是我今天写这篇小文章的意义所在。

2007年10月1日于武昌南湖三族斋

【原载朱苏力主编：《法律书评》第六辑，北京大学出版社2008年版】

2010年版修订说明

《情理法与中国人》一书,是我们英山三同乡硕士研究生期间的联合习作。1986—1989年成书,1992年正式出版。韶华飞逝如白驹过隙,一转眼就是二十多年了。如今,欣然作序并倾力推荐本书出版的春秋鼎盛的曾宪义先生、堪称青春年少且事业如日中天的郑定仁弟,在三年时间内先后永弃我们而去了。为修订此书,与学农兄每谈及此,不由凄然。特别是,昔日蓟门校园法史同学们戏称的"英山法史三杰",正值盛年却只剩下二人,不由得我们不伤感!今蒙北京大学出版社错爱,拟再版此书,感激之余,无任自愧。勘正修订之中,忆念起二十多年来与本书相关的人和事,感慨万千。因有附录《〈情理法与中国人〉:蹒跚学步法史路:我的第一本书》(原载朱苏力主编《法律书评》第六辑,北京大学出版社2008年版)一文详细介绍了本书的写作、出版、使用、社会评价之历程,故在这里仅仅向读者介绍一下我在修订本书时所秉持的一些基本标准。

第一,原书论述判断中所有带有当时政治意识形态印记的用语,原则上不予改动。如"封建社会""奴隶制""剥削阶级""阶级压迫""劳苦大众"等语,系当时学术论著所惯用,将这些标签贴于中国古代法律观念或制度之价值判断之处,反映了作者当时的学术水平或认识局限。如果修订时加以改正，则使本书失却时代属性，故不予改动。

第二，原书之论述中有很多地方相当肤浅片面，未触及所探讨之问题的要害或实质；所引用的史料证据也远远不足，有很多应予引据的基本史料证据反而阙如。这些遗憾本当有所弥补。但如果修订时加以深化和补充，则有伪饰之罪，因为我们当年本来就没有那个水平。所以还是保持原水准比较好，没有必要伪饰历史。

第三，原书写作时心绪纷乱，有欠严谨，常犯一些简单的错误。如语言不通、词不达意、引文未注出处、提及古籍张冠李戴、章节标题字多且不准、陈述评论次序纷乱、引文中随处括弧夹注等等，本次修订一一加以修正。这种技术修订，不会拔高原书的实质学术水平，只是有利于降低词不达意的程度。

关于修订的地方如何彰显，我采取了比较简单的做法，兹简单说明。凡前述第一种情形，虽不修改原文，但适当加"修订注"予以补充说明。说明中适当提及关于此一问题的今日学术观点或我个人的新认识，以便读者参考。

凡前述第二种情形，虽原则上不加改正，但有几处又有不得不改正之势，于是适当加以改正、补充。这些改正、补充，较重大者加了"修订注"加以说明，稍轻微处则不加"修订注"说明。

凡上述第三种情形，毫不犹豫一一修改订正。特别是，那些引用古文随文夹注解释之处，尽量改正。或改为页脚注释，或稍变位置作正文，或干脆取消。至于其他语句错误或引文出处错误，其他纷乱颠倒处或冗赘处，虽一一改正，但未加"修订注"说明。这一是因为改正处比较多，如一一注明比较烦琐且颇费篇幅，二是因为多少有点文过饰非之心，祈看官见谅。

本书的修订，最早建议者是中国人民大学出版社刘志兄。作为当年

2010年版修订说明　　279

初上岗的责任编辑，如今已是人大出版社副社长了。大约2003年前后，刘志兄就表示希望我们修订本书并列入中国人民大学出版社的"人文丛书"再版。我虽应允，但后来因教学、科研、学科建设事务格外繁忙，竟至一直无暇动笔修订！去年，北京大学出版社法律编辑室邹记东主任和编辑李铎君又多次建议我修订再版，并于去年7月促我签订了修订再版协议，这才逼我愧疚中紧迫感加重并不得不"起而行"。因为随后办理调离武汉到杭州工作的手续，以及初到杭州后事务纷繁，于是直到2011年1月20日至2月20日寒假（春节）期间方获得一个完整时间，通过终日昏昏伏案工作才勉强粗糙完成了这一修订工作。感谢邹记东、李铎君，也感谢刘志君。没有他们的提议和催促，本书修订再版事宜可能就永远"不了了之"了。

为着本书修订，中国人民大学法律史博士研究生范依畴同学、我的助手杭州师范大学法治中国化研究中心研究人员胡荣明君、中南财经政法大学法律史硕士研究生吴欢同学，都付出了相当的劳动。他们为我校对原文、查核资料、勘正舛误等——畴儿为此花了前后几个月的业余时间，胡荣明君也于暑假花费几天时间，吴欢为此事连续工作几十个小时，都非常认真。虽为子为徒为助手，亦当特别致谢！

最后，还附带说一句。我勉力挤时间修订本书，还有两个特殊原因。一是要以此感谢和纪念曾推荐本书初版的恩师曾宪义先生，纪念本书的第二作者郑定仁弟；二是要对一些急于准备报考法史研究生的读者负责。因为十五年来，中国人民大学以及其他多所大学将此书指定为报考法律史专业硕士研究生的参考书，所以每年四处求购此书者甚多，北京有几家复印店甚至在网上挂出广告出售本书的复印本（我的博士生乔飞说他就邮购过，还帮我购得一本）。因为书中错讹较多，如再不修订，谬种流传，误人子弟甚矣！是以振作精神，匆匆完成修订。

修订仍不完善处，幸读者宽恕！盼读者随时指正！

本书是一本为初学者而写的入门读物，不是一本严格的学术论著。能得到后来那么多荣誉和关注，我极度惭愧！

有批评指正，请发至我的邮箱fzx59@vip.sina.com。我将一一斟酌采纳并回复致谢！

范忠信
2011年2月20日 于
杭州下沙高教园区学林街
杭州师范大学法学院521室

中国传统法律文化的现代性价值及其传承[1]

中国传统法律文化，是中华民族在五千年政治社会生活中为建构秩序所作共同努力的智慧结晶。为适应特定生存环境，解决特定社会问题，中华民族形成了独有的法律文化传统，其基本旨趣是道德精英引导普通民众走向文明生活。在处理天与人、国与民、国与吏、民与民四对关系的过程中，中华民族形成了以尊重天道法则、谦抑政治权力、尊重基本人性、尊重民间规约等一系列价值理念为主导的法律智慧体系。这些法律智慧体现着现代性价值或人类文明共同价值，越来越为世界文明大家庭所公认。全面整理阐释传统法律文化中的现代性亦即民主性、人民性，探究这些遗产传承弘扬的可行性及制度性操作方案，是非常重要而紧迫的工作。

一、何为传统法律文化的现代性

何为现代性？学者专家有许多复杂定义，但按常识去理解并不复杂。综合中外学者的论述可知，所谓文化的现代性，不仅指"新的""今天的""当下的""面向未来的"时空概念或取向，更重要的是指"进化

---

[1] 编著注：本文首发于《中央社会主义学院学报》2021年第1期第32—42页。

的""升华的""进步的""不可逆转的"价值概念或观念。这两重时空和价值观念结合起来,就是强调人类安全、幸福与尊严必须逐渐升华这种目的属性,强调人类生存奋斗究竟"所为何事"的永恒意义属性。其最重要内涵正符合马克思主义两个终极目标:个体的人获得真正全面的自由解放,国家权力职能在真正自由人民的社会实现自身消亡。新中国成立以来领导人经常强调的民主性和人民性也可以理解为现代性。

由此说来,法律文化的现代性,就是指合乎人类不断提高自身社会生活追求的属性及其程度。各民族文化创造之结晶与这一永恒目标的吻合程度,就是其法律文化体系的文明程度。进而论之,人类一切文化成果都是更广义上的"法"——人类对所遭遇的自然和社会问题提出的应对办法。而现代性就是最广义的法智慧是否符合文明升华终极目标的评价指标之一,也许就等于先进性、合理性。法律文化的现代性,可以从四个方面来认识。

第一,法律文化的现代性与其所凭据及应对的情势有关。任何法律文化,作为人类政治共同体关于特定自然或社会问题解决章法的探索成果,本来就立足于特定时空条件并受其制约。按吴经熊先生"法律三度论"[1],**法律文化在时间度、空间度、事实度三方面都恰到好处地把握和运用以合乎人类进步升华追求,就是现代性的程度标志。**对具体时空条件下的社会生活问题而言,没有超时、空、事三度而绝对永恒正确(合乎人类终极目的)的应对章法。不同时代、地域、事情,社会生活共同体对合人类进步升华之目的性的认识是有所不同的。

但我们也不能以相对论观点看待法律文化的现代性。法律文化的现代性是超然性(普世性)和时空性(地方性)的对立统一。我们虽然

---

[1] 吴经熊:《法律哲学研究》,清华大学出版社,2005年,第15—19页。

不能说有永恒不变的现代性，但可以说有在较长时段和较广空间中"一以贯之"的现代性。那些更短时段和更狭空间中的"合目的性"会随时光流逝、时势变迁而消失；那些"合目的性"一直延续到今天的法律文化，则是需要认真珍惜和弘扬的文化遗产。

在人类的自身生产方式（两性结合的自然生育）和社会生活方式（个体间以合作来满足自己力不能及）没有发生根本变化的时空范围内讲法律文化的现代性，就是指人类在目前自然和社会条件的局限中认识的法律文化普遍价值，它是客观存在的。中国领导人讲中华文明"有力推动了人类文明发展进程"[①]，"让中华文明同世界各国人民创造的丰富多彩的文明一道为人类提供正确的精神指引和强大的精神动力"[②]，正是指这种层次上的现代性。

第二，法律文化的现代性存于具体法律文化的合理限度中。"合目的性"只能是在一定的合理限度之内。超出了合理限度就不再具有"合目的性"，甚至危害人类生活升华的目的。宋儒朱熹所讲饮食男女中的天理人欲界限，大致有合理限度之意。《朱子语类》卷十三载："饮食，天理也；山珍海味，人欲也。夫妻，天理也；三妻四妾，人欲也。"道学禁欲主义下的"合理限度"认识，今天看来似乎没有什么现代性，但南宋时也许被士林公认为有现代性。

历代关于近亲属"复仇权"的法制设计也是一个好例子。在尊重人类爱亲护亲天性、适当补充国家人身保护及缉捕嫌犯手段不足、适当节省司法成本的限度内，允许受害人近亲属对加害人复仇，是合乎人类升华目的的。但若超过这一限度，无原则地纵容复仇，则容易造成恣意互

[①]《习近平出席亚洲文明对话大会开幕式并发表主旨演讲》，《人民日报》2019年5月16日，第1版。
[②]《习近平在联合国教科文组织总部发表演讲》，《人民日报》2014年3月28日，第1版。

杀、民心暴戾、冤冤相报的局面。《晋书·刑法志》引曹魏《新律》规定："贼斗杀人，以劾而亡，许依古义，听子弟得追杀之。会赦及过误相杀，不得报仇：所以止杀害也。""以（已）劾而亡"的情形限制，就是当时认识到的"合理限度"。贼杀、斗杀嫌犯若经官府通缉仍逃亡在外，就允许死者子弟追杀报仇；如果没有逃亡或已在官府拘押中，就不得私杀复仇；对过失杀、误杀之嫌犯或虽曾杀人但已被赦免者，则不允许受害人近亲属去复仇。故意、逃亡、已通缉三个条件共同组成一个限度，目的是制止民间私斗私杀。若允许超越此"度"，人们的生命安全更缺乏稳定和保障，国家司法权威更被贬低，共同体秩序将有更大危机。

同样，晋代"准五服以制罪"即按亲属之间丧服关系（尊卑亲疏关系）决定有罪无罪、罪轻罪重，在坚持刑罚轻重与犯罪行为后果及犯罪恶性相适应的范围内，在保护亲情伦理作为人类社会生活秩序基础的范围内，是合乎人类升华的目的性的。但若超过这个限度，立法或司法中对故意杀伤子孙者仍减轻或免除刑事责任（如唐宋律规定故杀子孙者徒二年或二年半），子孙即使遭受父母祖父母殴打伤害仍不能行使自卫权[1]，又危害着人类升华的终极目的性。

第三，现代性应是政治共同体内多数人的自主感受和判断。理论上讲，是否合人类升华目的性，当然是政治共同体全体成员或民族全体族众来判断；法律文化在服务人类升华目的上有否实际作用，应该凭民族共同体中多数人的感觉。但这只是假设或应然，历史上很少真正如此检验过。除了古希腊城邦直接民主制、古罗马共和时代某些立法、决策、审判实践，很少听说其他时代和国家有过全体公民票决式的政治实践。

---

[1] 参见瞿同祖：《中国法律与中国社会》，中华书局，1982年，第27、44—46页。

即使在古希腊罗马民主制时期，公民的范围也不等于共同体成员的大多数，甚至只是一小部分。所以，这个共同体内多数成员的自主感受和判断，常常是事后根据实践效果所做的历史追认。

具体法制创制使用之时，判断其是否合乎人类升华目的性的权力常操于少数人之手。少数人对某法制作出的合乎人类升华目的的认定，有时正确，有时错误。即使是多数人的自主判断和选择，其结果也未必合乎人类升华的目的性。比如在政治催眠术支配下，多数人会被少数人或一个人的意志所左右，投票做出实质上有害共同体长远利益的判断或选择。

应该进一步强调，参与判断选择的共同体成员，应该是成熟、理性、人格独立的。若不具备这样的条件，多数人共同选择判断决定合人类升华目的性也是无法操作的。既然历史上少数人以"拯救者"自居代替多数人去"感受"和"判断"招致大祸的情形屡见不鲜，**就不能不强调建立多数人意见收集整理升华的最低限度机制——民主机制**，防止一部分人成为另一部分人追求自己目的的工具。

第四，现代性就是从传统文化中读出了现代需要。从具体传统法律文化素材中，若能解读出现代人生活升华所需、有益于现代人生活品质升华的因素，就是有现代性，反之就是没有。

这种解读当然要通过对具体法律文化所依据的社会基础和条件、实施效果的判断。不考察一种法制赖以存在的社会基础，就武断地说某某法制仍可以借鉴，不是科学的态度。社会基础不一定就是指生产力、生产关系、经济生活方式，其实是指法律制度所针对的社会关系。即使时代变了，只要那种社会关系继续存在，其主体及内涵均并无本质变化，就可说该法制所依凭的社会基础仍存在。

历史上的法制或法律主张，其所依凭的社会基础是否继续存在于今日中国？若确认这一社会基础还在，就应该进一步考察该法制在当时历史条件下是否真有益于人类生活品质升华，亦即考察其历史实践效果。把社会基础的考察、实施效果的考察结合起来，就可以判断历史上的具体法制或法律文化是否仍有现代价值。

二、中国传统法律文化的现代性价值

中国传统法律文化宣示以促进提高生产力水平、物质生活条件、个人幸福和尊严、人与自然和谐程度为宗旨，为建设"明君—清官—良民和谐共处"理想社会形成了一系列法律智慧，许多智慧在今天仍具有合乎人类生活升华目的之属性。这些传统法律智慧可以从国家政治社会生活最无可回避的四对关系来简释。

第一，人与天（自然）关系。在古人心目中，天潜藏着终极权威、终极真善美。天人关系是政治社会生活首先要处理好的法律关系。对于具有无穷威力、无限奥秘且人类永远无法真正全面认知掌控的对象，不管它是否有灵，人类必须保持特别敬畏，与之保持和谐。国家必须通过具体制度设计运作来争取和谐，决不可"无法无天""伤天害理""逆天灭伦"。

1. 从"天人合一""天人感应"哲学观出发，强调"国法"必须合于天道、天理、天则、天秩。**一方面，承认出自统治者意志的人定法并不具有终极权威性，以天地自然的法则（天理、自然法）、天赋人性的内含法则为最高法律；另一方面，认为违反天道、天理的人定法不具有正当性、合法性，人可凭天理、人情来品评和改进国家法政，实际上否定了神化、极端化国家和君王权力的正当性，承认了个人据自然法省察**

国家法政弊端的正当权利。

2. 重视从天地自然和天赋人性推演出的礼乐在政治社会生活中的根本意义。大规模创制可称为"制礼作乐",即由圣贤或精英对积久成习的民俗习惯加以总结、阐扬。古人主张以公共强制力（政刑）辅佐经整理升华的风俗习惯（礼乐）,以践行天道。其要害在于谦抑国家统治权力,尊重民间自然形成的秩序。

3. 制定有行政法规性质的"祀典",定期举行官办祭祀仪式,祭祀天地山川各路神灵,表达对天道自然神祇的敬畏,教导人民尊重自然、保护环境,实现可持续发展。[1]这些仪式既是与天地自然神祇恭敬沟通的形式,也是一种"文化行政"程序,绝不可认为仅仅出于愚昧无知或愚民需要。

4. 执法用刑强调"天人感应",不可违逆"春生夏长、秋杀冬藏"的规律。西周即开始形成"月令法政"原则,汉代确立"秋冬论重罪""夏至断薄刑"法律制度,《唐律》有"立春至秋分不得决死刑"以及在朔望、二十四节气、雨未晴、夜未明、断屠月、禁杀日等时间不得执行死刑的系列规范。这些规范,恭敬天道自然、彰显仁义的成分远大于欺骗成分,有使人定法尽量符合自然法的考量。

5. 通过在建政、天灾、战祸、丰收、喜庆、祥瑞等特殊时机实行大赦、特赦或改善囚徒待遇,"以报天时""以彰天德""以应天谴""以谢天恩"。这种对天道的怵惕恭敬态度,有追求与天道自然和谐的考虑,绝非仅仅出于愚昧或愚民需要,客观上也有缓解危机、化解怨戾、促进社会和谐的功能。

传统天人关系的法律智慧远不止这些。其现代性在于：强调人与自

---

[1] 参见瞿同祖:《清代地方政府》,范忠信等译,法律出版社,2011年,第259—262页。

然和谐，追求可持续发展；以天人关系和谐发展为人类生存状态升华之要害；谦抑君王和国家权力，尊重自然形成的风俗和秩序。

第二，国与民关系。中华传统文化最注重国家与人民的关系。《孟子·尽心下》云："诸侯之宝三：土地，人民，政事。宝珠玉者，殃必及身。"《孟子·滕文公上》主张国家以人民为宝，尽管有家天下的性质，但**本于重民、保民、仁民、养民及"取于民有制"等追求，重视民性民情，不强民所难**，也发展出一系列法律智慧。

1. 强调"国以民为本"，强调人民作为国家根本构成主体（不等于主人）的地位；强调国家对人民的保护、教化、养育义务；强调人民有"革命权"即反抗暴政权（甚至可以集体诛杀独夫民贼）；强调"天下归之之谓王，天下去之之谓亡"，承认人民拥护是政权合法性的唯一来源。

2. 承认国家权力有限，承认"皇权不下县""天高皇帝远"的实际政治格局。国家一般不在乡村、街坊直接委派常驻公务机构，承认民间社会实际自治，承认民间力、社会力的客观存在及其不可替代的作用。国家不把自己定位为排斥其他一切社会力的全权万能者。①

3. 承认多种形式的民间社会实际自治，包括直接承认宗族（血缘社会）、乡里（地缘社会）、行会（工商社会）、寺观（宗教社会）、学校（学术社会）的自治，以及间接承认帮会（江湖社会）的自治；承认并协助（至少不妨碍）民间社会组织的自治管理权、纠纷调处权、轻微违法惩戒权的行使。②

4. 尊重民间自发形成的规约，包括承认宗规族法、寺观清规、乡

---

① 参见秦晖：《传统十论：本土社会的制度文化与其变革》，复旦大学出版社，2003年，第3页。
② 参见【德】马克斯·韦伯：《儒教与道教》，洪天富译，江苏人民出版社，1993年，第110页。

规民约、江湖帮规、工商行规、书院学规等民间自治规范的正当地位。这些规约的订立过程和具体内容，国家不主动干预，至少不事前干预；民间社会主动报官，官府发"宪示"予以支持，强化其权威（如乡约碑）。国家司法特别强调"依乡约乡法""依各该族规""依丛林清规"等处理民间事务；在国家法律与民间习惯规则有一定冲突时，甚至强调优先适用民间习惯。①

5.尊重伦理亲情，不悖逆人之常情。如允许"亲属容隐"，承认"无原则爱亲属"之天性的正当性，除涉君国重罪以外，不强求人们大义灭亲，承认人们在家国、忠孝不可两全时有屈国伸家或舍国全家的权利，承认人们有"为父绝君，不为君绝父"②的权利，旨在保存社会和谐的伦理基础，尊重亲属圈的"拒绝引渡权"，防止株连扩大化，防止司法官吏滥用权力。③甚至可以说，是将亲属圈视为"私权城堡"以防国权过分侵害私权（夜无故入人家者格杀勿论，《唐律》宗旨也许在此）。

6.重视敬老养老法制建设。历代有"三老五更"敬老典礼，有定期配给酒肉粮食布帛的养老制度，向高龄者颁爵位荣号的敬老制度，高龄老人之家减免赋税徭役额度的制度④，还有高龄犯罪人减刑、免刑、赎罪及强制措施柔化优待制度，存留养亲承祀制度。汉代还有授予高龄老者"王杖"并纠戒乡间非违的制度⑤，明代还有耆老主持申明亭调解、耆老率丁壮捉拿赃吏送惩之制度⑥。

---

①参见张中秋：《唐代经济民事法律述论》，法律出版社，2002年，第129页。
②《郭店楚简·六位（六德）》，李零：《郭店楚简校读记》，中国人民大学出版社，2007年，第171页。
③参见范忠信：《中西法律传统中的"亲亲相隐"》，《中国社会科学》1997年第3期。
④参见范忠信：《中国法律传统的基本精神》，山东人民出版社，2001年，第313—318页。
⑤参见郭浩：《汉代王杖制度若干问题考辨》，《史学集刊》2008年第3期。
⑥刘海年、杨一凡编：《中国珍稀法律典籍集成》乙编第三册，科学出版社，1994年，第64页。

7. 司法时强调"哀矜折狱""视民如殇""哀矜而勿喜"。**对于百姓犯罪，官员要反躬自责，反省自己执政无德"陷民于罪"之过**。周代即有"斋居决事"，亦即在处决死囚时斋戒数日（撤膳减乐以示不忍心并反省自裁）之制度。其背后的认知是：过于炫耀暴力的司法，对人民有极其不良的暴戾诱导。

8. 注重人伦亲情照顾的刑度设计及刑罚执行。如汉代法律允许狱中"传后"，允许亲属代刑（流放刑、自由刑），允许近亲属独立上诉申诉；《晋律》开始规定侵害亲属比侵害常人加重刑罚，侵害尊亲属比侵害卑亲属加重刑罚；南北朝以后允许死刑犯"存留养亲"，历代法律允许死刑犯"亲故辞决"；《唐律》允许亲属代首，亲属告发视为罪嫌自首可减轻罪责；等等。

9. 强调家庭义务和家长责任。唐宋律规定，家人犯罪以家长为首犯，家人共犯一般"止坐家长"，逃避赋税徭役之罪只由家长承担；家长享有管理家产全权，但子女分户时家长"分财不均"有罪责；婚约诈欺、违法婚姻仅由家长承担责任；家长享有"替代刑"监督执行之权责。明清律规定，家长享有教令权、惩戒权，"子孙违犯教令"要追究责任。家长这类法定权责并非必然造成家长专制、践踏卑幼，也有使"为恶不易逃责"的正面作用。

10. 矜恤老弱妇孺笃疾废疾。对各类弱势群体特别是老人、妇女，给予各种实体法优待及司法程序特权。通过赎刑（以资抵刑）、上请（奏请皇帝）、颂系（免锁散禁）、免予拷答、抱告（亲属代理）、就讯（就居所讯问）、高龄免死刑、孕妇免死刑等制度，体现人道主义或司法仁政。

以上仅是简略选列，事实上还有更多。其现代性主要在：一是强调国家要重视人，以民为本，为民谋福利，尊重人的伦理亲情，反对株连扩大化；二是强调国家对百姓要讲人道、仁义，适当尊重个人天性、尊严和意愿，体恤老幼和弱势群体；三是强调国家要重视民间社会组织和家庭的作用权威，不能幻想国家权力彻底取代民间社会和家庭。

第三，国与吏关系。从儒家理念出发，"为政在人"，人存政举、人亡政息；"君子德风，小人德草"；君子为法之原，循良官吏是人民表率。从法家理念出发，以法为教，以吏为师，"吏者，民之本、纲者也。故圣人治吏不治民"。古代中国发展出以优选官吏、从严治吏为核心的一系列法律智慧。

1. 控制官吏员额。如《周礼》中官吏员额编制规定，也许部分反映了周代真实。唐代有"置官过限"及"不应置而置"之罪，打击超编设官吏的行为；明代更设"滥设官吏""大臣专擅选官"等罪名，严厉打击超过员额编制任用官吏、滥用私人的行为。

2. 从严治吏。历代法典以官吏为特殊犯罪主体，密布严防官吏犯罪之网，刑罚常重于平人。汉代严厉打击官吏"贪污""受所监临""受所行（巡）""受故官送""受所将""主守盗"等犯罪行为。[①]唐代所谓受财枉法、受财不枉法、受所监临、强盗、窃盗、坐赃等"六赃"之罪中，有四者主要是防范官吏。《唐律》中，官员向下属吏民放贷，买卖有剩利，强买强卖，借债超期不还，借衣服器玩超期不还，借用奴婢、马牛、车船、邸店之类，接受下属猪羊供馈，擅自敛取下属财物，离任后接受旧属馈送，家人向属民乞索借贷等行为，均视同受贿或坐赃论罪。甚至擅自用公家驿马运载私人之物，也构成犯罪。唐代官员"性受贿"为犯罪：官员与下属吏民通婚、接受当事人"以妻女行求"，都构成犯罪。

[①] 戴逸总编：《二十六史大辞典·典章制度卷》，吉林人民出版社，1993年，第667—675页。

3. 严防官员自夸政绩、树碑立传。汉代严禁官吏间"更相荐誉";唐代打击官吏"辄立政绩碑""遣人妄称己善";明清律打击"上言大臣德政",官员知情者与之同罪。这些法制旨在加强官吏监督,防止结党营私,防止其导演舆论以干扰考核监察。

4. 严设回避制度,防止官吏营私。包括听讼回避、任职回避、差事回避等。以清代而言,有回避亲属、仇嫌、师生、原籍、近乡、与近亲属生意相关差事等多方面规定,特别是与监察任职、科举考试差事有关的回避,极为严密。①

5. 注重以公平程序选拔人才出任公职,严厉打击选举舞弊。周代"乡举里选"、汉代察举征辟、魏晋南北朝九品中正、唐以后科举取士,历代都尽力完善公平程序。汉代即注重打击"选举不实""举奏非是""除吏不次",唐代注重打击"贡举非其人",明清律注重打击"大臣专擅选官""滥设官吏""贡举非其人""举用有过官吏"等犯罪行为。

6. 严设监察制度,全方位监察官吏。历代监察御史执掌风宪,肃政廉访,强化政纪法纪,督促法律实施,有相当完备的制度建设经验。如御史"位卑权重"之设计及以"专折直奏"或密折奏事、"风闻奏事"之制防止进言阻碍、扩大信息源等尤为独到。明清法律规定朝中高官近亲属不得担任言官,防止宰辅勾结言官乱政蔽听,也是非常有意义的制度设计。

7. 坚持对最高权力的法定监督制度。**言谏制度堪称试图减轻君主体制弊端的最好制度**。言官清要之任,选清廉方正、疾恶如仇甚或书生气十足者为之,随时监督君王言行,劝阻违法违礼。甚至言辞激烈、"讪君卖直"者,常常"言官无罪",有如后世民意代表言论免责权

---

① 参见吴兆清:《清代回避制度》,《故宫博物院院刊》1997年第1期。

之设计。

8. **禁止"役使所监临"，防止长官擅派差事役使下属，特别是因私事役使下属。**《唐律疏议·职制律》规定，"监临之官役使所监临"者，"计庸以受所监临财物论"，亦即折算工钱按照受贿处理。《大清律例·吏律·职制》规定："凡上司……擅勾属官，拘唤吏典听事，及差占司狱、各州县首领官，因而妨废公务者，笞四十。属官承顺逢迎及差拨吏典赴上司听事者，罪亦如之。"长官擅差下属做私事构成犯罪，旨在禁止权力私用。

9. **制度性鼓励执法官员坚守法律、独立判断，抵制权势者干预。**《唐律疏议·断狱律》规定，对于疑难案件，"法官执见不同，得为异议"，即可"议律论情，各申异见"。明清法律规定，"若刑部及大小各衙门官吏不执法律，听从上司主使，出入人罪者，罪亦如之。若有不避权势，明具实迹，亲赴御前，执法陈诉者"，给予重赏及晋升。

10. **重视史官制度的政治监督作用。**史官包括著作官（记录整理朝政原始资料）、起居注官（记录君主言行）、国史修撰官（史书编写）等，都兼有政治监督功能。强调史官对君王宰辅功过是非"秉笔直书"以为史鉴，强调君王不得知悉史书记载内容，防止君王及高官利用权势歪曲历史、文过饰非，旨在促其对历史负责，约束其权力。

以上所列虽并不全面，其中包含现代性是无疑的。其最重要的现代性可归纳为：一是注重选用德才兼备者出任公职，尽量以可靠制度保障选用公正，打击私滥选用行径；二是加强对君王和官吏的监督防范，尽可能以可靠制度保证权力不被滥用，对最常见的职务犯罪尽量修好制度堤防。这些法律智慧，已现今日依法行政、依法限权、制约权力之萌芽。

第四，民与民关系。关于百姓个人（及其团体）间的关系，传统中国法制似乎没有前三方面重视。在传统政治哲学看来，百姓个人（及其团体）间私事即"民间细故"，应以"礼"或习俗加以调整，与国家"公法"关系不大。前文谈过国家承认多种形式的民间社会实际自治、尊重民间规约的正当地位，其实体现了国家处理民与民关系的基本法律原则。从这两点延伸还可总结出传统中国以下法律智慧。

1. 承认百姓可通过自行集合（或自愿集结为团体）方式谋求福利和安全。传统政治哲学承认，不管是宗族、宗教、乡党、职业、文化、江湖哪种性质的团体，人们均可加入其中而无须先经国家同意，承认这些组织的自我服务、自我管理、自我约束之权利（以不明显威胁国家权力行使为前提）。

2. 承认在多形态社会组织中形成的民间规约的正当权威或约束力。承认民众间相互关系形成的风俗习惯的正当权威，注重以民间规约或风俗习惯为衡量民与民关系中权益或是非的标准，维护民间社会中集体意志对个人的支配权威。

3. 承认士绅乡贤在民间社会的领导权威，强调其在自治规则订立、民间纠纷调处、公益事业组织推动、地方治安维护等方面的主导作用，督促普通百姓对士绅乡贤作为"四民之首"权威的适当服从。

4. 承认百姓间私人契约的权威。古代中国执法活动一般强调"官从正法，民从私契（约）"，"民有私约如律令"：处理百姓之间民事纠纷注重依据百姓间自主约定，强调在不违法的前提下"任依私契，官不为理"。[①]同时，汉代打击"假借不廉"；唐代打击"负债违契不偿"，以维护私人契约的权威性，打击"买卖不和而较固取之"，以保障私人在契约关系上的平等权益。[②]

5. 强调亲属圈内的人伦法律义务。以"夫妇"为人伦之始，强调父

[①] 参见张中秋：《唐代经济民事法律述论》，第129页。
[②] 参见岳纯之：《唐代民事法律制度论稿》，人民出版社，2006年，第220—220页。

子、夫妇、兄弟"三伦"和谐为社会和谐的基础。古时并非只强调"三纲",《荀子》亦承认子女"从义不从父"之权。

6. 重视"朋友"之伦或社会生活之伦,儒家"朋友有信"主张实为古代中国契约法制原则。故历代都强调契约公平、诚实信用,尤其注重法律上的信用保障机制,如在契约中设中证、见证,以加官印的"红契"保证契约信用,等等。[①]虽然缺乏"非朋友之间"(包括陌生人、敌人之间)关系的伦理和法制设计,但也形成了尽力扩大"朋友"关系适用范围的法律智慧。

7. 在婚姻关系中强调夫妇有限平等以巩固婚姻家庭稳定,适当保护妇女权益。过去一般认为"七出"休妻制片面保护夫权、压迫妇女;要看到与之配套的"三不去",实际上大致抵销了"七出"对妇女不利的安排。"有所取无所归"(娘家沦落瓦解)、"与更三年丧"(孝养公婆并送终)、"前贫贱后富贵"这三条,或者仅仅最后一条,也许比今日过于纠缠于"感情是否确已破裂"更有利于维护婚姻纠纷中弱势一方之权益。[②]

这方面的法律智慧还有很多,大多因存于"礼法"和风俗习惯中,正式法律文献记载较少而未被注意。根据俞荣根先生关于传统中国法律体系其实是由礼典系统、律典系统、习惯法系统三者有机构成的"礼法"体系之说[③],可推知民与民关系之法主要存于礼典系统(大约一半)和习惯法系统(几乎全部)中。其现代性价值主要在于:其一,尊重人民自己私权领域的主体人格和意思自治,尊重民间契约关系,承认当事人之间私契与国法同重(与西谚"契约是当事人之间的法律"一致):

[①]参见许光县:《清代契约法对土地买卖的规制:以红契制度为中心的考察》,《政法论坛》2008年第1期
[②]参见郭成伟、崔兰琴:《中国古代的离婚制度体系》,《政法论坛》2010年第4期。
[③]参见俞荣根:《礼法传统与现代法治》,孔学堂书局,2014年,第129页。

重视契约的"诚实信用"原则，一定程度上也重视"平等互利"。其二，即使亲伦关系也并非只强调卑幼对尊长的片面义务，某种程度上也承认双向对等的权利义务关系。这些当然是有民主性和人民性萌芽的。

三、传统法律智慧价值传承体系建设的要害所在

关于传统法律智慧的传承，国家领导集体早在十几年前就高度重视并强调"传承体系"建设，其实是强调通过一定的操作体系来发扬光大。如何建设传承体系？可以先弄清这一问题产生的大背景，再分三步来讨论。

传统文化就是代代相"传"成为生活模式之"统"的民族文化体系。一般说来，既然是"代代相传之统"，就应或明或暗存于今日民族生活现实中成为今日民族文化一部分，不存在传承体系建设问题。历史上每次改朝换代和重大社会变革，似乎都没有人特别提及传统文化传承体系建设问题。即使在"五胡乱华"、宋元明清易代等几个文明剧变历史关头，在农耕文化与游牧文化大规模冲突之际，似乎也没有谁特别提此主张，因为征服者逐渐被华夏文明同化了。传统文化传承问题，是华夏文明在西方冲击下发生巨变的近现代历史大背景下产生的。一个半世纪里发生的"数千年未有之变局"，传统文明遇到前所未有的冲击或挑战，其整体优越性受到空前质疑，全民族的文化自信受到空前打击。直到改革开放，重新正视传统文化、外来文化，"不自信"情形才稍有改观。20世纪最后十年，市场经济、依法治国先后被确立为基本国策，21世纪以来加入WTO、强调弘扬传统优秀文化，文化自信的重建才算有了真正起点。经过文化反省，总算发现传统文化并非一无是处，其中有些

宝贵资源不该丢弃，这才有了考虑传承问题的需要。

有了背景认识，我们开始**第一步**讨论：什么是传统文化传承体系？传统文化传承体系应该是使优秀传统文化因素在今日政治社会生活中仍发挥作用的制度性机制，包括对它进行"文艺复兴"式宣传和在社会生活实践中发扬的制度性机制。前者体现为精神文明建设机制，就是在正式法律制度的创制实施之外，配套形成一个体现传统文化价值的精神文明体系；后者体现为制度文明建设机制，就是以正式法律制度（包括立法、行政、司法、监察等）体现传统文化价值，将传统文化的追求变成生活现实。

第二步：什么是传统法律文化的传承体系？就是将传统法律文化中的现代性价值，正式通过国家立法、行政和司法等权力活动，转化成一套可操作的制度性机制。简单说，就是**在宪法、民事法、刑事法、行政法、诉讼法等各个部门法领域，创制符合或体现传统法律文化现代性价值的正式法律制度，在行政和司法实践中形成制度性惯例**。这不是要复制古时那些制度，而是通过完善今日相应法律制度来光大传统法律中的**民主性、人民性价值**。

在宪法领域，传统法律文化有主张民本、仁政、德教、顺天、重视家庭和伦理亲情、重视基层自治等基本价值，可以经民主法治升华为宪法原则和宪法规范。

在民事法领域，传统法律文化在保护私人财产权、保护土地永久使用权（承认一田二主等）、保护住宅不受侵犯（对夜无故侵入者之防卫权）、保护契约自由、以家庭或宗亲组织为民事主体（家法人制）、尊重民商事习惯、重视敬老养老、不对民事行为施加过高道德要求（如拾得遗失物直接分成为赏）等方面有许多杰出的现代性智慧，在加以法治升华后可以直接转化为民法典的原则和规范。

在刑事法领域，传统法律文化有宽待老弱妇孺笃疾、注重教耻感化性刑罚、注重与自然和谐的刑事政策、注重亲属监督司法和刑罚执行、注重打击官吏职务犯罪、注重赦宥并追求祥刑、允许亲属代首及多形态自首、允许亲属容隐和存留养亲等良制，经过法治升华可转化为今日刑法的原则或规范。

在行政法领域，传统法律文化有加强官吏监察审计、追求公职考试任用公正、尊重基层社会自治、尊重民族区域自治、防止地方擅加捐税滥修官舍、注重官吏任职回避等智慧，在经过法治升华后可以转化为今日行政法律制度。

在诉讼法领域，传统法律文化有允许近亲属拒绝作证、承认近亲属独立上诉权、允许近亲属多形态参与诉讼、尊重民间权威对轻微违法和民事纠纷的调处权威、简化诉讼程序以方便百姓、禁止在囚人犯作证以防攀诬、定期审录在监囚徒以宽宥轻犯、查察冤错等许多智慧，经法治升华可转化为今日诉讼法律制度。

第三步：如何建设优秀传统法律文化的传承体系？与前节讨论传承体系的内容或内涵不同，这里讨论的是技术方案。这一建设方案必须在完善现行法律体系的前提下构思，只能在优秀传统法律文化与今日中国法制之关系的四种现状下考虑问题。

第一种，传统法律智慧完全恰当体现在今日具体法制中。这种情形是否存在尚存疑。

第二种，传统优秀法律文化在今日法制中有一定体现，但表述方式及操作兑现方式不合民族传统，人民不易接受。例如现行法制虽规定村民自治、居民自治、业主自治、行业协会等基层社会组织自治，但其法律表述方式和操作方式较多强调自上而下指导监督，较多依赖官方的主动安排控制。可以进一步弘扬基层自治传统，发挥乡贤耆老宗亲尊长等民间自发权威的作用，发挥基层社会组织参与法治秩序建构的作用，更多地还权于民间以减轻政府负担。

第三种，优秀传统法律文化因素在今日具体法制中体现得不完善或有价值折扣（缺损）。例如现行刑诉法虽然规定了人民法院不得强迫近亲属出庭作证，一定程度上回归了"亲亲"传统价值，但对于传统的"亲属容隐"价值体系而言仍是有折扣的。因为它虽对人们不愿与亲人对簿公堂的伦理亲情有所宽容，但并没有像传统法律那样彻底限制司法机关在办案环节逼迫近亲属作证的权力，并没有像传统中国法制及现代西方法制那样直接授予近亲属拒绝作证权并减免近亲属在包庇、窝藏、伪证等方面的罪责。相关法律可以进一步修改。

第四种，传统优秀法律文化在今日法制中没有体现。这种情形不胜枚举，如古代法律规定近亲属告发犯罪视同被告自首，这种宽谅亲情与鼓励告发兼顾的智慧，今日法律是没有的。古代有"永佃权"和"一田二主"习惯法，将土地永久使用权从所有权中独立出来，这一智慧特别有利于化解今日土地公有制下农民土地使用权不稳、不能入市的法律困局。古代法律规定拾得遗失物归还失主或交公者，直接按比例分价为奖赏，这一智慧有利于化解今日民法因强求"拾金不昧"反而导致普遍"拾金不还"的困局。凡对今日法制难题有对症下药效果的传统法律智慧，应当大胆地转化为现实法制。

结语

中国传统法律文化的现代性价值及其传承问题是个宏大题目。人有趋利避害天性，有朋友会说，传统文化若有利人们自身，大家会天然好之，主动践行和传承，无须人为去传承设计。但谁也不能否认，在翻天覆地文明巨变持续一个半世纪使大众易生价值炫惑和犹疑之际，在民族精英主流话语长期反传统使大众不明就里疏离厌恶传统之际，在传统文化的现代性价值不得不以外来文化为参照系才能有所识别之际，想继续如传统时代那样主要依靠大众的趋利避害本能和趋善向上理性（其实同时也凭借道德教化）来传承优秀传统文化，已经不可能了。反省传统，克服某些传统迷障是必须的，但不能将先民数千年的艰辛探索结晶当成糟粕加以抛弃。充分认识和转化这些结晶，**未来中国的法律体系、法治秩序建设就会变成一个善用本土资源而不必完全依赖外来资源的过程。**新建成的体系或秩序，将嫁接式（半含原生性）生长在民族心理的肥沃土壤之上；而不应只是反复重演从远方移栽只剩半截根枝的成形大树，虽满身插挂输液袋管并不停浇水，仍难保真正成活生根并开花结果（数十年普法或送法下乡正类此景）的尴尬历史。